社区建设创新与社会管理

尹保华　著

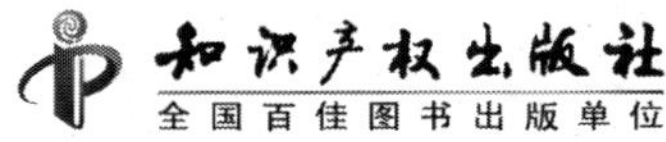

责任编辑：石红华　刘　畅

图书在版编目(CIP)数据

社区建设创新与社会管理/尹保华著. —北京：知识产权出版社，2012. 6
ISBN 978-7-5130-1304-8

Ⅰ. ①社…　Ⅱ. ①尹…　Ⅲ. ①社会建设—研究—中国
②社区管理—研究—中国　Ⅳ. ①D669. 3

中国版本图书馆 CIP 数据核字(2012)第 087901 号

社区建设创新与社会管理

尹保华　著

出版发行：知识产权出版社

社　　址：	北京市海淀区马甸南村 1 号	**邮　　编：**	100088
网　　址：	http://www. ipph. cn	**邮　　箱：**	bjb@ cnipr. com
发行电话：	010-82000893	**传　　真：**	010-82000860 转 8240
责编电话：	010-82000860 转 8130	**责编邮箱：**	shihonghua@ cnipr. com
印　　刷：	北京中献拓方科技发展有限公司	**经　　销：**	新华书店及相关销售网点
开　　本：	787mm×1092mm　1/16	**印　　张：**	18. 25
版　　次：	2012 年 7 月第 1 版	**印　　次：**	2012 年 7 月第 1 次印刷
字　　数：	307 千字	**定　　价：**	45. 00 元

ISBN 978-7-5130-1304-8/D · 1488(4197)

前　言

社会转型是当代中国社区建设的基本背景。20 世纪后期以来兴起的城市社区建设,既不是人们主观想象的结果,也不是一种权宜之计,而是中国城市社会转型的客观要求和必然产物。在社会转型的过程中,作为人类生活共同体的社区,不仅在整个社会结构中的地位和作用发生了重大变化,而且其内部结构和功能也发生了一系列新的深刻变化。从传统社会向现代社会转型的过程中,一方面是人们需求的满足更多地从家庭转移到社会或社区中来,需要在社区层面予以解决,另一方面却是社区满足人们需要的承载功能的减弱,出现了所谓的“社区失效”。由此决定了在迈向现代化社会的进程中,许多发达国家和地区纷纷开展了各具特色的社区建设或社区发展工作。与先发国家相比较,中国的社会转型有其特殊性和复杂性,这不仅增加了中国走向现代化之社会转型的难度,而且凸显了社区的重要性和社区建设的迫切性。首先,在宏观结构层面,社会转型表现为国家与社会的分离,即社会的宏观管理模式将由政府包揽一切转变为“小政府、大社会”,国家(或政府)、市场、社会三大部门分化的新格局逐渐浮现;其次,在中观结构层面,社会转型表现为单位组织的结构分化和功能专业化,社会组织类型多样化、功能专门化的新格局逐渐形成;第三,在微观结构层面,社会转型一方面表现为家庭结构功能的变化与社会人群出现结构性的群体分化,另一方面表现为人口结构的新变化,以及社会人际关系发生重大变化。因此,社区建设是与中国改革、发展与稳定相关的全局性的重大问题,是 21 世纪中国城市社会整合的基础性工程。

社区建设是社会管理实践创新的重要领域。社区建设对于加强和创新社会管理的重大意义主要体现在五个方面:社区建设是构建和谐社会的重要基石;社区建设是践行社会主义民主的基础性场域;社区建设是增强执政基础的重大工程;社区建设是检验政府公共服务水平的重要方面;社区建设是有效化解各种社会风险的重要举措。

社区建设的实践探索已取得了阶段性成果,但是还存在着许多困境,诸如管理体制还没有真正理顺,主管部门难以协调政府与居民自治组织的关系，社区居民参与不到位，非营利组织作用发挥不足，以及资金投入、资源利用效率低和社区工作队伍职业化发展滞后等问题。为应对种种复杂问题，学习借鉴一些发达国家以及我国香港的社区建设的经验不失为一种明智的策略选择，因为它们在长期的实践中，形成了各具特色的社区治理的实践模式与具体做法。比如美国、日本、新加坡的社区治理体系和机制，一定意义上可以说代表三种不同的社区治理的理念与模式。我国香港的社区治理也形成了自己独特的理念和模式。香港社区治理的一些重要经验，诸如资源集中配置与分散使用，志愿机构、社区组织的参与和服务的专业化，社区建设重视人权、公民教育、公民参与等，对内地的社区建设极具参考价值。

当代中国社区建设的创新，需要跨学科的视野，从多学科理论整合的高度剖析问题和探讨对策。本书整合了如下四个理论分析框架，对社区建设展开了深入探讨：首先，从国家与社会关系理论的角度分析社区建设的创新对策，包括进一步理顺社区管理体制，完善社区运行机制体系，合理定位社区党组织、政府、社区居委会、非营利组织的职责。其中社区运行机制创新的核心应该是按照经济和社区发展新形势的要求，重构政府与社区的关系，重构社区党组织、群众自治组织与社区各成员单位、社区中介组织及社区居民的关系，重构社区建设中行政手段、市场手段与社区互助手段之间的关系。其次，从治理理论的角度分析，社区治理的必然性根源于市场失灵和国家失灵，即社区能够做到市场和政府不能做到的事情。社区治理的主体是多元的，包括政府的派出机构、居民自治组织、公民社会、自愿者组织、私人机构、公司及个人等；治理的方式是合作、自治、参与及建立更多的横向结构居民组织。由此，社区建设的创新对策包括确立多元中心治理模式、协调社区网状治理结构、充分发挥非政府组织的功能等。其三，从社会资本理论的角度分析，社会资本对社区建设有其特定的功效。社区建设中社会资本的培育策略主要有积极建立社区职能组织和多种多样的兴趣娱乐自愿组织，培养广泛、密集的居民参与网络，大力促进社区成员间的沟通和互动，培育平等交换的社区规范等。其四，从社会工作理论的角度分析，社会工作对社区体制创新及社区工作方法模式创新都具有不可替代的功能。社会工作介入社区建设的策略：一是在当前既定的社区建设体制内探索新路径；二是借助于强有力的政府力量直接进行专业社会工作的制度安排。需要注意的是，要使社会工作在社区建设中发挥更强大的功能，尚需采取以下一些具体措施：推进社会工作岗位设置，加强服务项目内容建设，落实服务效果保障与评价工作，优化支持资源获取结构等。

目　录

第一章　社区建设与社会管理概述

第一节　社区建设的基本理论

一、社会转型:社区建设的基本社会背景

社会转型是当代中国社会变迁的总体特征,是和谐社区建设的基本背景,也是和谐社区建设的基本社会原因。“一般来说,社区建设是由社会转型引起的”。[1] 中国20世纪90年代以来兴起的城市社区建设,既不是人民主观想象的结果,也不是一种权宜之计,而是中国社会转型的客观要求和必然产物。

社会转型是一个标示特定社会变迁的社会学术语。学术界对社会转型的理解有不同的认识:有的认为社会转型就是从计划经济体制向社会主义市场经济体制的转型;有的认为社会转型是从传统农业社会向现代工业化社会和后工业社会的转型;有的认为社会转型是从匮乏型社会向发达型社会的转型;有的认为社会转型包括文明转型、形态转型、制度转型和体制转型四个方面。[2] 陆学艺、景天魁等人在《转型中的中国社会》一书中,对社会转型概念依次递进地给出了三级规定:①社会转型是指中国社会从传统社会向现代社会、从农业社会向工业社会、从封闭型社会向开放型社会的社会变迁和发展。这是事实性规定。②社会转型是在传统与现代(性)的张力作用下实现的社会变迁和发展。这是实质性规定。③社会转型是从中国的传统社会结构向现代社会结构的转换,是在社会形态层次之下的社会生活具体结构形式和发展形式的转变。这是结构性层次性的规定[3]。刘祖云则认为社会转型是一种特定的社会发展过程,

---

[1] 刘祖云:《中国社会发展三论:转型 · 分化 · 和谐》,北京:社科文献出版社2007年版,第291页。

[2] 唐忠新:《中国城市社区建设概论》,天津:天津人民出版社2000年版,第96页。

[3] 陆学艺、景天魁:《转型中的中国社会》,哈尔滨:黑龙江人民出版社1994年版,第23页。

是从传统型向现代型转变的过渡过程,是传统因素与现代因素此消彼长的进化过程,是一种整体性的社会发展过程[1]。综合学术界的观点,可以把社会转型的一般解释简要表述如下:社会转型就是一个特定社会从传统型社会向现代型社会转变的过程,是社会现代化的过程,是一种整体性的社会发展与社会变迁的过程。

(一)社区建设是社会转型的必然要求

1.社区建设是迈向现代化的社会转型的一般要求

从特定意义上说,社会转型就是社会进行结构性变革的过程。在社会转型的过程中,作为人类生活共同体的社区,不仅其在整个社会结构中的地位和作用会发生变化,而且其内部结构也会发生一系列新的变化,社区的功能更是会发生变化。譬如,传统社会中的社区,一般具有相对的独立性、封闭性和稳定性,社区成员之间直接互动较多,互动频率较高,联系比较紧密,社区认同意识和社区归属感较强,社区凝聚力和社区向心力较大,社区成员之间的相互关照、相互帮助即“守望相助”的社区功能得以较好发挥。随着从传统社会向现代社会的转型,特别是随着工业化和城市化进程的加快、现代传播媒介的发展、人口流动的频繁及人们居住方式的变化,社区的封闭性减弱,开放性增强,稳定性减弱,流变性增强,社区成员之间的直接交往或以社区为纽带的交往减少,社区凝聚力和社区向心力及社区功能减弱。从传统社会向现代社会转型的过程中,一方面是许多人类需要的满足更多地从家庭转移到社会或社区中来,需要在社区层面予以解决,但另一方面却是社区满足人类需要的承载功能的减弱,出现了所谓的“社区失效”。参照华伦(Warren)的观点,“社区失效”主要表现在三个方面:

(1)许多问题难以在社区层面得到解决。当今社区面临的许多问题很多都是来自较大社会层面的问题,或者是说社会结构转型与社会变迁引发的涉及面广泛且比较复杂的许多问题,显然已经超越了社区自身进行解决的能力。想要有效地解决问题,往往涉及社会或社会政策层面的改变,例如中低收入人群的住房问题,引起上述问题的原因之一是市场经济的客观规律,但另一个不可忽视的原因是社会转型过程中住房保障性政策不足与保障性制度没有发展出来。

---

[1] 刘祖云:《从传统到现代当代中国社会转型研究》,武汉:湖北人民出版社2000年版,第41~52页。

显然，这类问题是社区自身难以解决的。

（2）社区缺乏自主能力。现代社会发展促进了科层组织的产生和发展，科技的发达、人口的增长和影响人们当今生活的各方面问题的复杂性，使得行政官僚化的管理体制成为必需。以往由家庭、朋友和邻里这一类的首属群体所提供的许多社会功能正逐渐为政府机构、志愿机构、公共卫生及福利机构、私人的商业公司等科层组织所取代，这不仅使得人们的日常生活深受其影响，更为重要的是科层组织通过其下属的基层部门为地方社区提供服务，同时由于所有涉及这些大规模机构的主要决策通常都是由最高管理层决定，因此地方社区很难影响这些基层性科层部门的事务，这就在相当大的程度上影响了社区的自主能力。

（3）缺乏社区认同感。现代城市生活的环境并不强调个人对社区的情感，也培育不出个人对社区的归属感，社区中的人们并没有感觉到他们需要彼此密切的联系，对参与社区事务也无动于衷，人与人之间的态度相对冷漠。缺乏社区认同环境因素包括：城市化的发展和交通事业的发达加速了社会人口的流动和迁移，比如为了寻找较好的工作，人们经常迁移，居住的流动性因而增加，人们往往有一种“过客心态”，这在很大程度上摧毁了人们对社区的依赖性和归属感；现代工厂制度和就业结构的发展导致了人们在共同职业或其他利益上的联系增加了，职业性的联系往往超越了邻里间的关系，因而也就削弱了人们与其居住社区的情谊；大众传媒及资讯的发展，比如卫星电视、网络技术等，使得人们更加注重国际事务、“社会大事”的报导，很少有心思再去关心社区层面的一些区域性的所谓鸡毛蒜皮的事情，所以也就增强了人们对国际及“社会大事”的认同而忽略了地方性的事务和对社区的认同。[1] 所以，为了适应现代社会发展的需要，阻止社区功能的弱化，恢复社区应有的满足人类需要的特定功能，社区建设便应运而生。

许多发达国家和地区在走向现代化的社会转型过程中，都纷纷开展了各具特点的社区建设工作。譬如，美国和加拿大社区建设的实践和特点就十分明显。

（1）政府高度重视社区建设，计划性、规范性强。美国、加拿大两国的社区建设在形成和发展的初期带有自发性质，随着社区地位、作用的突出，特别是20

---

[1] 林香生、黄於唱：《社区工作》，香港：香港理工大学出版社2002年版，第8～11页。

世纪50年代联合国推行社区发展后,社区建设成为两国政府有计划、有目的地引导社会发展的重要内容,进而成为国家实现现代化必不可少的环节之一。两国政府每年对社区工作都要制订一系列的工作计划,每项计划包括工作内容、组织措施和目标要求等,大多数都有数量指标。如每年对老旧社区的改造数量,新社区福利机构、文化娱乐设施的建设,安全教育培训中心的设置标准,社区居民就业、贫困、医疗、老年、青少年与儿童等方面的各类发展计划,廉价住房计划,济贫计划等。但两国政府在社区建设中的作用与以往有很大的不同。据加拿大安大略省社区事务官员介绍,过去政府既要负责掌舵,又要划船,现在只负责掌舵,不再参与划船,将具体事务交给社区组织和民间团体,政府只负责宏观调控,这样做既大大减轻了政府的负担,又发挥了政府在社区建设中的主导作用。在美国纽约,政府和官员在社区建设中的职责都有明确的分工。

(2)大量具体工作主要由民间团体承担,工作机制、组织体系健全。美、加两国的社区工作组织体系是由政府各职能部门、政府资助的社区组织和民间组织举办的非营利机构组织组成,他们被称为"三大板块"或"三个部门"。政府在社区工作体系中承担的主要职责:①制定相关政策和立法,并通过制定规划来贯彻执行。②财政支持。政府每年要拨出专项资金用于社区发展事业。安大略省1999年用于社区建设方面的资金达69亿加元,占全年财政支出的3%。财政拨款的主要依据是社区组织和民间团体就社区内拟帮助对象和服务内容所提出的申请,政府根据每年的监督、检查情况,确定下一年的财政资助。③实行严格的宏观控制与管理,政府通过制定标准,发执照等进行管理,民间团体及所举办的非营利服务机构是政府在社区建设和社区服务上的合作伙伴和具体执行者。他们在政府组织、协调下独立地开展社区内的各种有偿、低偿或无偿服务,以自己的服务争取政府、社会各界和居民的支持。特别值得注意的是,加拿大的企业界对社区建设也给予了极大关注,他们不仅为社区捐款捐物,而且主动投资社区事业,直接提供商业性的服务。

(3)非政府、非营利组织发达,专职人员都受过社区工作的专业训练。非政府、非营利组织是指不以营利为目的,主动承担社会公共事务和社会福利事务的社会中介机构。在两国的社区建设中,非政府组织是一支重要的社会力量,发挥了不可替代的作用:①数量多。仅在加拿大多伦多市,与社会有关的非政府、非营利性组织就有300多个,美国现有非营利性组织140万个;②分布广泛。涉及社区服务、文化、治安、卫生等居民需求的方方面面,可以说群众有需求,他们就有服务。非政府组织的作用主要表现在:为社区居民提供具体的服务,拓展奖金来源,了解和反映社区居民的需求和利益。值得一提的是,两国从事专职社区工作的人员,无论是在社区管理组织中,还是非营利性组织或志愿机构中都要经过专业训练。

(4)社区参与广泛,自治和自助能力不断提高。社区参与广泛主要体现在社区参与的结构上。参与人员不仅有老年人、中青年,而且还有中小学生;不仅有社区内的非营利性组织和志愿者,而且还有驻区企业单位。加拿大的志愿者受到全国的高度重视,国家规定中学生每年必须到志愿组织义务劳动一段时间,否则不能毕业。据统计,美国现有80%以上的成年人参加过各种志愿活动,其中有50%以上的人曾为社区发展事业和社区组织提供过某种志愿服务[1]。

再如,新加坡的社区建设工作也形成了自己的特色。新加坡从国情出发,提出了具有亲和力的社区建设理念:个体——具有社会责任感,家庭——温馨而稳固,社群——积极并有爱心,社会——富有凝聚力和复原力。社区建设的总体目标是发现并满足社区居民的共同需要,提升社区生活环境,开发和利用社区资源,开展社区服务和社会援助等。政府积极鼓励社会团体、宗教团体、中介组织参与社区建设,建立纵横交错的社区基层的组织网络,引导各族公民积极参与社区管理。[2]

又如,香港由于其所处的特定位置和历史,其社区建设也是发展出了适合自身特点的理念及实践运作模式。香港20世纪70年代提出和实施了社区建设计划,其宗旨是要建立“互相关怀和负责的社区”[3]。20世纪80年代以来,美国等一些发达国家兴起了社区主义(Communitarianism)活动,尽管这一活动有其复杂的经济或政治背景,但其直接目的是为了加强社区居民之间的交往以实现相互关怀。总之,社区建设是社会转型的必然结果之一,是一个国家实现现代化必不可少的环节之一。

2.社区建设是当代中国社会转型的特定要求

简而言之,当代中国社会已经处在深刻的转型期,随着由传统计划经济体制向市场经济体制的转轨,已经引发了社会结构、生活水平、生活方式、思想文

---

[1] 刘春元:“国外社区建设经验的启示”,《哈尔滨商业大学学报(社会科学版)》,2008年第1期。

[2] 赵大生:“新加坡的社会建设”,《社区》,2003年第2~3期。

[3] 香港社区教育工作者联席会议编:《社区理论与实践》,香港:香港中文大学出版社1994年版。

化及行为规范等方面的深刻变化。与先发国家相比较,当代中国的社会转型有其特殊性和复杂性,这不仅增加了中国走向现代化之社会转型的任务和难度,而且使得社区或社区建设的作用越来越凸显出来,社区建设的需要也就越来越迫切和重要。这主要体现如下。

(1)在宏观结构层面,社会转型表现为国家与社会的分离,即社会的宏观管理模式将由政府包揽一切转变为"小政府、大社会",国家(或政府)、市场、社会三大部门(结构)分化的新格局逐渐浮现。随着社会主义市场经济制度的逐步建立,政府逐渐改变了在社会生活中的地位和职能,弱化了国家或政府以往对经济生活的直接干预,改变了对各项社会事业全面包揽的状况,逐渐发育和发展了新的市场经济领域及更为广泛复杂的社会生活领域,并由此引发和培育了政府、市场和社会之间的结构性分化。这种分化突出表现在:一是形成了以市场为基础的经济资源的多元化配置。"政企分开"使企业和市场逐步从政府行政体制中分离和发育起来。尤其是现代企业制度的全面建立和股份制的改革使企业直接面对市场,成为自主经营、自负盈亏的独立法人,逐步由原来的生产生活一体化组织转变为单纯的契约化经营性组织。作为市场要素和资源,它按照利益最大化的原则配置,通过竞争及其带来的活力和效率,广泛地提供私人消费物品和服务。二是形成了以公共利益、公共事务为基础的社会资源的多样化配置。政府行政资源、市场经济资源的结构性分化及重新确定各自的资源配置原则,必然会剥离原先政府和企业组织所承担的许多不应承担的社会功能,社会福利与社会保障、文化、教育、体育及人们的日常生活中的大量社会事务正在逐渐回归社会。社区作为社会领域刚刚发育起来的新的结构性因素,将在承担起政府行政组织难以有效提供、市场营利组织不愿提供的许多社会功能等方面,发挥越来越大的作用。

(2)在中观结构层面,社会转型表现为企业、学校、医院等单位组织的结构分化和功能专业化,社会的中观管理模式由"单位办社会"转变为"社会办单位",社会组织类型多样化、功能专门化的新格局逐渐形成。随着传统计划经济体制逐渐被突破,市场经济的发展必然造成社会分工的高度发展和社会组织功能的不断分化,集中统一的行政组织模式被高度专业化、独立化和多样化组织模式取代,逐渐形成一种社会组织类型多样化、功能专门化的新格局。在当代中国的社区建设过程,已经产生并不断孕育着许多新型的社会化组织,如各类行业协会、各类志愿者组织、业主委员会等。这些大量兴起的公益性、互助性、自治性组织，不仅以专业化的趋势和更为精干、高效、灵活的方式满足人们日趋丰富和复杂多样的需求，而且在由“单位人”向“社会人”转变过程中，使那些已成为具有“社会人”特性的广大社会成员重新组织起来，以全新的组织方式和行为方式，广泛参与社会活动。

(3)在微观结构层面，社会转型表现为家庭结构功能的变化与社会人群出现结构性的群体分化。在家庭方面，由于家庭结构的核心化和家庭规模的小型化，必然导致家庭职能及家庭事务的外移，因此作为家庭结合体的社区无疑就成了家庭外移职能或事务的责无旁贷的承担者。在群体分化方面，在市场经济体制下，随着资本市场和房地产市场的不断发育，尤其是在人们的个人能力作为人力资本，以及个人资产等共同作为生产要素参与分配的情况下，个人之间的收入差别将进一步转化为资本和财产的差别，这种差别构成了社会人群出现结构性群体分化的现实经济关系的基础。如何使“单位人”与“准社会人”重新自觉认同和形成社会的共同利益和整体利益，这些都是需要探索和解决的新情况、新问题。社区的发育、成长，在为广大社区成员提供互相交流、互相合作的新型社会联系和参与方式，培养不同人群之间相互关心、相互帮助、相互信任的新型的人际关系等方面，将能够发挥十分重要而切实的积极作用。

(4)在微观的个体成员层面，社会转型表现为人口结构的新变化及社会人际关系发生的重大变化。一方面，“三多人口”(失业或无业人口在一定时期内增多，社会流动人口增多，老年人口增多)的许多问题都将表现在社区层面，满足这些人口不同需求的繁重任务将主要由社区来承担。另一方面，随着市场经济的发展，人与人之间是由以往的亲情关系、熟人关系向业缘关系、法理关系转变。尤其是在市场经济活动中，无情的市场竞争原则正在撕破由计划经济所构建的温情的熟人交往纽带，使社会活动过程中的人际关系更多地表现为功利取向和利益契约的关系。随着城市老社区的改造、变迁和新社区的建设、延伸，居民的搬迁促使许多传统社区瓦解，新的高楼单元化的居住格局正在使社区成员之间形成强烈的陌生感、疏远感和孤独感，严重阻碍了人们之间友爱互助精神的发展。而社区共同体的形成和发展，在帮助人们树立起高尚的精神要求，培育和提升人际交往境界，实现人际交往的价值理想与规范伦理的统一，道德精神和道德实践的统一，构建高素质、高水平、高层次的社区文明，具有重要的作用。

(5)从特定意义上讲，社区建设将对中国社会的改革、发展与稳定这一事关全局的重大问题具有十分重要的意义。众所周知,经过三十多年的改革开放,中国经济持续高速发展,在社会体制转轨和市场经济体制不断确立的过程中,社会利益关系也变得异常复杂,无论从经济发展的数量、质量来看,还是从利益格局的分化、贫富差别、阶层差异等方面来看,中国的经济社会发展都已经处于关键的"临界点"。许多国家的发展进程表明,处在这一临界阶段的社会已进入"矛盾凸现时期",在未来的发展进程中有可能出现两种结果:一种是进入"黄金发展时期",政策把握得当,经济社会协调发展,就会进入一个良性运行和健康发展的轨道;另一种是进入"风险社会时期",即经济社会发展脱节,各种社会差距扩大,社会矛盾加剧,导致经济社会发展徘徊不前,甚至出现社会动荡和严重的动乱局面。因此,这一时期对中国以后的发展具有特殊而重要的作用。比如,在原有的利益格局已发生了重大的调整、分化、重组,并出现了许多新的社会阶层及其日益多样化的利益诉求的情况下,能否在社区层面发展出有效的利益诉求机制、及时反馈社情民意、合理协调社会各阶层的利益关系,以便进一步有效整合社会资源,维护社会稳定,建设和谐社会等,就成了中国保持未来经济社会继续健康持续发展所要解决的十分重要的课题之一。

也正是在这种背景下,为了防患于未然,顺利度过发展的"临界点"。2002年,中共"十六大"提出了"全面建设小康社会",把"小康社会"的内涵扩展为"使经济更加发展、民主更加健全、科教更加进步、文化更加繁荣、社会更加和谐、人民生活更加殷实"。2003年,中共十六届三中全会又适时提出了"坚持以人为本,树立全面协调可持续发展的科学发展观"。2004年,中共十六届四中全会进而明确地把构建社会主义和谐社会作为党的执政目标,从而使构建社会主义和谐社会成为建设有中国特色社会主义的一项基本任务。2006年,中共第十六届六中全会通过的《中共中央关于构建社会主义和谐社会若干重大问题的决定》更是明确指出,在构建社会主义和谐社会的进程中必须继续大力"推进社区建设,完善基层服务和管理网络","全面开展城市社区建设,健全新型社区管理和服务体制,把社区建设成为管理有序、服务完善、文明祥和的社会生活共同体;完善居民自治,支持居民委员会协助政府做好公共服务和社会管理工作,发挥驻区单位、社区民间组织、物业管理机构、专业合作经济组织在社区建设中的积极作用,实现政府行政管理和社区自我管理有效衔接、政府依法行政和居民依法自治良性互动;加强流动人口服务和管理,促进流动人口同当地居民和睦相处;完善社区公共服务,开展社区群众性自助和互助服务,发展社区服务业"。

2007 年,中共"十七大"报告提出,要在经济发展的基础上,更加注重社会建设,着力保障和改善民生,推进社会体制改革,扩大公共服务,完善社会管理,促进社会公平正义,努力使全体人民学有所教、劳有所得、病有所医、老有所养、住有所居,推动建设和谐社会。执政党的这一系列诉求,特别是十六届六中全会和"十七大"的精神,不仅是新形势下进一步推进社区建设的强大动力,同时也为社区建设提出了新的任务和更高的目标要求,更是说明了在这种特定背景下开展社区建设的重要性和迫切性。

(二)社区建设:21 世纪中国城市社会整合的基础工程

社会整合作为社会学的一个重要范畴,历来为社会学家所重视。从特定意义上说,社会学也是研究社会整合的学问,早期的社会学家斯宾塞、孔德、迪尔凯姆、韦伯等分别从维护现代资本主义制度的角度提出并探讨了社会整合的问题,比如迪尔凯姆有关社会团结的理论——"在一定意义上可以说,迪尔凯姆的基本社会学理论是以社会团结为主线而展开的,这一理论包括:社会团结的产生(宗教研究),社会团结的类型、特征和功能(机械团结和有机团结),社会团结的基础(集体意识、道德),影响社会团结的因素(社会分工),社会团结的维持(中间职业团体)及破坏(社会解组、失范状态及越轨行为)等"❶。马克思则是从批判资本主义或者是从"冲突论"的角度研究了社会整合的问题。

现当代的西方社会学者更是把社会整合作为了社会学的核心概念之一进行研究,其中最有代表性的就是美国著名社会学家帕森斯。1977 年帕森斯在《社会体系和行动理论的演进》一书中,把社会整合的含义规定为:①社会体系内各部分的和谐关系使体系达到均衡状态;②体系内已有成分得到维持,以对抗外来压力。帕森斯认为,一个社会要达到整合的目的,必须具备这样两个不可缺少的条件:①要有足够的社会成员作为社会行动者受到适当的鼓励并按其角色体系而行动;②使社会行动控制在基本秩序的维持之内,以免形成离异或冲突的文化模式。其实,在帕森斯的整个结构功能主义理论中,研究社会整合是其基本追求之一,这在他的 AGIL 模式中得到了明确体现。

帕森斯认为,行动系统的基本结构是由系统必须满足的功能要求决定的,这些功能要求由下述范畴表示:适应(A)、达鹄(G)、整合(I)、维模(L)。适应

---

❶ 贾春增:《外国社会学史》,北京:中国人民大学出版社 2000 年版,第 137 ~ 138 页。

是指系统必须拥有从外部环境中获取所需资源的手段,必须具备操纵某些手段控制环境状态的能力;达鹄是指系统必须有能力确定自己的目标次序并调动系统内部能量以实现系统目标;整合是指系统必须有能力将各个组成部分联系在一起,使系统成为一个内部协调的整体;维模是指系统运行暂时中止时期,原有的运动模式必须完整地保存下来,以保证系统重新运行时恢复原有的互动关系。上述范畴为研究所有行动系统提供了功能分析框架,功能分析就是集中考察上述四项功能需求是如何得到满足的。在最一般的行动系统中,四个子系统——行为有机体、人格系统、社会系统、文化系统,分别对应着适应、达鹄、整合和维模功能。大系统中的小系统也可被视为独立系统,因而面临着同样必须满足的四项功能要求。当子系统达到一定规模时,其内部也会分化出相互区别又相对独立的更低层次的子系统。AGIL 是对各层次系统普遍适用的功能分析框架,帕森斯认为应用此分析框架对社会进行功能分析的首要任务,是揭示分别满足四项功能需求的四类制度性结构的基本特征。在社会中,满足适应这一功能要求的是经济制度,它通过生产、分配将自然资源转化为满足成员需求的产品;承担达鹄功能的制度是政体,它将社会中人力、物力组织起来,集中于目标的实现;承担整合功能的是法律制度和宗教制度的某些部分,它对社会中出现的冲突加以调整,以维护社会团结;承担维模功能的是家庭制度、教育制度及宗教制度的某些部分,它保存和传递基本价值规范,从而使互动模式得以维持。帕森斯还认为,功能分析的另一任务是揭示各子系统之间的关系。如果某个子系统的输出恰恰满足了其他子系统的需要,而且它本身的需要又能通过其他子系统的输出得到满足,就意味着子系统之间存在着对流式边界关系,不同的子系统输出的一般交换媒介不同:适应功能子系统输出货币;达鹄功能子系统输出权力;整合功能子系统输出影响和赞同;维模功能子系统输出价值承担和声望。对一个社会来说,要维持各子系统之间边界关系最低限度的平衡至关重要。

继帕森斯之后,社会学者对社会整合概念的解释及运用逐渐分化为两种不同的倾向:一种沿袭帕森斯的观点,继续将其置于宏观的社会理论体系中,从抽象的意义上予以解释和运用;一种则朝着经验研究的方向,将这一概念用来研究各种社会群体内或社会群体之间的实际关系,特别用来研究民族及种族群体的关系,研究一国内各民族在文化上的接近和融合等等。[1] 中国学者对社会整

---

[1] 《中国大百科全书·社会学》,北京:中国大百科全书出版社 1991 年版,第 351 页。

合的解释，大多侧重于宏观层面。比如，“社会整合指社会体系与其成员（个人或群体）之间相互容纳、相互协调，最终形成一个具有特定功能的总体社会系统的过程”❶；再如，“社会整合就是通过制度、组织、价值体系等连接纽带把各种不同的构成要素、互动关系及其功能结合成一个有机整体”❷。综合学术界的认识，笔者认为社会整合是社会各系统、要素等在协调冲突的过程中融合为一个动态平衡的有机整体，形成特定的社会发展动力和社会凝聚力，进而促进社会稳定和谐及良性运行的一种社会存在状态。总之，社会整合是社会存在与社会发展不可或缺的条件，一个没有整合却能发展下去的社会是很难想象的，从长远看也是不可能存在的。一个社会的健康、持续、和谐发展，在很大程度上取决于社会整合的程度。不管何种性质与类型的社会整合，都应该在其特定的社会运行时期起到特定的推动及凝聚的作用，以保证这个时期社会的顺利运行。当然，随着时间的推移，特定的社会整合机制也许会丧失其应有的功能，此时的社会就会出现解组、混乱、动乱乃至分崩离析。需要注意的是，社会整合程度与社会发展并不是绝对的正相关关系，社会整合程度高的社会，并不意味着它就是具有先进发展水准的社会，反之，社会整合程度低的社会，亦非意味着它就是发展水准落后的社会，总之不能把社会整合程度的高低简单地与一个社会是否有先进的发展水准画等号。

社会整合与社会控制既有区别又有联系。社会控制（又译为社会约制）作为社会学的专业术语，最早是由美国社会学家罗斯（E. A. Ross）于1909年出版的《社会控制》一书中提出来的，自此以后，社会控制始终是社会学研究的一个重要领域，并逐渐形成既融合了现代控制论基本原理，又具有社会学特色的社会控制理论体系。社会控制有广义和狭义之分。广义的社会控制是指社会组织体系运用社会规范及与之相应的手段和方式，对社会成员（包括社会个体、社会群体及社会组织）的社会行为及价值观念进行指导和约束，对各类社会关系进行调节和制约的过程。狭义的社会控制是指对社会越轨者施以社会惩罚和重新教育的过程。社会控制的基本功能就是保证价值观与行为方式在某种程度上的一致性得以实现并延续下去。❸ 社会整合与社会控制的联系在于：二者

❶ 唐士其：《国家与社会的关系》，北京：北京大学出版社1998年版，第135页。

❷ 庞玉珍：“中国社会结构变迁与新型整合机制的建构”，《社会科学战线》，1999年第3期。

❸ 郑杭生：《社会学概论新修（第三版）》，北京：中国人民大学出版社2003年版，第401～404页。

的实施主体都是特定的社会群体、社会组织机构，尤其是国家政权机构；二者的实施方式都包括习俗道德和宗教、政权、法律和纪律、社会舆论与群体意识等；二者实施的目的都是维持社会秩序，维持正常生活，促进社会稳定与发展。不过，社会整合是比社会控制更为宽泛的概念，它不仅包括了社会控制，而且包括社会动员、社会管理、社会保障、社会福利、社会服务等，总之，凡是可以促进社会成员协调一致，形成社会凝聚力的社会活动，都属于社会整合的范畴。从这个意义上说，社会控制，尤其是狭义的社会控制只是社会整合的一种重要形式而已。❶

自从人类社会产生以来就有了社会整合的一系列活动，只是在不同的时代社会整合的模式、形式、手段等具有不同的性质与特征。就当代中国城市社会而言，计划经济体制时期社会整合的主要模式是“单位体制”，因此，单位组织也就成为当时城市社会整合的主要载体，社区只是这一载体的补充。但是，随着改革的不断深入和计划经济体制向市场经济体制的转轨及全方位的社会转型，单位体制社会整合的功能逐渐式微，社区越来越成为社会整合的主要载体。可以预见的是，在单位组织社会整合机制发生流变的过程中，❷ 21 世纪中国城市社会整合的基础性工程就是当代中国的社区建设。应该认识到，单位体制的变革是当代中国社会转型最突出特点之一。而这种变革的直接后果之一，就是动摇了单位体制在计划经济时期中国城市社会整合主渠道的地位，使得社区越来越成为城市社会整合的主要载体。

1. 单位体制的含义及其社会整合功能

作为一个“中国式”的学术研究话题，对单位问题的研究开始于 20 世纪 80 年代中期。美国哈佛大学社会学教授华尔德在其中扮演了重要角色。1986 年他通过对来香港的 80 多位曾经在中国内地国有企业工作过的移民的访谈，对

❶ 王思斌：《社会学教程（第二版）》，北京：北京大学出版社 2003 年版，第 276 ~ 286 页；唐忠新：《中国城市社区建设概论》，天津，天津人民出版社 2000 年版，第 130 页。

❷ 需要说明的是，单位体制的流变及单位组织社会整合功能的变化并不是否定其仍然发挥着重要的社会整合功能，也不是说其社会整合的功能以后就会消失。有意思的是，有研究者提出了“单位记忆与社区资本博弈是中国城市社区建设的出路的观点”（参见刘翠霞：在单位记忆与社区资本间挣扎的中国城市社区建设，《南通大学学报 · 社会科学版》，2006 年 2 期）。笔者以为，现在可以预见的是，单位组织的社会整合功能与作用，在未来很长一段时期内将会在社区这一主要载体的基础上发挥其特有的价值。

"中国工业中的工作与权威"问题进行了研究,最终出版了《共产党社会的新传统主义——中国工业中的工作环境和权力结构》一书。在书中,他认为中国的国有企业是一种完全不同于西方企业组织的独特的组织形式,这种"共产党社会的新传统主义是工业权力结构中的一种现代类型",其特点主要表现在两个方面:一是"制度性的依附",即工人在经济上依附于企业,在政治上依附于工厂的党政领导,以及在个人关系上依附于车间直接领导,现存的经济和政治结构及工厂内部的组织方式与上述几方面的依附程度有直接关系;二是工厂的"制度文化",包括领导和下属间的关系、工人之间的关系及工人在这样的环境下所采取的争取自身利益的策略。❶ 虽然华尔德在书中并未使用"单位"这一概念,但学术界却公认他是最早进入单位研究领域的学者,他所提出的"组织性依附"这一理解中国企业的核心概念,以及将单位研究的重点锁定在"国有企业"的观点,对后来的单位研究产生了重大影响。❷ 1989 年,路风发表了《单位:一种特殊的社会组织形式》一文,明确提出了"单位体制"的概念,将单位研究进一步明确化并引向深入。

关于"单位"及"单位体制"的含义,学术界有不同的解释。路风认为,在中国社会生活中,人们把自己所就业于其中的社会组织和机构——工厂、商店、学校、医院、研究所、文化团体、党政机关等——统称为"单位",它是中国各种社会组织普遍采用的一种特殊的组织形式,是中国政治、经济和社会体制的基础,是国家对社会进行直接行政管理的组织手段和基本环节,尤其在城市更是如此。路风指出,从社会组织的角度出发,可以将整个社会的运转不得不依靠单位组织形式的结构定义为"单位体制",这个体制的基本内容是:一切微观社会组织都是单位,控制和调节整个社会运转的中枢系统由与党的组织系统密切结合的行政组织构成。❸ 李汉林在《中国单位现象与城市社区的整合机制》一文中用"单位现象"一词指称通常人们所说的"单位体制",他认为,中国单位现象主要是指中国社会各阶层人们的社会行为通过组织功能多元化的特殊社会方式逐一整合到一个个具体的社会组织即"单位"之中,从而由这种单位组织代表他们的利益,满足他们的基本需求,给予他们社会生活的权利、身份和地位,左右和

❶ 华尔德:《共产党社会的新传统主义》,牛津大学出版社 1996 年版,第 11、14 ~ 15 页,转引自田毅鹏、漆思:《"单位社会"的终结》,北京:社会科学文献出版社 2005 年版,第 2 页、"前言"第 1 页。

❷ 田毅鹏、漆思:《"单位社会"的终结》,北京:社会科学文献出版社 2005 年版,第 2 页。

❸ 路风:"单位:一种特殊的社会组织形式",《中国社会科学》,1989 年第 1 期。

控制他们的行为,逐步实现人们社会性,即以单位组织为基本单元的社会现象。国家对社会的整合与控制,不是直接面对一个个单独的社会成员,更多的是在这种独特的单位现象的基础上,通过单位来实现的。❶

孙立平等认为,改革以前,几乎所有社会成员都被纳入各种组织中。这些形形色色的组织——主要是在城市中的组织,被称为单位。单位根据人们的工作,按照职能团块将他们组织在一起。单位普遍按行政组织模式构建,是国家和社会成员之间的必不可少的中介,处于社会生活的中心位置,整个社会的运转表现为各种单位的运行。这种社会结构则被称为“单位制”。❷ 王沪宁认为,单位是中国社会组织和调控的一种特殊的组织形式,在社会的长期发展过程中,单位构成了基本的调控单位和资源分配单位。❸

杨晓民、周翼虎在《中国单位制度》一书中提出了“单位制度”的概念。该书指出,所谓单位制度,即指中华人民共和国自 1949 年以来为了管理公有体制内人员而设立的组织形式,它具有政治、经济与社会的三位一体的功能。从组织学角度看,单位是国家管理公有体制内人员的组织形式,它的组织元素以公职人员(拥有公职、享受社会主义福利承诺、包括干部与工人)为主体,按照一定的宏观结构,形成国家权力均衡机制的基本细胞;从经济学角度看,单位一直是控制国家经济命脉、保障和容纳文化与物质生产力的重要实体;从社会学角度看,单位是标志城乡区别的社会集团,是城市生活的核心,它决定了人们的职业、身份、消费能力、价值观念、人生经历、行为方式乃至社会地位的高低。单位还是中国通往权力之路的入场券,在党政机构作为中国权力运行中心这个现实环境下,支配社会资源和成员的权力基本上掌握在那些具有“干部”身份的人群当中。由于“党管干部”原则的不可动摇,一切单位的领导干部都必须按照党的意志和单位制度的建设精神选拔,必须服从党的权威,这是单位制度本质上的规定。❹

刘建军在《单位中国》一书中认为,单位是国家与个人的联结点,是当代中国城市社会的基本单元,它具有三种不同的面貌与特色:其一,单位作为国家调控体系的基本单元,既是国家政策的最终落实者,又是整个政治体系的支撑者

---

❶ 李汉林:“中国单位现象与城市社区的整合机制”,《社会学研究》,1993 年第 5 期。

❷ 孙立平等:“改革以来中国社会结构的变迁”,《中国社会科学》,1994 年第 2 期。

❸ 王沪宁:“从单位到社会:社会调控制体系的再造”,《公共行政与人力资源》,1995 年第 1 期。

❹ 杨晓民、周翼虎:《中国单位制度》,北京:中国经济出版社 1999 年版,第 3 页。

和资源的最终分配者。由此导致了国家对资源的强性提取和单位对国家的依附属性。单位作为国家调控体系的主干，在依赖于国家资源供给的同时，也履行着控制个人、实现社会整合的功能。单位实为政治体系微观化的缩影。其二，单位可以被视为一种维护自身利益、保障单位主权的一种实体。在与国家、个人之间博弈的过程中，单位对其内部信息的垄断与封锁导致了单位"信息优势"的产生，于是单位在有限的范围和程度内拥有属于自我的"保护领地"。其三，单位作为个人安身立命的空间出现在当代中国人的生活世界之中。单位是个人生存、发展的依托，个人生存与发展的资源基本上都是从单位中索取，而不是依靠自身的努力和社会的赐予。单位是个人社会化的唯一通道，是人生价值在社会中扩展的原点。❶

唐忠新认为，学术界尽管使用了不同的概念和不同的表述，但其共同点是：都承认单位体制是一种社会整合机制，这种机制广泛存在于计划经济时期的中国城市❷。总之，如果撇开其他因素，只从社会整合的角度来认识"单位体制"的概念，笔者认为可以这样表述它的含义：所谓单位体制，是通过单位这种特定的社会组织形式来全面动员和控制城市社会成员，实施社会整合的一种特殊的社会设置。这种解释包括：单位是计划经济时期中国城市居民的基本组织形式，单位体制是一种特殊的社会设置或社会制度；单位体制是行政组织体制的延伸，是以行政手段为主导的纵向超强整合体制；单位体制对社会的整合作用主要通过其封闭性的特点和功能的多元化来实现；单位体制的社会整合功能主要体现为单位的隶属关系、行政化和政治化的思想动员、行政配置性的就业制度、单位保障和单位福利制度❸。

2. 单位体制的变革凸显了社区社会整合的地位

单位体制是特定历史条件下的产物，是依赖特定的经济、政治、社会、历史、文化等条件得以存在和运行的一种社会整合机制。随着这些特定条件的变化，单位体制已经发生了深刻的变革，从而也发生了从单位整合到社区整合的变化。简而言之，单位体制的变革凸显了社区社会整合的地位和作用。

---

❶ 刘建军：《单位中国》，天津：天津人民出版社 2000 年版，第 4 ~ 20 页。

❷ 唐忠新：《中国城市社区建设概论》，天津：天津人民出版社 2000 年版，第 105 页。

❸ 这些理解要点的归纳来自前述内容中所标注的许多参考文献，每一个方面的论述都分别散见于不同的文献之中。从社会整合的角度对其含义的比较集中的理解可以重点参考唐忠新《中国城市社区建设概论》（天津人民出版社 2000 年版）一书第 105 ~ 111 页相关内容。

单位体制的运行条件主要包括四个方面:①战时供给制和组织军事化的历史传统;②单一传统公有制的经济基础;③高度集权的计划经济体制;④城乡社会二元格局。从当代世界经济政治社会发展的角度看,全球化趋势不可阻挡,中国的改革开放必须进一步深入进行,所以单位体制存在和运行的条件发生了实质性的变化,单位体制的弊端也显而易见。“如果从发展、变异的角度来评价‘单位社会’,我们也应该承认,单位体制不是一种高效的体制,虽然它在一定时期内可以通过举国‘一致’的模式创造高效的人间奇迹,但其所面临的最大挑战却在于不能将这种高效持久化”❶。单位社会是一种被“制度锁定的社会”、“丧失活力的社会”、“平均主义的社会”,“无论人们是否愿意,单位体制终究是会被改变的。单位组织形式是国营经济部门效率低下的主要原因之一,因沉重的人口压力而迫切需要增长的经济体系,不可能无限期地忍受这种低效率和浪费。即使大多数人不愿意改变,它也将造成这样一个后果,即中国的经济发展水平与世界水平的差距越来越大,从而产生一种造成社会矛盾激化的巨大压力,其结果可能导致整个体制的崩溃”❷。

概括而言,单位体制的诸多弊端主要表现为:①单位功能的多元化有悖于现代社会组织的运行原则,严重影响了经济效益和工作效率;②单位体制剥夺了作为市场主体的企业的自主权、自决权,从而阻碍了经济的发展;③单位体制中的平均主义严重影响着人们生产和工作积极性的发挥,从而势必延缓经济社会的发展;④单位体制排斥民主、法制,有碍现代社会的民主化进程;⑤单位体制党政不分、政企不分、政社不分,以政代企、一政代社,严重阻碍了社会的正常发育。由于这些弊端的逐步显现,以及改革开放以来的社会转型所导致的单位体制存在条件的根本性变化,因此单位体制已经出现了趋于瓦解的态势,这主要体现为:单一的传统公有制经济已经转变为以公有制为主体的多种所有制经济,从而瓦解了单位体制赖以运行的经济基础;计划经济体制已经为市场经济体制所取代,从而瓦解了单位体制运行的体制基础;城乡二元格局已经被打破,从而动摇了单位体制在城市社会整合中的主体地位;战时供给制和军事化的历史传统正在消失,从而瓦解了单位体制赖以运行的历史文化基础;单位自身的

---

❶ 田毅鹏、漆思:《“单位社会”的终结》,北京:社会科学文献出版社 2005 年版,第 177 页。

❷ 路风:“中国单位体制的起源和形成”,《中国社会科学季刊》,1993 年第 4 卷。

角色功能明显变化，从而瓦解了单位体制赖以运行的主要载体。[1] 这样一来，单位已经不可能再发挥全方位、主渠道的社会整合功能，原来在城市中处于单位体制补充地位的社区所担负的社会整合功能愈来愈凸现出来。

总之，社区建设已经成为21世纪中国城市社会整合的基础工程。计划体制时期单位体制是进行城市社会整合的主渠道，社区（区、街道、居位会等社区组织）处于单位体制社会整合的补充地位，它所整合的对象主要是少数单位体制外人员，整合功能比较单一，整合力量的配置很弱，在一定程度上充当着单位体制扩充源的角色。在单位体制逐渐衰落的过程中，城市社区社会整合的地位和作用日益突出。首先，单位体制的变革促使"单位人"向"社区人"转变，从而要求社区进一步发挥整合、服务和管理的功能；其次，伴随着市场经济的发展和经济类型的多元化及人口的老龄化，游离于单位以外的居民增多，客观上要求社区要进一步发挥对这些居民的管理、服务，乃至教育培训等社会整合的功能；第三，快速发展的工业化、城镇化给城市社会带来了一系列压力，从而要求社区必须强化其进一步发挥社会整合的功能等。这些情况已经表明，社区日益成为社会整合的主要载体，加强社区整合是当今中国社会转型、单位体制变革的客观要求和必然产物。

在社区担负社会整合角色发生重大变化的同时，也就自然要求社区建设工作的开展。尤其是全面建设小康社会和构建社会主义和谐社会重大任务目标的提出，作为社会建设和社会管理重要方面的社区建设，必然成为中国社会发展过程中城市社会整合的基础工程。中国城市社区建设操作对象的基层性，决定了它是城市社会整合的基础工程；中国城市社区建设与基层政权建设的有机结合，决定了它是城市社会整合的基础工程；中国城市社区建设围绕解决居民群众的基本需求开展工作，决定了它是城市社会整合的基础工程；中国城市社区建设以发展基层民主和基层群众性自治为重要目标，决定了它是城市社会整合的基础工程。[2] 如果说计划体制时期"单位"是组成城市社会的重要单元，那么在21世纪的中国，"社区"则是构成城市社会的"细胞"，是城市最基础的构成单元，是城市社会成员生活的基本场所。现在的城市社会已不再是由原来意义上的"单位"构成的社会，而是由若干不同层次、不同类型的社区构成的"社区联

---

[1] 唐忠新：《中国城市社区建设概论》，天津：天津人民出版社2000年版，第117～121页。

[2] 唐忠新：《中国城市社区建设概论》，天津：天津人民出版社2000年版，第130～132页。

合体”。从这个角度讲,社区建设所要解决的正是整个城市最基础层面的问题,社区这个基础层面的问题解决好了,整个城市乃至整个社会的稳定和持续健康发展就有了坚实的基础和保障。

二、社区建设概念的理论阐释

(一)社区的概念、含义与功能

1.社区的概念及含义

“社区”(Community)一词源于拉丁语,其意思是指共同的东西和亲密的伙伴关系。1887 年,德国社会学家腾尼斯出版了社会学名著《社区与社会》之后,社区便成为社会学中最基本、最为广泛的概念之一,正如美国社会学家内斯比特所说:“社区是最基本的、最广泛的社会学单位概念。毫无疑问,社区的重新发现标志着 19 世纪社会思想最引人注目的发展,其他概念都不能如此清晰地将 19 世纪与前一时代,即理性的时代区别开来。”在腾尼斯那里,社区是“亲密无间的、与世隔绝的、排外的共同生活”,其成员因共同的价值观和传统维系在一起,他们有共同的善恶观念、有共同的朋友和敌人,在他们中间存在着“我们”和“我们的”意识。

腾尼斯是最早对社区与社会进行界分的西方学者。在他看来,社区的主要特征是人与人之间有着强烈的休戚与共的关系,社会的特征是以多元文化为基础的松散的人际关系;社区更多的是感性和“只知耕耘,不问收获”,人们首先关心共同体的利益和规矩,秉承集体主义至上原则;社会更多的是理智与工于心计,人们首先关心的是自己的私利和契约,坚持个人主义至上法则。“共同体是持久的和真正的共同生活,社会不过是一种暂时的和表面的共同生活。因此,共同体本身应该被理解为一种生机勃勃的有机体,而社会应该被理解为一种机械的聚合和人工制品。”言外之意,他认为人们可以有意识地建立、设置各种联合体(国家、社团等),却无法人为地构建社区共同体(宗族、聚落等),联合体是人为建构的,共同体是基于血缘、亲缘、地缘和共同感情经历而形成的。

在这一点上,马克斯·韦伯认为,基于成员主观的共同感建立起来的关系,包括家庭、近邻、种族、宗教等都属于礼俗社会,或曰社区;杜尔克姆提出了“机械团结”和“有机团结”的概念,差不多等同于社区与社会。同时腾尼斯还提出共同体(社区)向联合体(社会)过渡是工业化进程中的历史必然,共同体和联合体只是人类社会组织及人际关系的两种理想类型,在现实生活中,他们都是不存在的,"真正的社会的生活运动于这两种类型之间"。"共同体的力量在社会的时代之内,尽管日益缩小,也还是保留着,而且依然是社会生活的现实。"20世纪30年代我国燕京大学一批青年学生翻译美国社会学家的社会学论文集时,首次将"Community"译为"社区",意指由具有共同价值观的同质人口组成的、关系亲密的、富有人情味的社会关系和社会团体。

"社区"概念的含义解读是多样的,不同的学者根据不同的研究需要,从不同的研究角度来定义社区,而不同的社区研究理论模式也产生了不同的社区概念。1955年,美国社会学家希勒里收集了有关社区的94个定义而得出结论:除了人包含于社区这一概念内之外,有关社区的性质,没有完全相同的解释。1971年,社会学家贝尔和纽柏发现了关于社区的定义有98个。到了20世纪80年代,美籍华裔社会学家杨庆坤统计出不同的社区定义达140余种。以下是一些比较有影响的定义。帕克认为,社区的基本特点可以概括为:①按区域组织起来的人口;②这些人口不同程度地与他们赖以生息的土地有着密切的关系;③生活在社区中的每个人都处于一种相互依赖的互动关系。他强调地域、人群及其之间的互动。罗吉斯和伯德格认为,社区是一个群体,它由彼此联系、具有共同利益或纽带、具有共同地域的一群人组成,社区是一种简单群体,其成员之间的关系是建立在地域的基础之上。他们强调的是共同利益、共同地域和简单群体。菲利普认为,"社区是居住在某一特定区域的、共同实现多目标的人所构成的群体,在社区中每个成员可以过着完整的生活"。他强调的是特定地域、共同实现多目标的群体。乔治·希拉里认为,"社区是指包含着那些具有一个或多个共同要素及在同一区域保持社会接触的人群"。在这些众多定义的基础上,希拉里、贝尔、纽柏和杨庆坤等进行了归纳分类和统计分析,他们认为大多数社会学家同意社区应当包括社会互动、地理区域、共同关系这三个特征。

1968年出版的《国际社会科学百科全书》第3卷在谈到社区时,社会学家伯纳德和桑德斯将社区的定义概括为三种:①社区是居住于特定地区范围内的人口;②社区是以地域为界并具有整合功能的社区系统;③社区是具有地方性的自治自决的行动单位。1974年出版的《社会学百科全书》认为,"社区"一词在社会学上的主要用法是指空间或地域的社会组织。1979年出版的《新社会学辞典》指出,"社区"一词是指人们的集体,这些人占有一个地理区域,共同从事经济活动和政治活动,基本上形成一个具有某些共同价值标准和相互从属的感情的自治的社会单位,城市、城镇、乡村或教区就是例子。这里包括地理区域、互动关系和共同情感三个特征或地域性社会组织和共同情感两个特征。1994年出版的《社会学辞典》指出,“社区”这个术语,“至少指的是地理区域内人们的集合”。

毫无疑问,大多数社会学家都同意,社区的社会学定义应当包括三个共同要素,即地域性、社会互动与共同的联系纽带。但是,在以下三方面仍然存在着分歧和争论。

(1)作为地域性社会组织类型的社区和作为社会关系或情感类型的社区之间的争论。一些人强调前者,而另一些人强调后者。作为前者,社区主要是指共同拥有一个确定的地理区域的群体,如邻里、城市、村庄等。一些社会学者如帕克、霍利认为,社区最重要的特征是共同地域,虽然他们也承认共同联系,但是认为这些联系本身不足以构成社区。作为后者,社区主要是指具有共同特质、归属感,并且维持着形成社会实体的社会联系和社会互动的群体,如种族、宗教团体等。强调后者观点的人否定地缘性的意义,他们强调共同联系。共同联系、归属感来自于对共同历史的信念或共同命运、共同价值观、利益、亲属关系等,这些特征都不以一起生活为前提,其成员在地理上是分散的。虽然,持后一种观点的人要比持前一种观点的人遭到更多的批评,但是,近些年来,现代科学技术的发展给一些社区居民生活带来的变化,却有力地支持了后者的观点。“社区解放论”的创建人费舍尔强调指出,廉价而高效率的通讯与交通,使得居住在不同地域的人,可以维持初级纽带关系,从而比较接近腾尼斯所指出的那种“礼俗社会”或“社区的理想状态”。

(2)作为社会组织的社区与正式社会组织之间的差别的争论。一些社会学家于20世纪六七十年代撰文做出区分:正式社会组织以专门的、明确的目标为导向,其成员在实现其目标的活动中,都是以专门角色的承担者而建立相互关系,如公司、学校、教会、军队、职业协会等都是正式组织。社区是以泛化的、扩散的目标为首要导向,其成员的关系要松散得多,包括成员之间更多的生活层面,如家庭、种族群体、邻里等都是社区组织。不过,这两者之中都可以包括一些性质对立的亚组织,如工厂中存在工人的非正式的朋友群体,社区邻里中也存在志愿者协会这类正式组织等。

(3)确定社区的范围或规模的争论。与正式组织相比,缺乏清楚的范围是社区组织的主要特征之一,但是,在以地缘性为基础的社区中,如果没有范围的界限,那么社区的概念可以扩展到整个国家和整个世界(事实上也确实有人将世界看成一个社区)。霍利坚持把社区的规模限制在居民对本区域的日常生活有一种大致的了解范围内,人们对自己的社区非常熟悉,耳闻目睹那些不会引起其他地方的人注意、关心的日常琐事。这样,就将全球、国家和巨型城市排除在外。一些社会学家提出可根据以下两方面来把握,一是社区必须发挥一些基本功能,包括提供基本经济需要、社会化、社会控制、社会参与和相互支持的功能。二是社区是社会的缩影,与其他群体不同,它也是一个社会系统,包括如政府、经济、教育、宗教、家庭等子系统。所以,社区必须具有一定的规模。

综上所述,社区是指由相当居民组成的、依赖一定资源生活其中的、具有内在活动关系与文化维系力的地域性共同体。它有以下几个主要特征:①社区居民有共同利益、共同文化、共同意识或价值观等;②社区内居民相互之间互动较多,对社区内的日常生活更为熟悉;③具有一些基本社会功能和一定规模;④一定的地域范围。社区的构成要素主要有:①地域。作为地域性的生活共同体,社区总是存在于一定的自然地理和人文地理的空间中,因此它应该有一定的空间边界,这是社区与社会、此社区与彼社区区别的标志。至于社区范围多大最为合适,社会学界有一个基本准则:社区的空间范围不能过大,应该限制在居民生活能够发生互动的范围之内,或者限定在能够满足居民基本需要的生活服务设施、组织机构可以发挥作用的范围之内,太大了与社会就没有什么区别了;社区的空间也不能过小,应该以社区能够发挥基本的功能为准,太小了社区就等于家庭了。我国将城市中的街道、单位家属院、商品房小区、农村中的集镇、自然村或行政村等作为社区来看待。②人口。人口是社区活动和社区生活的主体,没有人口的地域空间不是社区,但并不是所有进入社区的人口都是社区人口,只有那些长住在社区内的居民才算社区人口。社区人口包括人口数量、质量、结构、流动等要素。人口数量就是社区内居民的多少。人口质量就是社区居民的综合素质,比如思想道德素质、科学文化素质等。人口构成就是不同类型居民的特点及其不同类型居民数量之间的比例关系。人口流动就是居民的流进与流出。③组织机构。作为一定地域的生活共同体,社区需要一定的组织机构来提供公共物品和公共服务,来申诉和表达要求及利益,比如社会治安、环境绿化、生活服务、物业管理、民主参与等。社区组织是维持社区生存与发展不可缺少的要素。社区组织分为正式组织和非正式组织。正式组织包括社区自治组织、社区党组织、社区兴趣组织、志愿者组织等,非正式组织包括邻里组织、楼道组织等。④文化。社区文化是维系社区的精神纽带,是构成社区的软件。社区文化包括历史传统、信仰、风俗习惯、村规民约、语言、生活方式、社区认同感和归属感等。不同的社区由于历史传统、自然条件、宗教信仰的不同,所以社区文化各异,呈现出一定的地域性和特殊性。⑤公共设施。社区既是人们生活的场所,也是生产的场所,因此必须具备一套完整、完善的生活服务设施和其他设施。社区公共设施包括商店、医院、学校、文化娱乐场所、饮食服务机构、交通健身设施等。公共设施是社区的硬件。缺乏公共设施的社区,充其量只能称为居民住宅区,不是社区。

2. 社区的功能

从一般意义上来说,社区具有如下基本功能:①经济功能。经济是一个社区发展的基础,没有强大的经济基础,社区的发展是不可能的。从这个意义上讲,经济功能决定了一个社区的发展,也决定着它在同类社区中的地位。②社会化功能。社会化是一个过程,通过这个过程,个人学习和获得其社会的知识、共享的价值观和行为模式,学习适合于社会的多种社会角色的行为。社区在社会化方面仍然起着重要的作用,如社区里的家庭、邻里、教会和学校等正式或非正式的组织,对于青少年的价值观、角色和行为规范的形成具有相当大的影响。人们从幼年开始,在与社区内邻里、小伙伴群体及社区学校老师和同学的交往过程中,初步学习了群体和社会的文化,学习了如何承担社会角色。③社会控制功能。社会控制是这样一个过程,社区通过这种过程获得其成员对规定和禁止的社会角色、规范和行为的遵守。社会控制内是指社会或者社区中,这些规范和行为模式进入组织成员活动的各个方面。没有社会规范,社会就会呈现出一片混论。著名的社群主义理论家埃兹奥尼指出,社会控制是必须的,但最好是在社区中被初级群体所行使。④社会参与功能。社会参与是社区的根本功能,如果社区成员和社区本身处于健康的社会且有权能,那么就允许和要求其成员参与社区的生活和治理。按照费林德的定义,社区具有权能指的是"社区为了达到其目的而解决问题的能力"。社区的各个部分进行合作、共享决策权、共同努力以满足社区的需要。当社区广泛地参与决策时,社区权能得到加强。社会参与是社区实践的核心,也是参与式民主的根本所在。社会参与可以改变社区管理机构及政策的消极影响,可以纠正社会的边缘化,消除社会的排斥。充分的社会参与需要公民对地方社区和国家治理的参与,在民主的社区中,社会和公民的参与特别重要,民主依赖于其多个组织对政策实施影响,如果公民及其组织不参与这个过程,他们就会在政府的规则制定中被排除在外和不被考虑。⑤相互支持功能。相互支持的功能是社区在其成员和家庭遇到困难时,为其成员及其家庭提供帮助。相互支持是在需要时进行的彼此帮助，传统上，初级和次级群体如家庭、邻里和朋友是提供社会支持和社会保证的第一道供给线，当社区变得越来越复杂，更多的次级和第三级正式组织如国家的有关机构、营利和非营利的健康和福利组织、保险公司、日间看护中心、志愿者队伍及婴幼儿照管中心等来履行这些功能。这种帮助可以是临时性的，也可以是长期的。

（二）社区建设的概念解读

我国的“社区建设”概念是在社区服务的基础上形成的。改革开放以后，我国城市社区服务从无到有、从小到大，对城市社区组织和亿万居民的社会生活发生了特定的影响。但是，广泛开展的城市社区服务又难以包含政府希望的城市基层社区组织所要承担的职能。于是，民政部于 1991 年 5 月首次提出了“社区建设”这一概念，这样，城市社区服务的未来趋势就应当是融入“社区建设”的思路中去，即进行包括社区服务、社区管理、社区文化、社区教育、社区卫生、社区治安等多项内容的系统建设。此后，随着改革的进一步深入，城市社会问题及服务、管理体制中的尖锐问题日益暴露出来。在这种情况下，中央将城市社区建设提上了议事日程。同时，社区建设作为民政部的一项工作被纳入议事日程。1998 年国务院的政府体制改革方案确定民政部在原基层政权建设司的基础上设立基层政权和社区建设司，进一步推动了社区建设在全国的发展。社区建设提出后经历了一个不断充实、不断完善的过程。

2000 年 11 月 19 日，中共中央办公厅和国务院办公厅联合下发了《中共中央办公厅国务院办公厅关于转发〈民政部关于在全国推进城市社区建设的意见〉的通知》（中办发[2000(23 号)]文件），对社区建设的内涵、重大意义、指导思想、基本原则、主要目标、基本内容、实施方法等作了明确的规定和全面阐述，为社区建设的进一步发展指明了方向。中办发[2000(23 号)]文件指出：“社区建设是指在党和政府领导下，依靠社区力量，利用社区资源，强化社区功能，解决社区问题，促进社区政治、经济、文化、环境协调和健康发展，不断提高社区成员生活水平和生活质量的过程。”社区建设的指导思想是“以邓小平理论和江泽民同志关于‘三个代表’的重要思想为指导，认真贯彻落实党的十五大精神，从我国的基本国情出发，改革城市基层管理体制，强化社区功能，巩固党在城市工作的组织基础和群众基础，加强城市基层政权和群众性自治组织建设，提高人民群众的生活质量和文明程度，扩大基层民主，密切党群关系，维护社会政治稳定,促进城市经济和社会的协调发展”❶。

21 世纪初,执政党和中央政府又将和谐社区建设上升到改革、发展与稳定的高度,即适应城市企业、体制改革和社会管理体制改革的需要,保证社会稳定,促进城市社会发展。在这里,可以明显地发现政府对社区建设目标的诉求,即支持和保障企业体制改革,化解社会压力,保障城市社会稳定。从当前来看,加强和创新社会管理(尤其是基层社会管理),已经成为社区建设更加凸显的目标。这种目标诉求的另一个重要理论涵义就是:随着我国社会主义市场经济体制的逐步建立,公民与单位间的利益关系呈现出了社区性、社会性与自治性等新特点。这些特点决定了城市社区作为城市中复合的经济、政治、文化和社会单元,构成了一种新的社会组织系统。这种组织系统以社区内各单位和市民的利益为纽带,形成了内在的有机联系。因此,我国的城市社会组织方式便由单位制、新单位制向城市社区制转换,社会管理方式也由“经济主导型模式”向“社会主导型模式”转变。正是在这种情况下,学术界对社区建设及其相近概念关系的理论阐释逐渐展开。

1. 社区建设的含义与性质

关于社区建设的含义,目前学术界尚有不同界定。大致说来,主要包括以下几种:①认为社区建设就是在一个社区内搞好各项工作的配套建设。②认为社区建设就是依靠社区力量,发展社区经济,强化社区功能,解决社区问题。③认为社区建设就是把城市基层社区的经济与社会发展放到大社会中去,并把大社会的指标体系引进社区,使小社区的工作与大社会同步。④认为社区建设就是依靠和调动各方面的力量,充分利用社区的场所和资源,发展社区的各项事业,搞好社区的系列化服务。⑤认为社区建设是在各级政府的帮助和指导下,调动和依据社区各方面力量,利用社区的资源和优势,改善社区的经济、社会和文化环境,强化社区的综合功能,发展社区的各项事业,使社区与整个国家的社会生活融为一体,从而全面提高社区工作水平,促进整个社会的不断进步。⑥认为社区建设是根据社区规划,对城市基层社区这个有机的社会综合实体有计划地、全面地进行各项建设❷。⑦认为社区建设是指在党和政府的领导下,依靠社区力量,利用社区资源,强化社区功能,解决社区问题,促进社区政治、经

---

❶ 参见多吉才让:《城市社区建设读本》,北京:中国社会出版社 2001 年版,第 205 ~ 212 页。

❷ 韦克难:《社区管理》,成都:四川人民出版社 2003 年版,第 102 页。

济、文化、环境协调而健康地发展，不断提高社区成员的生活水平和生活质量的过程，也是建设管理有序、服务完善、环境优美、治安良好、生活便利、人际关系和谐的新型社区的过程。社区建设还是中国社会基层组织结构重组和社会资源整合的过程。[1]

以上各种观点，可大体归纳为两类：一是广义的理解，即社区建设是指在一定社区内所开展的各种活动和建设；二是狭义的理解，即社区建设是指在一定社区内所开展的某项活动和建设，或社区服务、社区经济、社区管理等。尽管在表述上并不一致，而且各有侧重，但其共同之处还是很明显的，即社区建设是社会生活共同体建设，具体来说社区建设是对社会生活共同体建设的总体概括，是以满足或服务于居民的生活需求为目的，在党和政府的主导下，依靠社区力量，利用社区资源，强化社区功能，解决社区问题，提高社区成员的生活质量，促进社区经济、政治、文化、环境协调、健康发展的过程，也是社区资源和社区力量的整合过程和中国城市社会整合的基础工程。[2]

社区具有社会性、地域性和生活性这三种性质，因此有研究认为与社区紧密相关的社区建设毫无疑问也具有这三种特性，而且这三种特性正是社区建设与政权建设等其他组织建设相区别的重要标志；另有研究认为，社区建设具有综合性、社会性、地域性等主要特征[3]；还有研究认为，社区建设具有社会性、群众性、地域性、综合性、计划性等特征[4]。

（1）社会性。社区是以一定的地域为基础的社会生活共同体，是人与人之间的社会关系在空间范围内的表现。因此，社区建设首先表现为人际关系建设。众所周知，传统社会或乡村社区与现代社会或城市社区在人际关系方面的一个重要区别就是前者表现为紧密或亲密，后者表现为疏远或冷漠。造成这一区别的原因是多方面的，其中一个很重要的原因就是社会转型过程中由于居住方式的相对封闭化和传播媒介的日益多样化造成的人际交往的间接化。而社区人际关系建设实质上是社区的凝聚力和亲和力建设，为居民提供直接交往的场所和机会。另外，社区建设在操作层面上，它既不是一种单纯的政府行为，也不是一种单纯的民间活动，而是各类社区主体、各种社区力量共同参与的过程。

---

[1] 于燕燕：《社区建设基础知识》，北京：中国劳动社会保障出版社 2001 年版，第 28 页。

[2] 唐忠新：《城市社会整合与社区建设》，北京：中国言实出版社 2000 年版，第 63 页。

[3] 张明亮：《新编城市社区建设读本》，北京：中国社会出版社 2003 年版，第 71～72 页。

[4] 于燕燕：《社区建设基础知识》，北京：中国劳动社会保障出版社 2001 年版，第 28～31 页。

就我国城市基层社区的情况来说,一是党政组织发挥着领导或主导作用,二是居民委员会和各种社会团体发挥着骨干或中介作用,三是广大居民群众和辖区企事业单位发挥着基础或支持作用。没有他们的广泛参与和积极支持,社区建设就不可能达到预期目标。由此可见,社区建设的主体包括了各类社会群体和社会组织,包括了社会各方面力量。从这个意义上说,这项事业具有明显的社会性特征。

(2)地域性。由于社区是一种地域性的社会实体,社区建设也具有突出的地域性特征。就内容而言,社区建设主要是根据本社区成员的需求和愿望解决本社区问题,为本社区成员提供多样化服务。就主体而言,社区建设的组织者和参与者主要是本社区内的居民、单位和群体、组织。另外,社区建设的活动范围主要局限于本社区内,并在一定程度上受本社区地理环境条件的制约。由此决定了不同社区的社区建设工作带有明显的地方性特色。

(3)生活性。社区建设的生活性表现在两个方面:一方面,从社区建设的过程看,社区建设活动主要或实质上是一种生活服务活动,即所有的社区建设活动都是为满足或服务居民的各种生活需求,而且这种服务是生活服务中最直接、最经常、最具体和最基本的服务。生活服务既是社区工作与政府工作、企业工作及学校工作等其他工作的区别所在,又是社区工作的意义所在,因为只有搞好生活服务,才能实现居民安居,而居民安居既是社区安定乃至社会稳定的基础,又是居民乐业乃至社会发展的前提;另一方面,从社区建设的结果看,社区建设主要或实质上是一种生活文明建设,而不是生产文明或管理文明建设,是为了建设一种文明的生活环境和生活方式,而不是为了建设某种工作环境和管理方式。当然,生活文明建设中也有一些管理模式和管理制度等问题,但这些都只是生活文明建设的手段,绝不是目的。手段是为目的服务的,因此,选择或评价社区管理模式的唯一标准是看其是否有利于社区生活文明建设。

(4)综合性。社区建设是指整个社区的全方位建设,而不是特指某一方面的工作。就内容来看,它包括深化社区服务、优美社区环境、搞好社区治安和社区秩序、推进基层社区民主法制建设、开展社区文化教育和体育活动、建立健全基层社区医疗卫生保健体系、加强社区文明家庭建设、培育社区组织体系等方面,具有极强的综合性。就方法和手段而言,包括经济手段、行政手段、社会手段等,也具有极强的系统性、综合性。社区建设的这种综合性特征根源于社区要素的多样性和社区内容的复杂性。社区作为地域性的社会实体,是人口、环境、生产和生活设施、文化、思想意识和管理机构等要素的综合体，是社区成员的经济生活、政治生活和文化生活的统一体，而以促进整个社区全方位发展为基本目标的社区建设就应该涵盖这些要素。

2. 社区建设与社区发展

如果说，社区建设是具有中国特色的一个范畴和一项事业的话，那么，在国外，类似的范畴和事业则大都称之为“社区发展”。“社区发展”一词最早是由美国社会学家F. 法林顿于1915年在《社区发展：将小城镇建成更加适宜生活和经营的地方》一书中提出的。1928年美国社会学家J. 斯坦纳在其所著《美国社区工作》一书中，1939年美国社会学家桑德森与波尔斯在其合著的《农村社区组织》一书中，又从不同角度论述了社区发展的基本理论和方法，为人们广泛运用这个概念奠定了基础。第二次世界大战后，许多国家尤其是欠发达国家面临着贫困、疾病、失业、经济发展缓慢等一系列问题。要有效地解决这些问题，仅仅依靠政府力量是不够的，必须同时开发社区民间资源、发展社区自助力量，形成政府与社团及居民群众通力合作的发展模式。于是，1951年联合国在其经济社会理事会通过的决议案中正式倡议开展“社区发展运动”，并试图通过建立社区福利中心来解决不发达地区的经济与社会问题。1952年，联合国成立了“社区组织与社区发展小组”，负责推动世界各地的社区发展活动。最初，社区发展运动主要局限于不发达国家的农村社区，重点是解决这类社区贫穷、落后等问题。但是，由于社区发展运动的作用日益明显，人们对其重要性的认识也不断加深。越来越多的有识之士认识到社区发展运动同样有助于解决城市社区和发达国家的社会问题。于是，从20世纪50年代后期开始，国外的社区发展运动开始从农村向城市扩展，从发展中国家向发达国家扩展。据联合国社会局的报告，20世纪50年代初期，世界上只有7个国家制订了全国性的社区发展计划。如今，社区发展运动已经遍及世界上许多国家或地区，如美、英、法、德及北欧发达国家都普遍开展了社区发展工作。

简而言之，社区发展就是在全世界范围内展开的、经久不息的旨在改变社区面貌、增进社区功能的运动。就社区发展概念所蕴含的实际内容看，可以说是随着社区的产生而产生。但是，对于社区发展的具体内涵却众说纷纭，在不同国家和地区，人们赋予了它不同的目标与涵义。根据世界各国社区发展的理论与实践经验，并综合社区发展的各种定义，可以把社区发展理解为一种过程与方法。社区发展的内涵和本质具有主体性、目标性、动态性、建设性等特点。

社区发展的内容是十分广泛的,发展经济、促进民主参与、改善社区居民生活、提高居民生活水平等都是社区发展的核心。自20世纪60年代以来,社区发展作为联合国推广的一项世界性的运动,伴随社区建设的推进而越来越成为世界各国政府所追求的热点。我国广泛开展的社区建设运动,实质上也可以看做是响应联合国所倡导的社区发展实践。有研究认为,社区发展与社区建设是两个十分相似又相异的概念。[1]

从相似性来看,主要表现为以下四点:第一,从形式上看二者都以社区为工作对象。因为"国"太大往往不能解决小问题,"家"太小无法解决大问题,而社区作为家庭的延伸,承上启下,自然成为具备社会经济各种功能的有机整体,故而是社区发展与社区建设一个最适当的对象及工作空间。第二,从基本角度看,二者都是社区主义价值理念在实践中的具体体现,均强调了发展社区、强化社区、改善居民生活等基本角度,由此达到加强居民之间的交往,实现人与人的互相关怀。第三,从内容上看,社区建设包含了社区发展的内容,因为社区从其最根本的意义上来说是人们生活的共同体,而作为人们生活共同体的改善,不仅在于社区服务设施及组织体系的建设,也在于社区成员对社区的认同感和相互支持网络的建立与增强,而这正是社区发展的精髓。这也就是说社区建设包含了社区发展的内容,它以社区的发展为目标。第四,从表现形式上看,社区建设是社区发展的表现形式,从社区建设概念衍生开来,其本身就是社会工作学与社会学在社区发展中的有机结合和具体应用,是社区工作的总体概括,具有重要的理论意义与实践价值。但是,社区发展不仅仅是搞几项物质建设或实行几项福利措施就算完事,而是要通过社区的全面建设,来改善社区的经济、政治、社会、文化、环境等状况,以促进社区的发展。

从相异性来看,社区发展与社区建设又有不同的侧重点,二者是普遍性与特殊性的关系:第一,从定义的边界上看,社区发展比社区建设的边界要宽泛得多。第二,从内容的侧重点看,社区建设更强调社区规划、强调社区结构要素的建构,以及社区结构的优化与整合,而社区发展则更偏重于社区要素的强化和社区运行机制的改进。第三,从普遍性与特殊性看,社区建设是社区发展的普遍性在中国社会背景的特殊性体现。从普遍性这个角度看,所谓的社区发展,就是把"发展观"引入社区,以社区为单位进行的当代社会发展实践的一种新的

[1] 李晓凤:"'社区建设'概念下的社区工作理论与实践分析",《科技进步与对策》,2002年第11期。

演进趋势,并且它越来越受到许多国家与政府的欢迎与推广。就社区发展的基本原则与机制看,是指在政府的支持与指导下,发动民众、依靠民众,促进经济社会的协调发展。近些年来,我国政府致力于社会的可持续发展、和谐发展、共享式发展等,也在城区开展了以社区为载体的发展计划的实验活动,是我国社会经济发展与社会化程度提高到一定阶段的必然要求,也是社会主义现代化建设的一项基础工程。因此,社区建设运动实际上是将社区发展的普遍性与中国转型社会的具体实践相结合而产生的中国特色的社区发展的集中体现。正是基于普遍性与特殊性的有机联系,要把社区发展与社区建设割裂开来是不可能的。

还可以从下述一些方面来认识“社区发展”与“社区建设”的联系与区别。

“社区发展”与“社区建设”的联系:一是表现为两者的含义具有一定的相似性。例如,联合国在1955年发表的《通过社区发展促进社会进步》的报告中指出:社区发展是一种经由社区全体人民积极参与并充分发挥其创造力,以促进社区经济、社会进步的过程。此后,又进一步指出社区发展是通过社区居民共同努力,且与政府合作,以促进社区经济、社会和文化发展,并进而促进社区协调和社区整合的过程。这与社区建设定义中所强调的依靠社区力量,利用社区资源促进社区经济、政治、文化、环境协调、健康发展的含义是基本一致的。二是表现为两者都是全方位的社区系统工程,从而包含着某些大致相同的内容。例如,笼统地说,国外社区发展运动大都包括社区制度和组织建设、社区教育和文化建设、社会保障和福利服务及社区领袖人物的培训等。我国城市的社区建设也必然涉及这些内容。三是两者强调的基本原则具有一定的重合性。如前所述,国外学者和有关机构强调,社区发展的各项活动必须符合社区的基本需要;必须使民众了解社区发展工作,从而支持和参加这一工作;必须进行全面的综合规划,建立多目标的计划,并组织各方面、各部门联合实施,等等。这些也是开展社区建设所应遵循的基本原则。由此可见,我国开展的社区建设和国外风行的社区发展具有很大的相似性。甚至可以说,我国社区建设的理论和方法,在很大程度上借鉴了国外社区发展运动的经验和理念。

“社区发展”与“社区建设”的明显区别:第一,我国的社区建设产生和发展于社会主义国家,与国外的社区发展相比,具有不同的社会背景和制度约束条件。从而决定了二者的根本性质和基本方法有很大区别。第二,我国的社区建设产生和发展于从计划经济体制向市场经济机制过渡、从传统社会向现代化社会转型的历史时期，与国外的社区发展相比，具有不同的时代特征，从而决定了二者的具体工作内容有一定差别。即使是相似的工作内容，其具体构成也会有所不同。第三，我国的社区建设是在党和政府的领导或主导下开展的，受国家的方针、政策和相关规定的指导，是建设有中国特色社会主义的总体发展战略的重要组成部分，是社会主义两个文明建设的重要组成部分，与西方资本主义国家的社区发展具有质的差别。第四，我国城市的社区建设具有街道办事处和居民委员会这些基层政权组织和基层群众性自治组织作为主要依托，与许多国家的社区发展活动相比，具备更为有利的组织系统和组织保障。无论是西方发达国家还是其他发展中国家，往往都没有区、街、居委会如此完整、严密的三级城市基层社区组织体系。总之，我国的社区建设和国外的社区发展既有联系又有区别，因此，在深入开展社区建设的过程中，既要吸取国外社区发展的成功经验，又要从自身的实际出发，形成中国特色。

3. 社区建设与社区服务

社区服务是指社区开展的各种福利服务和便民利民的生活服务。它作为工业化、现代化的产物，最早出现于西方，并在发达国家有了很大发展。改革开放以前，我国城市虽然也有社区服务性质的工作，但明确提出社区服务概念和系统启动社区服务工程，则始于20世纪80年代中期。1986年，民政部第一次提出了在城市开展社区服务的要求，并于1987年召开了社区服务座谈会，进一步明确了社区服务的内容和任务，从此拉开了我国城市社区服务的序幕。

(1)从形成过程来看，社区服务“是社区建设的重要内容和基础性工作，而社区建设是社区服务的延伸、拓展和升华”[1]。如上所述，20世纪80年代中期我国城市系统地开展社区服务时，尚未出现社区建设这个概念。后来，随着社区服务的普及和深入，一方面带动了其他社区工作，呈现出社区全方位发展的势头，另一方面社会转型对基层社区的多重要求及社区服务的局限性又促使理论工作者和有关部门试图用一个更加宽泛的概念来推动和概括社区工作，于是在20世纪90年代初期明确提出了社区建设的要求，并开始系统启动这项工程。从这个角度来说，社区服务是社区建设的基础，社区建设是社区服务的延伸。“抓社区建设首先要抓好社区服务，以社区服务为突破口，巩固和完善社区

[1] 多吉才让：“在北京市社会服务工作会议上的讲话”，《基层政权与社区建设工作简报》，1999年第39期。

服务阵地,发挥社区服务在社区建设中的龙头和示范作用。”❶

(2)从运作方式和主要特点来看,社区建设与社区服务具有较强的一致性。例如,二者都是各类社区主体、各种社区力量共同参与的过程,都具有社会性的显著特征。因此,不管是社区建设还是社区服务,都需要政府发挥指导作用,都需要居民委员会和社会团体发挥骨干作用,都需要广大居民群众和辖区内企事业单位的广泛参与。又如,二者都具有区域性、计划性等特征,从而决定了不管是开展社区服务还是开展社区建设,都必须从本社区的实际需要出发,因地制宜,以解决本社区的实际问题为目的;都必须在充分进行调查研究的基础上,制订科学的发展规划和工作计划,并付诸实施。

(3)从内容上看,社区服务是社区建设的重要方面,但不等同于整个社区建设。北京大学王思斌教授指出:“如果我们从更加本质的角度看问题,用‘以人为本’的价值理念去看待社区建设,那么社区服务、社区卫生、社区治安、社区文化建设就应该成为社区建设的核心内容。因为这些方面的活动更能直接促进社区居民生活质量的改善。当然,这并不是说社区建设不需要发展社区经济,不需要进行社区管理。”❷严格意义上的社区服务属于社会福利事业,其主要内容是为各类特殊人群如老年人、残疾人、优抚对象、少年儿童、贫困居民等提供无偿或低偿生活服务,为本社区居民和企事业单位提供便民生活服务。而社区建设作为整个社区的全方位建设,除了发展社区福利事业或社区服务以外,还包括社区治安、社区卫生、社区文化等多方面。由此可见,从内容上看,社区服务与社区建设的关系是部分与整体的关系。不过,由于社区建设是在社区服务的基础上发展起来的,是社区服务的延伸,所以在全面开展社区建设的过程中,社区建设要进一步发挥社区服务的“龙头”作用。

4. 社区建设中的经济、政治与参与

在我国,对于社区建设本质的认识在实际工作部门并不一致,主要表现在人们对社区建设包含的内容方面看法不一致。如果我们从更加本质的角度看问题,用社区发展“以人为本”的价值理念去看社区建设,那么社区服务、社区卫生、社区治安、社区文化建设就应该成为社区建设的核心内容。

(1)从社区建设的经济方面来分析。进行社区建设必须要有经费投入,因

---

❶ 李宝库:“夯实城市基层基础,积极开展社区建设”,《城市街局通讯》,1996 年第 6 期。

❷ 王思斌:“体制改革中的城市社区建设的理论分析”,《北京大学学报(哲社版)》,2005 年第 5 期。

此,社区建设同样需要经济方面强有力的支持。2000 年社区建设广泛开展以来,我国政府普遍增加了对社区建设的财政拨款,民政部也提出了用社区服务带动与促进社区建设。但是,相对于具有十分复杂任务的社区建设来说,社区建设的支持经费仍然是十分有限的。因此,从挖掘社区内部资源的角度来看,驻街企事业单位的经济支持是十分重要的。

(2)从社区建设的政治方面来分析。我国社区建设概念的提出和社区建设运动的推进一直是同政治联系在一起的。早在 20 世纪 90 年代,我国城市在推行社会管理体制改革时,因政府管理权力下沉、居委会能力薄弱,以及城市在我国政治生活中的重要地位等,致使我国城市社会的民主管理成为难以绕过的问题。这样,在城市尚未找到一个“说法”的情况下,社区建设作为一个思路被提了出来,这就使社区建设这一概念充满了政治含义。因此,与以往进行的“社区性”活动不同的是,我国当今社区建设的追求目标是社区相对独立地稳定运行。从这个角度看,在中国城市“市民社会”发育相当缓慢的情况下,社区管理中的委托与代理、集权与分权、管理与自治方面就将充满着复杂的互动关系。这些是民主化和国家与社会的关系在社区中的表现。

(3)从社区建设的参与方面来分析。如果我们不把社区建设看做管制社区的手段,而是从发展社区即以建设持续繁荣而有序的社区为根本目标的话,那么社区成员积极而有效的参与,就是头等重要的。然而,在我国,因企事业单位缺乏参与社区建设的热情,致力于社区发展的民间组织又很不发达,社区居民长期以来也养成了依赖政府的习惯,因此,在这种情况下,政府就应发挥更加积极的作用,负起推动社区建设的责任。但是,政府又不能在“小政府、大社会”模式下“越位”,即过度干预或参与社区事务,因为社区居民是社区发展、社区建设的主要力量。而从社区居民的参与来看,社区居民中蕴藏着巨大的参与社区发展、社区建设的积极性,现在的问题是如何将其变为具体的、持久的行动。因此,在民本主义取向的发展项目上,加上项目执行者(政府或其代理人)的社会动员、社区教育等,社区居民的主动参与就可以发展起来。

从以上社区建设概念的理论分析看,社区建设是经济和社会发展在社区层面的具体体现。然而,作为一个有价值取向的社区发展活动,它需要动员各种力量不懈努力。从理论上讲,社区建设是由三大行为主体在三个层面互动的过程。“三大行为主体”是指政府(及其派出机构)、社区组织(自治组织与其他社会组织)和社区成员(驻区企业事业单位和居民)。这三者作为社区建设的共同推行者，形成了一个体系。“三个层面”是指社区建设需要动员经济、政治和社会文化等力量，并力图使它们整合，这样，三大行为主体在三个层面之间的相互作用，就将影响着社区建设的面貌与进程。[1]

5. 社区建设与社会工作

如前所述，社区建设的目标是建立相互关怀和负责任的社区，而其关键点则是社区意识、社区凝聚力的强化。然而，在实践中社区建设却遇到了以下两点强有力的挑战：一是不同社区成员期望上的差异乃至冲突；二是现代化对社区意识的摧残。现代化是一个破坏传统社区的力量，它以经济理性和社会流动的力量冲击着传统社会中普遍存在的共同体意识和情感性联系，并造成颠覆性后果。发达国家或地区的实践表明，现代化初始阶段的进程对社区的破坏是不可避免的。因此，我国社区建设中的“整合”问题便提到了议事日程上来。这样，提高社区成员对社区的认同感、增强他们的凝聚力和相互关怀的意识就显得十分重要。当然，我国今天呼唤人们相互关怀、呼唤社区意识，其背景与西方社会有所不同。因此，从社区建设的角度去激活人们的相互需要，采取“地区发展”模式的工作手法来增强支持性社会联系，则成为了当今中国社会建设的一种必选方法，这无疑为专业社会工作的介入提供了广阔的活动空间。

从以上有关社区建设概念的社会发展目标与社区建设中“整合”问题的工作任务来看，其目标和工作方向正好与地区发展模式的内涵不谋而合。为了将“增进社区的社会团结”目标落实为具体的社区工作，可以在社区建设概念下采用地区发展模式进一步拟定以下具体工作目标及工作范围：①通过提供服务及资源，加强居民个人成长与发展，以培养其公民意识和责任。其工作范围有小组工作（例如居民社交小组、兴趣小组）、居民文娱康乐活动（例如家庭营、同乐日、游艺会等）、教育性活动（例如义工训练、领袖训练、社区资源、人际关系训练等）。②加强居民对社区问题的关注，提升他们“守望相助”的邻里意识，其工作范围有居民组织（例如居民委员会、互助委员会、街坊福利会、妇女会社等）、社区服务（例如居民互助计划、社区通讯、社区问题座谈会、社区教育活动等）。③培育居民领袖及热心街坊善用社区资源去解决问题的技巧及能力，其工作范围有居民领袖训练计划与居民互助小组的辅导等。④使居民对影响他们社区

[1] 王思斌：“体制改革中的城市社区建设的理论分析”，《北京大学学报（哲社版）》，2005 年第 5 期。

的事务享有知情权与反映意见的机会,其工作范围有辅助居民领袖参与分区区委工作,加入街道办事处、居委会辖区的工作小组,并把资讯基层化,使社区事务或问题有充分反映的途径。⑤建立居民网络,其工作范围有睦邻的网络与居民组织间的联系工作等。

就以上社区建设的具体工作目标与工作范围来看,社区建设的"社区发展"目标的达成,主要建立于地区发展的社区工作理论模式之上。其背后的假设是,确认了居民有意愿和有责任参与社区事务,并确信社区问题可通过居民的真诚合作得以解决。进一步分析地区发展模式的工作策略,还可以看到它的精髓,即强调加强社区内居民或组织的沟通与合作,倾向和谐渐进的社区工作手法,注重培育共识与参与的关系等。而这些均符合我国政府所倡导的"在稳定中求发展"的改革战略,这也是地区发展模式下我国社区工作的弦外之音。事实上,20 世纪 80 年代我国的社区服务推行得十分成功,社区工作的范例"居民委员会"本身就包含了强烈的"地区发展"模式的和谐渐进手法。究其成功因素,包括了政府对家庭、邻里、社区的照顾责任均有明显的界定。但是,当我国的社区服务在 90 年代转换成社区建设并进入社区建设初期时,在强调政府负起推动社区建设的责任时,也要强调政府不要"越位"。因为这一时期社区成员对社区的要求增加了,社区居民的主动参与问题便提到议事日程上来。正是在这样的背景下,地区发展模式在中国的社区建设初期与发展期,便具有广阔的运用前景。其具体原因是:①这个模式因强调官民共同参与策划,符合当地社区需要,易动员群众参加,进而有助于培养居民对社区的认同感,增强他们的凝聚力与相互关怀的意识。②模式很注重工作目标,给人们的印象是"办实事",迎合了官民功利性需要(居民得了实惠,官员也有了政绩)。③模式推行较长而温和、平缓,有助于社会和谐渐进式发展与社会整合。④模式因借助社工目标达成过程目标,十分重视人的参与和能力的建构,符合可持续发展的社会观与民主社会的价值理念。⑤模式在中国已扎根,并探索出了本土化的形式,如社区服务与社区照顾。⑥在中国西部开发的扶贫工作中具有广阔的运用空间。由此可见,正是基于社区建设概念下地区发展模式的应用前景来分析,社会工作介入的专业活动空间必将是巨大的。

从社区工作队伍的职业化趋势来看,社会工作的介入亦是现实的需要。在社区建设中,我国的社区组织已经建立,并选聘了一大批年纪轻、文化程度较高的人员到社区工作。这些人员对于社区工作的热情很高,但不足之处是缺乏社区工作的专业知识。因此,加强对广大社区工作人员的培训,走职业化发展道路已成为当务之急。当然,从创新的角度讲这却为专业社会工作的介入提供了阵地。具体地说,可以从三个层次来分析专业社会工作的作用:一是组织编写社区工作的相关教材,用通俗简明的语言,介绍社区工作知识,为广大社区工作者培训与实践提供方便。同时,还可以与各地民政系统合办一些带有示范性质的骨干培训班。二是从质与量上加大大专院校社会工作专业人才的培养,并主动向各地社区组织输送人才;同时,还可将这些院校作为本地区社区干部的培训基地。三是社会工作专家与实际工作者到各城区街道讲课、调查,以及对基层干部进行业务培训与专业指导等。正如当年民政部副部长李宝库所指出的那样,经过多方面的共同努力,我们一定会培养出一大批能够适应社区建设工作需要的生力军;从长远来说,我们要学习国外和我国港、澳地区的一些经验,使社区工作成为一种职业,从事这项工作的,要取得资格证书,同时享受相应待遇。现在,社会工作师资格证书的考试制度已经发展起来,近几年来社区建设的实践证明李宝库的设想已经开始逐步变为现实,社会工作在中国社区建设中发挥的作用也越来越突出。

(三)民生社区——社区建设新设定

上述若干论题分别从不同的方面探讨了社区建设的涵义与性质,但是,在当今中国,经济社会及社区发展的情况已经有了许多变化,社区建设的实践也在不断增添一些新的成分,因此,有必要根据中国当代经济社会的发展、社区建设发展的新实践,赋予“社区”、“社区建设”以更加丰富的内涵与特质,对社区的内在规定性进行“中国意义”上的新诠释。出于这种考虑,笔者提出“民生社区”的概念:所谓民生社区,即在一般社区的意义上加入了“民生”之内涵规定或特质的社区,从其最为抽象的本质意义上来说,民生社区就是指以人为本的社区。[1]

1.“民生”是对社区概念内涵的新规定和特质的新诠释

在一般社区概念认识的基础上加入“民生”的内涵规定或特质,就是这种新诠释的尝试。当然,理解“民生社区”的含义,这里首先涉及的是对“民生”含义的把握。如果采取对“民生”概念进行综合理解的策略,可以对民生社区中的

[1] 尹保华:“民生社区的概念及其意义”,《华东理工大学学报(社会科学版)》,2009年第4期。

“民生”作如下不同视角的阐释:①从广义和狭义的角度来看,民生社区中广义的“民生”实质上包括了同社区居民有关(包括直接相关和间接相关)的民生范围内的所有事情。民生社区中狭义的“民生”主要指的是社会层面上的民生,即“以民生为重点的社会建设”。②从不同学科的角度来看,民生社区中的“民生”既涉及经济学的理解,即民生社区要在经济发展的基础上解决社区居民的生计问题,又涉及政治学的理解,即民生社区是社区居民行使其政治权利的基本社会场域,还涉及社会学的理解,即民生社区是进行社会建设及落实社会福利的基础层次。③从民生内容(或问题)的角度来看,民生社区中的“民生”包含着不同层次的内容或要解决不同层面的问题。吴忠民认为民生问题包括由低到高、呈现出一种递进状态的三个层面上的具体内容,即民众基本生计状态的底线、民众基本的发展机会和发展能力、民众基本生存线以上的社会福利状况。❶

参照此分析思路,民生社区所涉及的基本内容(或问题)也可以从三个层面来确定:①社区居民所需的基本生计状态的底线。它主要侧重社区居民基本的“生存状态”问题,即要保证每一个社区成员“能够像人那样有尊严地生存下去”。具体内容包括:社会救济,最低生活保障状况,基础性的社会保障,义务教育,基础性的公共卫生,基础性的住房保障等。②社区居民所需的基本的发展机会和发展能力。它主要侧重于社区居民基本的“生计来源”,考虑的是每一个社区成员“要有能力和机会活下去”的问题,即要为每一个社区成员提供起码的发展平台和发展前景,发展出每一个社区成员能够“体面地生存下去”的特定能力。具体内容包括:促进充分就业,进行基本的职业培训,消除歧视问题,提供公平合理的社会流动渠道,以及与之相关的基本权益保护问题(如劳动权、财产权、社会事务参与权)等。③社区居民所需的较高的社会福利水准。它主要侧重于社区居民基本的“生活质量”问题,即随着经济社会的发展,要进一步考虑如何为全体社区成员提供使其生活质量能够全面提升的福利。具体内容包括:公平或免费的教育,住房公积金惠及每一个劳动者,较好的卫生医疗服务,良好的生存环境,权利的全面保护,高度公平的政策环境等。

2.“以人为本”是民生社区最根本的价值定位

以人为本是一种价值观,以人为本的“本”,主要有三种含义:①相对于人与

❶ 吴忠民:“民生的基本涵义及特征”,《中国党政干部论坛》,2008 年第 5 期。

人的依赖、人对物的依赖而言,它把人当做主体;②相对于人被边缘化而言,它把人看做一切事物的最终本质和中心;③相对于人作为手段而言,它把人作为目的。以人为本是科学发展观的核心,是建设社会主义和谐社会的首要原则。以人为本把科学发展观、建设和谐社会、为了人民、依靠人民、成果由人民共享的深刻伦理意蕴充分彰显出来。树立以人为本的理念,“一切从人民的利益出发,而不是从个人或小集体的利益出发”[1],就要“以人民拥护不拥护、人民赞成不赞成、人民高兴不高兴”[2]作为衡量一切工作的出发点和归宿。只有树立以人为本的理念,才能坚持发展为了人民、发展依靠人民、发展成果由人民共享,真正促进民生问题的解决。胡锦涛指出,“以人为本,就是要以实现人的全面发展为目标,从人民群众的根本利益出发,谋发展、促发展,不断满足人民群众日益增长的物质文化需要,切实保障人民群众的经济、政治和文化权益,让发展的成果惠及全体人民”[3]。胡锦涛站在科学发展观的角度作出的“以人为本”的著名论断,在“十七大”报告中有了进一步的发展:“科学发展观,第一要义是发展,核心是以人为本,基本要求是全面协调可持续,根本方法是统筹兼顾”。从这段话所表述的特定意义上来讲,所谓科学发展观实质上就是以人为本的发展观。

从当代中国社区建设与发展的未来取向来说,民生社区理应本质地蕴涵着“以人为本”的价值定位。根据以上关于“以人为本”的论述,民生社区的“以人为本”至少应该包括以下内容:①民生社区的根本目的是不断满足人民群众日益增长的物质和文化需要,促进社区居民以个别化的方式达至全面发展。②民生社区的核心内容是把实现、维护、发展社区居民的根本利益作为出发点和落脚点,努力解决社区居民最关心、最直接、最现实的利益问题。“发展为了人民、发展依靠人民、发展成果由人民共享”,使社区发展的成果更多地体现到改善社区居民的民生上来。③民生社区的发展是对社区居民需求的主动回应,也就是说社区居民自身日常生活的经验和现实需求是民生社区发展的根本推动力,民生社区的形成与发展必须要靠居民积极、主动地参与。这种强调“自下而上”的理念不同于“自上而下”的传统观念,只有建立在社区居民的真实需求基础之上的回应策略才是真正以人为本的策略,同时,这也是所谓民生社区的真谛之

[1] 《毛泽东选集》第3卷,北京:人民出版社1991年版,第1094~1095页。

[2] 《江泽民论有中国特色社会主义(专题摘编)》,北京:中央文献出版社2002年版,第638页。

[3] 《十六大以来重要文献选编(上册)》,北京:中央文献出版社2005年版,第850页。

所在。

3. 社区福利也是民生社区的内在规定之一

所谓社区福利,是指在政府相关部门的指导下,以社区为依托,以满足社区居民的日常生活需要为基本内容,以提高社区居民整体生活质量为旨归的各项福利措施的总和。[1] 良好的社区福利既是整个社会福利体系中的一个子系统,是国家社会福利体系的重要组成部分,又是社会福利在社区承接的“平台”,是一种具有完善的内在结构、明确的价值取向和独特的功能效用的社会福利发展模式,它的根本宗旨是解决社区居民的民生问题,并由此提高社区居民的生活质量。[2]

(1)社区福利的宗旨是解决居民生活问题及尽可能地提高居民生活质量。它包括社区福利性服务、公益性服务和微利性服务等内容。社区福利性服务主要是以满足服务对象的基本生活需求为目的的服务,其对象是老年人、残疾人、孤残儿童、优抚对象等传统社会福利对象,也是社会福利在社区的具体操作层面;公益性服务是以改善全体社区居民生活环境和生活质量为目的的服务类型,主要指社区内的道路、绿化、环卫、社区治安建设等社区公共物品建设和服务;微利性服务是以方便居民生活和筹集社区福利资金为目的的社区福利服务。对象主要是有经济支付能力的社区居民,一方面为提高其居民生活质量创造条件,如各种便民服务或社区内的各种营利性的娱乐设施等,使人们尽可能提高生活质量;另一方面经营性服务可以解决福利服务的部分资金。

(2)社区福利主体的多元化。社区福利本身就是社会福利社会化的产物,其主体呈现多元化,包括政府、非营利组织、企事业单位、居民自治组织、居民等。虽然社区福利建设的过程是政府放权到社区,充分发动社会力量进行福利建设的过程,但这并不意味着政府的不管不问,政府在资金扶持和政策引导方面是不可或缺的。当然,非营利组织和社区居民自治组织是社区福利建设的主要力量,社区居民的积极参与是社区福利的重要保障。

(3)社区福利对象的普遍性。社区福利的对象包括社区内居住的一切居民,它打破了职业、单位、户籍的藩篱,既包括户籍人口,也包括非户籍常住人口;既包括体制内人员,也包括体制外人员,解决了人们日常生活中难以解决的

---

[1] 江立华:《中国城市社区福利》,北京:社会科学文献出版社 2008 年版,第 29 页。

[2] 江立华:“论我国城市社区福利产生及其运作机制”,《江汉论坛》,2003 年第 10 期。

问题,使其生活质量的稳步提高得到保障。

(4)社区福利的服务性。社区福利的形式主要是为居民提供具体的服务,重点解决居民日常生活问题,切实地满足福利对象的需要。因此,社区福利的服务不仅包括养老服务、残疾人服务、便民利民服务,还包括与老人聊天、开展娱乐活动、举办健身活动等符合居民需求的服务方式。

(5)社区福利资源的多样化。社区福利资源需要依靠社会的一切力量,不受社区这一地域限制,既包括政府资金投入,社区内单位资源的共享和对社区福利建设的资助,又包括社区内资源的利用,及依靠社会力量和政府力量的社区硬件设施、非营利组织的服务资源等多种形式。

三、社区建设的原则与内容

(一)社区建设的基本原则

社区建设是一项庞大的综合性社会基层治理工程,是一项长期的、复杂的、艰巨的任务,必须依照一定的原则进行。早在 1955 年,联合国在《通过社区发展促进社会进步》的文件中提出了社区发展的十条基本原则:①各项活动必须符合社区的基本需要,并根据人民的愿望制订首要的工作方案。②全面的社区发展必须建立多目标的计划,并组织各方面、各部门联合行动。③在推行社区发展的初期,改变居民的态度和物质建设同样重要。④社区发展的目的在于促进人民热心参与社区工作,从而改变地方行政机构的功能。⑤选拔、鼓励和训练社区领袖人才是社区发展计划中的主要工作。⑥社区发展工作应特别重视妇女和青年的参与,以扩大参与的基础并获取社区的长期发展。⑦社区自助计划的有效实现,有赖于政府积极而广泛的协助。⑧制订全国性的社区发展计划必须有完整的政策,行政机构的建立、工作人员的选拔与训练、地方和国家资源的研究与开发、社区发展的实验与考核机构的设立等都应逐步配套进行。⑨在社区发展中应充分利用地方的、全国的和国际的民间自助资源。⑩地方性的社会、经济进步,必须与全国性的发展计划互相结合、协调实施。美国学者邓纳姆提出了社区发展的七项原则:民主自治原则;基层自发原则;大众参与原则;社区合作原则;满足需要原则;全面规划原则;注重预防原则。[1]

---

[1] 韦克难:《社区管理》,成都:四川人民出版社 2003 年版,第 112 ~ 114 页。

根据2000年中共中央办公厅、国务院办公厅联合转发的《民政部关于在全国推进社区建设的意见》中的规定,我国社区建设的基本原则如下。

(1)以人为本、服务居民原则。以人为本、服务居民是社区建设的根本和核心。坚持这一原则就是要坚持以满足社区居民的社会需求,提高居民生活质量和文明程度为宗旨,把服务社区居民作为社区建设的根本出发点和归宿,把实现人的全面发展作为社区建设的根本目的。社区建设始终都要把以人为本,满足社区居民需要放在首位,优先加以考虑。要建立起有效的组织和机制,以保证居民的愿望和要求得以充分的表达,居民的利益得以充分体现,居民能够获得便捷优质的服务。

(2)资源共享、共驻共建原则。坚持资源共享、共驻共建原则,就是要充分调动社区内机关、团体、部队、企事业组织等一切力量广泛参与社区建设,最大限度地实现社区资源的共有、共享,营造共驻社区、共建社区的良好氛围。社会各界的广泛参与是社区发展的必然要求。没有社会的广泛参与,社区建设就难以开展。社会参与就是要充分调动社会各界的积极性,共同努力实施社区发展规划,搞好社区建设工作。

(3)责权统一、管理有序原则。健全社区组织体系,完善社区运行机制是社区建设健康、持续发展的组织保证。坚持这一原则就是要改革城市基层社会管理体制,建立健全社区组织,明确社区组织的职权,改进社区管理和服务,寓管理于服务之中,增强社区的凝聚力。具体地说,一方面是要调整和重构行政组织体系内部的权责关系,将社区管理的权限更多地转交给街道办事处乃至基层社区,实现权力重心的下移;另一方面是要理顺和完善行政组织与社区组织的关系,将应由社区组织管理的事务交由社区组织自主决策和管理,充分调动社区组织管理社区公共事物的积极性,在政府和社区组织之间建立良好的协调合作机制。

(4)扩大民主、居民自治原则。推进基层民主,实现社区居民自治是社区建设的基本方向和重要目标。坚持扩大民主、居民自治原则,就是要坚持按地域性、认同感等社区构成要素科学合理地划分社区;在社区内实行民主选举、民主决策、民主管理、民主监督,逐步实现社区居民自我管理、自我教育、自我服务、自我监督。推动社区建设就是要通过在社区内实行"四民主"来保证社区居民依法直接行使民主权利,自主地管理社区公共事务和公益事业,最终达到化解各种社会矛盾、创造和谐的邻里关系、提升社区居民的生活质量和文明程度、促进经济和社会协调发展的目标。

(5)因地制宜、循序渐进原则。坚持因地制宜、循序渐进原则,就是要坚持实事求是,一切从实际出发,突出地方特色,从居民群众迫切要求解决和热切关注的问题入手,有计划、有步骤地实现社区建设的发展目标。具体地说,就是要考虑到不同地区和不同人群在需求上的差异性,不搞统一模式,充分发挥社区成员的创造性和积极性,根据社区居民的需求,适时地推进社区建设。

(二)社区建设的基本内容

社区建设是一个全方位的系统工程,涉及社会生活的方方面面。对于社区建设的内容,许多学者从不同的角度进行过深入的探讨,但至今尚无统一的认识。有的学者认为社区建设的基本内容涉及七个方面:社区经济、社区服务、社区教育、社区文化、社区卫生、社区治安、社区政治;有的认为包括 8 个方面:社区经济、社区人口、社区教育、社区治安、社区管理、社区服务、社区文化、社区卫生;有的认为牵涉 14 个方面:社区家庭工作、社区人口素质的提高、社区资源的开发和利用、社区生态环境保护、社区科技水平的提高、社区社会保障体系的构建、社区社会安全的形成、社区住宅建设、社区文化教育的普及、社区体育卫生事业的发展、社区劳动就业的程度和水平、社区道德规范的形成、社区服务的开展、社区民主机制的发育;还有的认为社区建设的内容涉及 16 个方面:社区人口、社区环境、社区服务、社区经济、社区政治、社区文化、社区教育、社区科技、社区道德、社区保障、社区医疗、社区康复、社区卫生、社区治安、社区管理、社区组织。[1] 夏学銮认为社区建设的内容为“5+1”,即五个“规定动作”(社区服务、社区卫生、社区文化、社区治安、社区环境)和一个因地制宜的“自选动作”(比如社区教育、社区体育、社区旅游等)。[2] 这些观点虽然各有侧重,涵盖的面也不尽相同,但经过归纳比较后发现,基本都包括了社区服务、社区卫生、社区教育、社区文化、社区治安等内容。因此,民政部以城市居民的实际需要为依据,结合社区试点的经验和各种理论观点,最终提出社区建设的基本内容包括社区组织、社区服务、社区卫生、社区文化、社区治安和社区环境六个方面,学术界的有

---

[1] 李秀琴、王金华:《当代中国基层政权建设》,北京:中国社会出版社 1995 年版;吴德隆、谷迎春:《中国城市社区建设》,北京:知识出版社 1996 年版。

[2] 夏学銮:《社区管理概论》,北京:中共中央党校出版社 2005 年版,第 262 页。

关研究也比较系统地论述了这六个方面的基本内容。[1]

(1)社区组织。社区组织建设是社区建设的“基础工程”,贯穿于社区建设的整个过程。因为,社区组织是社区存在的组织形式,是社区建设运行的组织载体。从一定意义上可以说,如果没有社区组织,社区便不能成为社区。社区组织建设主要包括社区党组织、社区自治组织和社区中介组织的组织建设、功能建设和制度建设。加强社区组织建设,就是要建立和健全各类社区组织,建立和规范各项规章制度,理顺社区组织内部和外部的各种关系,完善社区组织的运行机制,强化社区组织的功能,充分发挥其应有的作用。

(2)社区服务。社区服务是社区建设的龙头和核心内容。社区建设从根本上说就是不断提高社区居民的生活水平和生活质量,满足社区居民日益增长的物质和文化需求。这一目标要通过社区服务来体现和实现。因此可以说,离开了社区服务,社区建设就将成为一句空话。社区服务主要包括面向老年人、残疾人、儿童、社区贫困户、优抚对象等的社会救助和社会福利服务,面向社区居民的便民利民服务,面向下岗职工的再就业服务和社会保障社会化服务,面向辖区企事业单位和机关团体的后勤保障服务等。加强社区服务建设,就是要在已取得的成果的基础上,进一步拓展服务功能,拓宽服务领域,壮大服务队伍,逐步实现“在管理中实施服务、在服务中加强管理”,推动社区建设步入良性循环和发展。

(3)社区卫生。随着社区人口的老龄化和社区居民保健意识的不断增强,社区卫生建设在社区建设中的作用日益凸显。社区卫生建设主要包括残疾人、精神病患者和弱智儿童的治疗康复,疾病预防,卫生保健,心理咨询,计划生育,社区医疗卫生站的管理和监督等。加强社区卫生建设,就是要合理配置卫生资源,健全和完善社区卫生服务网络,促进医疗卫生向社区和居民家庭的延伸,满足居民群众医疗、预防、保健和康复一体化的需要。

(4)社区文化。社区文化建设是社区精神文明建设的主体内容,是社区建设的重要组成部分。社区文化建设主要包括社区群众性文化、教育、体育、娱乐等诸多方面。如主办读书会、书画展、组织文艺表演、文体健身活动,开办社区文化站、老年活动室、图书阅览室,举办科普知识讲座,开办市民学校、老年人学校,建立社区社会实践基地、红领巾科技园等。加强社区文化建设,就是要通过

[1] 潘小娟:《中国基层社会重构——社区治理研究》,北京:中国法制出版社 2004 年版,第 25 ~ 28 页。

多形式、多渠道、多层面地开展各种群众性文化活动来促进社区居民文化素养、道德修养和精神境界的提高。

(5)社区环境。社区环境是社区整体发展水平的综合体现。加强社区环境建设是提高社区居民生活质量的需要,对加快社区的现代化管理和精神文明建设具有重要意义。社区环境建设主要包括净化环境、绿化环境、美化环境三方面的内容,具体如社区环境规划,社区环境保洁,垃圾清运,除“四害”,绿化养护,“三乱”(乱搭建、乱摊放、乱张贴)治理,环保知识宣传,居民环保意识的培养,环境污染的控制,社区设施布局的美观、协调等。加强社区环境建设,就是要通过净化、绿化、美化环境,来营造一个清洁、优美、舒适、温馨的生活家园,提高社区居民居住环境的水平和质量。

(6)社区治安。良好的社区治安是社区居民正常生活的必要条件,是社会主义文明社区的重要标志。社区治安服务的具体内容主要包括:民事调解,法律咨询,流动人口管理,人口统计,防盗、防火、防灾,治安巡逻,帮教“两劳”释放人员,社会治安综合治理等工作。加强社区治安建设,就是要根据社区居民的安全需要来扩大社区治安的服务范围,提高社区治安服务质量,吸纳社区居民参与社区治安服务工作,以确保社区秩序井然,邻里和睦,保障社会安定团结,维护社会稳定。

四、社区建设分析的理论框架

社区建设的理论分析视角是多元化的,既可以从某一学科的角度讨论社区建设,也可以整合不同学科的理论讨论社区建设。本书所选择的社区建设的理论分析框架如下。

(一)国家与社会理论

国家与社会并存的二元架构是一种历史现象。发端于西方 17 ~ 18 世纪的市民社会与政治国家的二元化架构,在理论上被看做是对国家权力的分割与制衡,它是在封建专制基础上产生的一种革命与进步。马克思主义认为,国家是从社会中生长出来的,超越于社会之上的力量。人类文明社会的演进主要是在国家与社会的二元互动中向前发展的,所以,国家与社会理论构成社区研究的一个基础。

从国家与社会的角度研究社区,往往是立足于中国的国家与社会的关系在新中国成立后所经历的巨大变迁,即社会转型——由计划经济时代“一种结构分化程度很低的总体性社会”和“全能国家”,到市场经济条件下的中国社会的“总体性结构转型”和政府转型的巨大变迁,中国社区的发展本身就是国家与社会关系变革的结果,单位体制的逐渐消解,促进了国家对基层社会的控制方式由单位体制向社区体制的过渡。❶ 国家通过社区发展来构建中国的市民社会,培育社会的发展。特别是在社会转型期间,社会结构出现了前所未有的分化,造成了各种无序和失范的行为,而且社会的发育还不成熟,需要政府的大力支持,政府仍然要在社会发展中发挥其主导作用。因此,中国城市社区的发展是国家与社会共生共长、相互融合的过程,最终在社区形成充分发挥国家和社会的活力与主动精神的“强国家—强社会”的国家与社会关系模式。❷

夏学銮教授认为,从某种意义上说,社区管理在本质上所反映的是国家、社会与市场之间的关系。随着时代的前进和社会的不断发展,人们对国家、社会、市场三者关系的认识也在不断加深。人们逐渐认识到政府、市场和市民社会是现代社会生活中最为重要的三极。只有这三者的关系摆正了、均衡了、协调了,整个社会才能和谐有序、健康平稳地发展。市民社会理论就是从国家、市场与社会三元互动关系的这一基本认知视角出发,来解释社会发展与社区发展的要义,以便平衡各方利益、构建和谐社会、实现良性发展。目前,我国开展的广泛多样的社区建设就是要借社区这一载体来发展中国的市民社会,从而来协调业已发挥着重要作用的政府和市场力量,所以,社区建设、社区管理理论自然成为市民社会理论的一个重要部分。从市民社会的理论视角出发,可以更加清晰地认识社区管理所面临的问题、所要达到的目标及其在中国社会发展中的重要战略地位。❸ 从国家与社会的关系角度对社区进行研究,能够较好地解读社区存在的必然性及其价值和意义,但另一方面是面临社区发展的新情况,传统的国家与社会关系理论忽视了社区中活动着的行动者能动作用的发挥,忽视了社区本身作为一个共同体所应具有的内在属性。而对社区的研究又不可能脱离国家与社会二者之间的关系变迁,所以这恰恰构成了本书的研究内容,国家与社

❶ 朱建刚:“城市社区的权力变迁:强国家与强社会模式——对一个街区权力结构的分析”,《战略与管理》,1997 年第 4 期。

❷ 朱建刚:“城市街区的权利变迁:强国家与强社会模式——对一个街区权力结构的分析”,《战略与管理》1997 年第 4 期;唐士其:市民社会、现代国家以及中国的国家与社会的关系,《北京大学学报(哲学社会科学版)》,1996 年第 6 期。

❸ 夏学銮:《社区管理概论》,北京:中共中央党校出版社 2005 年版,第 128 页。

会关系理论也就构成了本书重要的理论视角。

(二)治理理论

治理理论兴起于20世纪90年代,源于西方学术界在社会资源的配置中既看到了市场的失灵,又看到了国家的失灵。因此,政治学知识体系就悄悄地脱离"统治"这一核心而转向"治理"这一主题。治理理论的提出是对传统政府与市场二分的一种超越,也可以弥补国家与市场在调控和协调过程中的某些不足。1995年,全球治理委员会于发表的一份题为《我们的全球伙伴关系》的研究报告中提出了治理的定义:治理是各种公共的或私人的权力和管理其共同事务的诸多方式的总和。总之,治理理论是与现代民主社会强调的平等、自由、开放、法治、透明等要求相适应的社会进步的一个表征。其理论创新在于打破了原来传统的公共与私人、国家与市场的两分法,模糊了国家与市场、政府与社会之间的界限,为人们提供了更为灵活的视角来分析问题。

治理理论应用于社区研究,拓展了研究的视角和研究意义。社区治理是治理理论在社区研究中的运用和发展,是通过借助不同于市场的制度安排,对某些公共资源系统成功地实现适度的开放与调试。[1] 社区治理是对"社区失灵"的一种应对,是社区发展的方向。[2] 社区治理是以社区为载体,在一定区域范围内政府和社区组织、社区居民共同管理社区公共事务的活动。[3] 社区治理结构的形成过程也是社区公共产品供给机制的构建过程,是政府与社会分权的过程,是公民社会发育的过程。[4] 社区生活本质是社区利益相关者之间的合作伙伴关系,社区治理是社区利益相关者之间合作治理社区公共事务的过程。[5] 而社区治理的架构则是多元行动主体的合作治理,有人称之为公私合作,以达到社区善治。[6] 在"后单位社会","跨单位组织"建立了正式的与非正式的组织之间的联系,成为城市社会治理的一种重要资源。[7] 居委会自治性回归将有助于

---

[1] 程亮:"社会转型中社区治理的发展历程与困境",《徐州师范大学学报(哲社版)》,2005年第5期。

[2] 金家厚,吴新叶:"社区治理:对'社区失灵'的理论与实践思考",《广东社会科学》,2002年第5期。

[3] 唐亚林、陈先书:"社区自治:城市社会基层民主的复归与张扬",《学术界》,2003年第6期。

[4] 陈伟东:"城市基层社会管理体制变迁:单位管理模式转向社区管理模式——武汉市江汉区社区建设目标模式、制度创新及可行性研究",《理论月刊》,2000年,第12期。

[5] 陈伟东:《社区自治:自组织网络与制度设置》,北京:中国社会科学出版社2004年版。

[6] 张洪武:"公私合作是达致社区善治的基础",《探索》,2006年第5期。

[7] 刘建军:"跨单位组织:"后单位组织"的治理结构",《探索与争鸣》,2003年,第8期。

社区自治的实现。[1] 其实,中国的社区发展经历了一个由行政型向半行政半自治型的发展过程,是社会经济体制改革和社会结构调整在城市社区发展中的一种反映。建立在合作主义基础上的新型政府与社会关系、社区体制逐步取代单位体制及城市街道体制的改革,代表着我国社区发展与制度创新的基本思路。[2] 而政府职能的转变是社区自治的前提和基础,伴随着社区的发展,中国社区自治的未来模式是由社区居民参与的社区和政府的合作治理。[3]

治理理论源于西方,是以西方发达国家的经验为出发点的,主张限制政府的职能和作用,这对于我国社区的发展具有一定的借鉴意义,但在一定程度上不符合我国社区发展的实际情况。由于我国社会发育的不成熟,政府对社会的适当引导是非常必要的。因此,本书的研究不仅立足于治理理论,而且在实践中对社区治理进行多角度探析,以寻求适合于我国特色的治理理论。

(三)社会资本理论

"社会资本"一词在 20 世纪 70 年代首先得到使用,而其在中国研究和应用开始于 20 世纪 90 年代。一般认为,正式提出"社会资本"概念的是法国社会学家布迪厄(P. Bourdieu),他把社会资本分成经济资本、文化资本、符号资本和社会资本等四种形式,认为社会资本是指某个个人或群体拥有一个比较稳定、又在一定程度上制度化的相互交往。真正使用社会资本概念引起广泛关注的是哈佛大学社会学教授罗伯特·D. 帕特南(Robert D. Putnam)。他认为,社会资本的本质性组成要素是集体行动中人与人之间的相互信任,其实质性功能是促成自发合作的形成。

帕特南曾经指出美国的社会资本在下降,生活在现代社会中的人越来越孤立无援。中国城市社区居民同样面临着社会资本丧失的困境。社会的转型和城市的快速发展,打破了原有的熟人社区,社区成为一个陌生的环境,社会资本的链条被打断。在社区这个公共空间中,社区居民对交往的需求和对更高精神生活的追求,使社区必须承担起重建社会资本的功能。社区是培育社会信任和公民精神的重要场所,社区作为一个生活共同体,蕴含着社区成员之间的相互信任、相互支持,而这些被西方学者所称为的社会资本,是在长期的共同生活中

---

[1] 王邦佐:《居委会与社区治理——城市社区居民委员会组织研究》,上海:上海人民出版社 2003 年版。

[2] 魏娜:"城市社区建设与社区自治组织的发展",《北京行政学院学报》,2003 年第 1 期。

[3] 与于燕燕:《社区自治与政府职能转变》,北京:中国社会出版社 2005 年版。

积累而成的习惯和制度，是一种“公共物品”。[1] 社会资本有利于促进人际交往从一元向多元、封闭向交流、契约向感情的转变，塑造社区文化，建立居民的认同感和归属感。[2] 对于城市来说，人们对社区参与行为的兴趣缺乏及由此而来的社会资本的不足是制约基层政治发展的巨大障碍。[3] 实现善治和社会资本重建是整个国家的一种战略性政策。通过城市社区建设来确立善治和社会资本重建的模式，对中国现代化社会的发展具有重要意义。[4] 基于社会资本的这种意义，对中国社区发展而言，需要激活大量蕴藏在社区中的社会资本，而社区的发展反过来也将有助于社区社会资本的成长。

中国作为一个关系社会，在城市基层蕴藏着丰富的社会资本，但中国将社会资本理论应用于社区研究才刚刚起步，多数研究是在其他研究中涉及的，专门性的研究还较为缺乏。本书用社会资本理论来研究和谐社区的建设与发展，是一种新的解读，正如帕特南认为高度的社会资本将有助于制度成长一样，社区社会资本研究的深入将有助于激活城市社会的潜在活力，促进社区成员之间的交往，增强社区主体之间的合作与交流，推进社区建设的发展。这是一个有待于开拓的研究视角。

（四）社会工作理论

社会工作在中国大陆作为一门新兴的学科，其本质属性被定义为助人自助（help people help themselves）。综合学术界有代表性的定义，可以把社会工作的涵义要点归纳如下：社会工作是一种助人的活动；社会工作是一种专业；社会工作是一种职业；社会工作是一种制度；社会工作一种过程；社会工作是一门科学，也是一门艺术。总之，社会工作既是求真的，又是尚美的，还是向善的，它是真善美的统一体。[5] 在现代社会，社会工作成为专业化的解困救难的手段，作为一种社会制度，它发挥着解决社会成员困难、维持社会秩序的功能。[6] 社会工作

---

[1] 王思斌：“城市社区建设中的中介组织培育”，《北京行政学院学报》，2001 年第 1 期。

[2] 焦若水：“关系、单位与社会转型”，《西安电子科技大学学报》（社会科学版），2004 年第 2 期。

[3] 桂勇、黄荣贵：“直选：是社会资本开发还是行政推销民主”，《上海城市管理职业技术学院学报》，2003 年第 6 期。

[4] 赵猛营、王思斌：“走向善治与重建社会资本——中国城市社区建设目标模式的理论分析”，《江苏社会科学》，2001 年第 4 期。

[5] 尹保华：《现代社会工作：理论、实务与本土化》，长春：吉林人民出版社 2004 年版，第 1 ~ 11 页。

[6] 尹保华：《社会工作与和谐社会建构——农民工社会排斥与社会融入的研究》，徐州：中国矿业大学出版社 2005 年版，第 18 页。

有宏观与微观之分，微观社会工作主要包括个案工作和小组工作，宏观社会工作主要包括社区工作、社会政策与行政等。从专业社会工作的发端看，1917 年玛丽·芮奇芒德出版的《社会诊断》一书，主要探讨的是作为微观社会工作方法之一的个案工作的有关问题。宏观社会工作始于 19 世纪晚期，它涉及非临床的社会服务活动，强调社会政策的发展、有效服务的组织传递、社区生活的强化和社会疾病的预防，体现为社区组织、社会政策和行政领域，其中社区工作是宏观社会工作的重要部分。社区工作是以社区及其成员整体为对象的社会工作接入方法。通过组织成员有计划地参与集体行动，解决社会问题、满足社区需要。在参与过程中，让成员建立对社区的归属感，培养自助、互助和自决的精神，加强其社区参与及影响决策的能力和意识，发挥成员的潜能。[1]

社会工作理论应用于社区建设、社区研究是一种必然。随着社会工作理论和实务的发展，社区工作已经发展出许多典型的策略模式，比如地区发展、社会策划、社区照顾和社区教育等经典模式。从国内外社区发展或社区建设的实践看，社区建设实际工作是与社会工作理论及其实务有机联系的，因此，运用社会工作的理论视角对社区建设实践进行分析必将有助于社区研究的发展。同时，从现代社会工作专业的角度创新社区建设体制与基本工作手法，是社区建设实际运作过程中重要的策略选择。

[1] 王思斌：《社会工作导论》，北京：高等教育出版社 2004 年版，第 193 ~ 200 页。

第二节　社会管理的基本理论

一、社会管理的提出与概念阐释

在党的十六届四中全会上,从加强党的执政能力建设、构建社会主义和谐社会的战略高度,提出来“加强社会建设和管理,推进社会管理体制创新”的新要求,并明确提出要“建立健全党委领导、政府负责、社会协同、公众参与的社会管理格局”[1]的任务。党的十六届六中全会进一步强调,“必须创新社会管理体制,整合社会管理资源,提高社会管理水平,健全党委领导、政府负责、社会协同、公众参与的社会管理格局”[2]。党的十七大重申,“要健全党委领导、政府负责、社会协同、公众参与的社会管理格局”。这表明了防范和治理社会问题,确保社会安全、协调发展,已经逐步上升成为具有十分重要经济意义和政治意义的战略选择。

2011 年 2 月 19 日,胡锦涛在省部级主要领导干部社会管理及其创新专题研讨班开班式上发表重要讲话,指出加强和创新社会管理,要高举中国特色社会主义伟大旗帜,全面贯彻党的十七大和十七届三中、四中、五中全会精神,以邓小平理论和“三个代表”重要思想为指导,深入贯彻落实科学发展观,紧紧围绕全面建设小康社会的总目标,牢牢把握最大限度激发社会活力、最大限度增加和谐因素、最大限度减少不和谐因素的总要求,以解决影响社会和谐稳定突出问题为突破口,提高社会管理科学化水平,完善党委领导、政府负责、社会协同、公众参与的社会管理格局,加强社会管理法律、体制、能力建设,维护人民群众权益,促进社会公平正义,保持社会良好秩序,建设中国特色社会主义社会管理体系,确保社会既充满活力又和谐稳定。社会管理的基本任务包括协调社会关系、规范社会行为、解决社会问题、化解社会矛盾、促进社会公正、应对社会风险、保持社会稳定等方面。加强和创新社会管理,根本目的是维护社会秩序、促进社会和谐、保障人民安居乐业,为党和国家事业发展营造良好社会环境。做好社会管理工作,促进社会和谐,是全面建设小康社会、坚持和发展中国特色社

---

[1] 《中共中央关于加强党的执政能力建设的决定》,新华网,2004 年 9 月 26 日。

[2] 《中共中央关于构建社会主义和谐社会若干重大问题的决定》,新华网,2006 年 10 月 18 日。

会主义的基本条件。

胡锦涛提出了加强和创新社会管理八点要求:第一,进一步加强和完善社会管理格局,切实加强党的领导,强化政府社会管理职能,强化各类企事业单位社会管理和服务职责,引导各类社会组织加强自身建设、增强服务社会能力,支持人民团体参与社会管理和公共服务,发挥群众参与社会管理的基础作用。第二,进一步加强和完善党和政府主导的维护群众权益机制,形成科学有效的利益协调机制、诉求表达机制、矛盾调处机制、权益保障机制,统筹协调各方面利益关系,加强社会矛盾源头治理,妥善处理人民内部矛盾,切实维护群众合法权益。第三,进一步加强和完善流动人口和特殊人群管理和服务,建立和完善人口动态管理机制,完善特殊人群管理和服务政策。第四,进一步加强和完善基层社会管理和服务体系,把人力、财力、物力更多投到基层,努力夯实基层组织、壮大基层力量、整合基层资源、强化基础工作。第五,进一步加强和完善公共安全体系,健全食品药品安全监管机制,建立健全安全生产监管机制,完善社会治安防控体系,完善应急管理体制。第六,进一步加强和完善非公有制经济组织、社会组织管理,明确非公有制经济组织管理和服务员工的社会责任,推动社会组织健康有序发展。第七,进一步加强和完善信息网络管理,提高对虚拟社会的管理水平,健全网上舆论引导机制。第八,进一步加强和完善思想道德建设,持之以恒加强社会主义精神文明建设,加强社会主义核心价值体系建设,增强全社会的法制意识,增强社会诚信。

作为一个新兴的领域,国内对“社会管理”概念的界定并没有形成一致的看法。2003 年党的十六届三中全会,党中央把政府职能设定为“经济调节、市场监管、社会管理和公共服务”四个方面,将社会管理从政治职能和经济职能中分化出来,明确定义为政府的主要职能之一。2005 年 3 月,温家宝在十届人大三次会议所作政府工作报告中,进一步指出了社会管理的深刻内容,“社会管理职能,主要包括政府承担的管理和规范社会组织、协调社会矛盾、保证社会公正、维护社会秩序和稳定、保障人民群众生命财产安全等方面的职能。要进一步完善社会管理体制,建立健全处理新形势下人民内部矛盾和各种社会矛盾的有效机制、社会治安综合治理机制、城乡社区管理机制等,加强社会事务管理”。在党的十七大报告中,又在论述社会建设时把社会组织管理、人口服务与管理、社会治安防控等基层工作概括为“社会管理”。

1. 社会管理的定义

社会管理有广义和狭义之分。广义的社会管理，是指整个社会的管理，即指包括政治子系统、经济子系统、思想文化子系统和社会生活子系统在内的整个社会大系统的管理；也可以认为广义的社会管理是指政府及非政府公共组织对各类社会公共事务包括政治的、经济的、文化的和社会的事务所实施的管理活动，与公共管理是同等范畴的概念。狭义的社会管理，主要指与政治、经济、思想文化各子系统并列的社会子系统或者社会生活子系统的管理。或者是说狭义上的社会管理，一般与政治管理、经济管理相对，指的是对社会公共事务中除了政治统治事务和经济管理事务以外的那部分事务的管理与治理。

在众多的定义中，何增科对社会管理的定义较有代表性：社会管理是政府和民间组织运用多种资源和手段，对社会生活社会事务、社会组织进行规范、协调、服务的过程，其目的是为了满足社会成员生存和发展的基本需求，解决社会问题，提高社会生活质量。[1] 该定义说明了社会管理的主体是多元的，不仅包括政府机构，而且还包括各种民间组织乃至企业，他们在规范、协调、服务等社会管理活动中都可以发挥重要作用；社会管理的手段是多样化的，既包括政府利用行政手段、法律手段对社会生活的干预，也包括社会组织和社会成员利用社会团体行为准则和道德约束对社会生活的自我管理或自治自律，还包括利用市场机制由企业提供公共服务及企业自觉履行社会责任；社会管理的对象或客体是社会生活的各个领域、各种社会公共事务及作为社会关系凝结的民间组织，后者既是社会管理的主体，又是社会管理的对象；社会管理的主要方式是进行社会性规制和提供公益性或互益性服务，具体包括规范行为、整合利益和服务社会，而规范、协调、服务既是一种活动，又是一种过程；社会管理的目的是为了满足社会成员生存和发展的基本需求，解决各种社会问题，减少社会发展代价，推动社会进步，促进社会和谐，增进公民的各项自由、权利和福利；社会管理既有各方的资源投入，同时又有着自身的产品，这些产品包括社会成员生存和发展所需要的福利保障、安全保障、环境保障、选择自由和平等的机会及为克服各种社会障碍如社会排斥和社会歧视而制定和实施的法律政策等。

学术界更倾向于从狭义的角度来界定社会管理，这种界定是建立在三大部

---

[1] 何增科："论改革完善我国社会管理体制的必要性和意义"，《毛泽东邓小平理论研究》，2007 年第 8 期。

门(或三大领域)划分基础上的。所谓三大部门包括:公共部门、私人部门、第三部门(或三大领域:政治领域、经济领域、社会领域)。公共部门主要是由国家(政府)代表的政治领域,它按照权力逻辑运行;私人部门主要是由市场经济和民营企业为代表的经济领域,它按照利润逻辑运行;社会生活领域属于非政府、非营利的第三部门,它按照交往逻辑运行。公民社会和第三部门理论的基本观点包括:第一,公民社会主体是公民及其在政治和经济领域之外的社会生活领域自由结成的各种民间组织,社会生活领域包括个人私域和民间公域。个人私域包括个人的家庭生活和私人生活领域,是个人自我发展和道德选择的领域,个人在这一领域享有隐私权和自由空间。民间公域是介于私人领域和公共权威之间的一个领域,是一种非官方的公共领域,公民在这一领域对公共事务进行自由的、理性的、批判性的讨论。第二,公民自愿组成的各种民间组织为公民之间的社会交往和公共生活提供了活动平台,增强了社会的凝聚力。民间组织所开展的各种社会活动和政策倡议行动,是推动社会发展和进步的重要力量。第三,公民社会和第三部门是各种私人利益和特殊利益活跃于其中的场域。为了表达和实现自身利益,公民社会有着政治参与的需要,而国家作为社会普遍利益的代表也有必要对公民社会组织加强监管和协调,以防产生利益冲突影响社会秩序。

2.社会管理与政府行政管理、工商企业管理不同

(1)管理主体不同。政府行政管理和工商企业管理的主体分别是政府和企业。而社会管理的主体是多元的,既包括各种社会组织,也包括政府和企业。这是因为社会本身是不自足的,单独依靠个人自助和社会互助无法完全解决社会问题,民间组织所掌握的资源是有限的,因此政府和企业介入社会问题的解决和社会服务的提供就成为必要。

(2)运行逻辑不同。政府官僚系统的运行逻辑是权力的逻辑,上下级之间命令和服从的层级节制关系支配着政治交往;企业经营系统遵循的是商业的或利润逻辑,经济交往原则是等价交换的原则,利益最大化是经济行为的主要驱动力。而社会子系统的运行逻辑是平等沟通、信任互惠的交往逻辑,社会人是处于各种社会共同体中相互依存的个人,社会生活领域有别于经济生活和政治生活领域。

(3)社会管理是自治自律和外部干预的有机统一。社会成员在自愿结社和自由交往的过程中,会逐步形成合作互惠的行为规范和无需外力干预的自发秩

序。当社会成员在个人私域能够自律、社会组织在社会共同体内部能够实现自治的时候,国家的法律法规主要是为社会自治自律提供法律保障而无须介入其内部事务,自治自律为国家权力的行使划定了边界。只有当个人或社会组织的行为侵占到他人利益或社会普遍利益时,来自国家的干预才成为必要。社会管理的首要原则应是社会自治自律原则,外部干预应当是辅助性手段。其四,目的不同。政府行政管理的目的是为了社会整体公共利益最大化,工商企业管理的目的是为了在计算出成本收益后追求企业利润最大化。社会管理的目的是为社会成员和社会团体追求各自的私人利益、特殊利益(局部公益)提供平等的机会,同时调节利益冲突,增强公民权利和社会公共利益。第五,提供的产品性质不同。政府提供的产品主要是非竞争性、非排他性的纯粹意义上的公共产品或公共服务。企业生产的最终产品是具有竞争性和排他性的私人产品和服务。社会管理的产品是介于这二者之间的准公共产品或服务,即各种互益性和公益性产品和服务。

3.社会管理的模式与格局多种多样

因为人们之间组成社会关系的方式既包括按照自愿、自治、自律原则形成的社会关系,也包括依靠行政和法律手段通过他治、他律或强迫而形成的社会关系;社会生活的秩序既可以是自发的秩序,也可以是强制的秩序;社会事务的处理提供既可以由政府包揽,也可以政府主导社会协助,还可以是社会主导政府协助,或者是双方合作管理;社会服务产品的提供既可以由政府通过行政手段提供,也可以利用市场机制由企业提供,也可以通过慈善捐赠和政府购买服务机制由社会组织来提供。在不同的社会管理模式或格局中,自治与他治、自发秩序与强制秩序、主导与协助、行政机制与市场机制和社会机制,有着多种不同的组合方式,各自的重要性和所占的比例有着很大的不同。社会管理的两种极端模式分别是:①无国家模式,是指没有国家的社会管理,在这种情况下,社会管理主要依靠社会自身的自治自律或自我管理、自发秩序、自助互助、自我服务来完成。马克思所设想的未来社会就是社会自治不断扩大最终导致国家消亡的模式。②国家吞噬社会模式,是指社会在被国家吞没情况下国家对所谓社会的管理,政府管理、强制秩序、政府包揽、政府统管是这种社会管理模式的主要特征。

传统社会主义计划经济体制属于第二种管理模式,根据政府和社会力量在社会管理中地位和作用的不同,可以把社会管理的模式划分为如下三种:第一种是政府主导、社会协助的模式。政府在对社会生活、社会事务和社会关系进行规范、协调和服务的活动和提供相关产品或服务中处于主导地位,社会组织和社会成员处于协同配合的地位,他治他律相比于自治自律更为重要,强制的秩序比自发的秩序更为普遍,政府是社会服务主要提供者。我国所提倡建立的社会管理新格局就属于这种模式。第二种是国家和社会组织、政府和公民对社会的合作管理模式。在这种社会管理模式中,社会三大部门形成三足鼎立的格局,三大部门和社区作为社会管理的基本主体均得到充分发展并彼此独立,它们是平等的伙伴关系,在社会管理中责任共担、资源共享,彼此之间既有分工又有协作和协商。治理和善治理论所倡导的社会管理模式就是这种模式。第三种是社会主导、政府协助的模式。在社会生活领域中,社会自治优先于政府管理,自发秩序优先于强制秩序,市场机制和社会力量成为社会服务的主要提供者。欧美国家社会管理早期阶段就是这种模式。不过,二战以后,在福利国家时期,政府逐渐发挥主导作用。到20世纪70年代末以后,随着新公共管理运动的兴起,社会主导、政府协助的模式也逐渐转向了治理和善治理论所倡导的社会管理模式。

4.社会管理体制的内涵和外延

有学者主张从宽范围管理体制的角度来把握社会管理体制的内涵,具体来说社会管理体制包括社会管理的制度规则体系、组织机构体系及其运行机制。另有学者认为,社会管理体制就是指社会管理的组织结构、功能作用及其相互关系。社会管理体制是一个开放的动态的自动控制系统,它包括功能系统、结构系统和信息系统三个子系统。又有学者提出,社会管理体制是指国家规范社会运行所采取的管理制度、管理组织、管理方式和管理手段的总和。还有学者认为,现代国家社会管理的组织系统主要有四个,即国家机构系统(主要是政府系统)、各种企事业单位系统、民间组织系统(主要是各类社团组织)、社区组织系统。社会管理体制及其改革创新的重点应放在社会治安、文化教育、医疗卫生、社会保障、环境保护、道德风尚、社会服务及其他社会公益事业方面。有学者认为,社会管理体制就是国家为了维护社会秩序而用以规范和协调社会组织、社会事务和社会生活的一系列制度和机制。

社会管理体制的内容极为丰富,就目前我国的现实情况而言,诸如社团管理体制、社会保障体制、社会治安体制、社会应急体制、社会服务体制、社区管理体制和社会工作体制都可列入其范围。何增科对社会管理体制的界定是:社会管理体制是国家就各种社会管理主体在社会生活、社会事务和社会关系中的地位作用、相互关系及运行方式而制定的一系列富有约束力的规则和程序性安排,其目的在于整合社会资源协同解决社会问题,规范社会运行维护社会秩序。社会管理体制包括八大制度要素:社团管理体制,社会保障体制,社会治安体制,社会应急体制,社会服务体制,社区管理体制,社会工作体制,社会政策决策体制❶。

二、加强和创新社会管理的必要性和重大意义

1. 社会变革的挑战,凸显了社会管理创新的必要性

众所周知,中华人民共和国建立后一直到改革开放前,所实行的是高度集权和计划经济的政治经济体制,也是一种高度一元化的社会管理模式。这个时期的国家被一些学者称为“全能国家”。在城市,国家主要通过“单位体制”(党政机关和企事业单位等)控制城市居民并为他们提供相关服务(人们形象地称之为“单位办社会”和“企业办社会”)。城市中少数游离于“单位体制”之外的城市居民由城市社区(街道—居委会)负责管理。在农村,国家主要通过“人民公社”这种政治经济合一的组织及严格的城乡隔离的户籍制度控制农民并为农民提供最基本的社会服务,如“赤脚医生”和“五保户”赡养等。由于高度一元化的社会管理模式,这个时期的社会因缺乏结构、功能和利益的分殊化和多元化而被称为“整体性社会”,企事业单位、群团组织和社区组织均为政府行政机构的附属物而缺乏独立性和自主权,个人利益服从于国家利益和集体利益,私人利益和特殊利益受到批判和压制,整个社会缺乏利益的分化,严密的控制导致秩序有余而活力严重不足。很明显,这个时期的国家是社会管理的唯一主体、社会服务的唯一提供者,行政手段是主要的管理手段,政府管理、强制秩序、政府包揽、政府统管的高度一元化管理成为这一时期社会管理模式的主要特征。但是改革开放以来社会变革的种种挑战,需要社会管理必须进行创新。这主要表现为:

(1)政府职能发生重大变化,“全能国家”正在变为“有限政府”。经过30多年的改革开放,政府职能的内容和范围都发生了重大变化,政府不再全面垄

❶ 何增科:“论改革完善我国社会管理体制的必要性和意义”,《毛泽东邓小平理论研究》,2007年第8期。

断经济社会资源,因此也不再无所不管,无所不包,政府以经济建设为中心,有所为有所不为。我国已经从一个“全能国家”转变为“有限政府”,政府所掌握的公共资源是有限的,因此政府职能的内容和范围也是有限的。政府越来越难以独自承担社会管理的重任。

(2)我国社会已经从一个“整体性的社会”转变为一个“多样化的社会”。整个社会出现了江泽民同志所概括的“四个多样化”:经济成分和经济利益格局多样化、社会生活多样化、社会组织形式多样化、就业岗位和就业形式多样化。我国社会结构也发生了深刻的变化,在新经济组织和新社会组织中出现了民营科技企业的创业人员和技术人员、受聘于外资企业的管理技术人员、个体户、私营企业主、中介组织的从业人员、自由职业者等新的社会阶层。我国社会生活和人们的思想观念都出现了多样、多变的特征。一个多样化的社会是一个充满创造活力的社会,也是一个容易走向“碎裂化”而需要整合的社会。多样化的利益需要协调和整合,多样化的资源需要整合,原子化的个人需要整合进各种大大小小的新的社会共同体中以获得归属感和安全感,多样化的思想观念需要在求同存异和包容多样性中通过协商对话和平等交流形成社会共识和扩大社会认同。

(3)市场经济的迅速发展孕育出一个日益强大的私人部门。市场化导向的经济改革促进了市场经济的发展,市场机制在资源配置中日益发挥基础性作用,私人经济部门不断发展壮大,私人部门所掌握的经济社会资源日益增多。在社会管理和社会服务提供中引入私人部门力量越来越具有必要性。

(4)民间组织大量涌现,公民社会开始初步形成。据民政部统计,截至2007年3月底,在各级民政部门登记的民间组织总数已经达到353139个,其中社会团体190566个,民办非企业达161430个,基金会1143个。如果按照未在民政部门登记的民间组织与已经登记的民间组织数量之比为10:1估算,那么我国目前民间组织的实际数量已经超过350万个。我国已初步形成门类齐全、覆盖广泛的民间组织体系。我国民间组织主要分布在行业中介、教育、科技、文化、卫生、劳动、民政、体育、环境保护、社区、农村专业、经济等领域。在各类社团中,行业性社团数量最多,其余依次为专业性社团、学术性社团和联合性社团。我国的民办非企业单位以教育、卫生类为主。正如某学者所言,中国改革开放后正在经历着一场社团革命,“中国的确是全球结社革命的一部分”。民间组织已经成为我国社会生活领域一支不可小看的力量,一个相对独立于政治国家和企业系统的公民社会已初露端倪。

(5)单位体制、街居制、严密的户籍管理制度等传统的社会管理载体发生重大变化,政府社会管理方式滞后导致社会管理出现了真空和盲点。在计划经济体制下,我国社会管理的基本单元是单位体制、街居制和严密的户籍制度。改革开放以后,我国社会组织形态发生了重大变化,政治经济合一的农村人民公社制度迅速解体,各类单位承担的大量社会管理和社会服务职能被重新交付或转移到"社会"。我国的社会管理面临着"一变五增"的新情况,即:老体制下的职工弱化了对单位的过分依赖,由"单位人"向"社会人"转变;新兴的多种所有制成分的"无主管"企业增多,外来人员、流动人员的比例增加,下岗失业人员增多,老龄人口增多,贫困人群增多。

(6)新时期现代化建设中涌现了大量新的社会问题和社会事务,这些都对现有社会管理体制提出了严峻的挑战。一是我国作为一个拥有13亿人口的大国,要在不到一百年的时间内走完别的国家二三百年才走完的工业化和城市化进程,由此导致现代化过程中普遍出现的一些社会问题和矛盾问题等在我国集中出现。这些问题包括城市贫困、社会两极分化、环境污染、老龄化、越轨和犯罪行为剧增等多种问题。二是社会大转型导致新的社会事务大量产生,如行业管理、社会组织管理、社区管理、物业管理、互联网管理等,同时也引发了众多新的社会问题,如信访问题、失地农民、房屋拆迁、土地征用、城市地摊、物业纠纷及网络沉迷等,处理这些新的社会事务和解决这些新的社会问题,都需要新的解决办法。三是现代社会同时又是一个高风险社会,全球化时代和信息时代人员、资本、资源、信息的快速跨国界流动加速了风险的传播和扩散,并放大了风险和危机的影响,因此在进行常规性制度建设的同时,需要建立风险防范和危机处理机制,应对包括天灾、传染病、恐怖活动及社会骚乱等突发事件。

2. 现行社会管理体制存在的问题要求社会管理必须进行创新

这些问题主要有:

(1)政府职能转变尚不到位,各级公共财政投入偏少而对农村地区投入更少,基本的社会公共服务供给严重滞后而且明显有失公平。减少经济性支出比重不断提高社会性公共服务的地位与作用已成为发达国家的普遍做法,而我国各级政府在很大程度上仍然是生产投资型政府和经济建设型政府,政府所掌握的公共资源多投向经济性公共服务领域而较少投向社会性公共服务领域。

(2)民间组织发育不良,公众参与渠道不多,难以在社会管理中发挥应有的作用。对民间组织的不信任和防范心理导致了以限制和控制为主要取向的民间组织管理体制。我国公民社会发展的制度环境中存在着大量不利于民间组织发展的制度性国素。

(3)政府还不习惯于借助市场机制和社会机制整合社会资源,共同举办社会公益事业和公共服务。比如慈善捐赠本来是一种献爱心的自愿活动,具有增强社会凝聚力的功能,但有关部门往往把它作为一种上级布置的政治任务来完成,习惯于利用工作单位或社区机构采取广泛动员、领导带头、人人参加的半强迫方式来进行。民间组织自发组织的慈善捐赠和社会共济互助则受到种种限制,难以有效开展活动。

(4)政府部门和事业单位中介组织、政府机构和社区自治组织不分,导致事业单位行政化和自治组织行政化倾向严重,影响社会事业和社会自治的健康发展。我国各类社会事业单位管理体制不顺。

(5)政府社会管理职能重心失衡,手段单一,重管制轻服务,重审批轻监管,政出多门,直接影响着社会管理的效果。

(6)政府社会管理手段单一、方式简单,习惯于采取行政手段和强制方式解决社会矛盾,往往容易激化矛盾而非化解矛盾。

(7)政府社会管理法规制度不健全,管理成本过高,效率较低。

(8)专门的社会管理人才和专业化的社会工作人才严重缺乏。

在国外,社会管理是一种专业性很强的管理工作,社会工作已经是一门比较成熟的专业和应用性很强的职业。我国的社会管理和社会工作长期以来积累下来的是行政性的、非专业化的运作模式。实际从事福利性、服务性、公益性活动的职业人员基本上都是以行政干部和准行政干部的身份出现,没有受过较系统的专门训练。这种现象在地方和基层尤为严重,一些地方民政系统工作人员以复员退伍军人和军转干部为主,大量居民委员会工作人员为离退休的老年人或下岗职工,难以胜任社会管理和社会工作高标准的专业要求。由于社会福利机构和社区机构缺乏专门的社会工作岗位设置,大量社会工作专业毕业的大学生找不到相应的工作而被迫转行。

加强和创新社会管理不仅十分必要,而且其意义也十分重大。具体而言,推进社会管理创新具有以下几个方面的意义:社会管理创新是新时期稳定发展的需要;社会管理创新是协调利益关系的需要;社会管理创新是协调人民内部矛盾的需要;社会管理创新是维护社会的公平正义的需要;社会管理创新是引领社会思想的需要;社会管理创新是促进经济社会协调发展的需要;社会管理创新是促进政治发展的需要;社会管理创新是加强党的执政能力的需要;社会管理创新是完善社会转型的需要;社会管理创新是营造社会生机活力的需要。[1]

三、加强和创新社会管理:理念、机制与方法

经济社会的发展为社会管理提出了以下新的要求[2]:

(1)民主性。社会管理的民主性,既是时代发展的要求,也是我们实现社会管理目标的必然要求。众所周知,作为社会主义国家,人民群众有权利参与国家和社会事务的管理活动。但是,在传统的社会管理模式中,是国家(政府)与社会高度合一的集中管理模式。这种管理模式的长期实行,使得社会成员被禁锢在特定的思想认识水平上,在某种意义上形成了依附于国家或政府的非自主人格特征,由此使得整个社会缺乏自我管理和自我发展的能力,最终影响社会的协调、健康发展。尤其是政府不能及时发现或承认自己所犯的错误时,更会阻碍甚至是损害社会的健康发展。随着社会的发展和人民主权意识的增强,政府的社会管理必须朝着民主化的方向发展,在社会管理过程中,必须动员人民群众的力量,充分征求广大民众的意见,切实评估民众的需求,允许并鼓励民众发表不同意见,采纳民众的合理化建议。

(2)服务性。提高公共服务的质量是政府有效进行社会管理的基本途径之一。管理即服务必须成为各级政府根本的行政理念。加强和创新社会管理,其本质内涵就是要对公共服务领域进行改革,不断提高政府提供公共服务的能力。这里有四个方面的内容必须把握:一是以人为本,即公共服务的提供必须以群众的根本利益为出发点和落脚点;二是依法行政,即在公共服务提供过程中切实依照法律和制度办事,不可徇私枉法;三是科学评估质量,即对政府的公共服务质量进行绩效评估、量化工作标准、督促检查其服务活动等;四是结果问责,即对不达标的公共服务进行过错追究。

(3)超前性。伴随着我国经济的高速发展和社会的急剧转型,社会结构、社会组织形式、利益格局、思想意识、价值观念等发生了深刻变化,复杂性和不确

[1] 付思明:《加强和创新社会管理——建设中国特色社会主义管理体系学习读本》,北京:人民日报出版社2011年版,第129~136页。

[2] 付思明:《加强和创新社会管理——建设中国特色社会主义管理体系学习读本》,北京:人民日报出版社2011年版,第128~129页。

定性增加。空前的社会变革，在给我国经济社会发展带了巨大活力的同时，也带了这样那样的矛盾和问题，加大了社会管理的难度，增加了社会的风险性，社会管理遇到的调整空前艰巨。其中，十分重要和紧迫的就是如何把握和应对“不确定性”，能够做到对各种社会风险进行超前预警，最大限度地掌控影响社会良性运行和协调发展的各种不确定因素。超前预警是社会管理创新的先决条件，只有在准确把握社会发展形势的基础上，从管理方向、理念等方面进行超前谋划，才能及时预防和有效应对社会管理领域可能出现的新情况和新问题。因此，社会管理活动必须依据实际情况，不断与时俱进，提升科学预见能力，及时把握社会管理环境的变化，推动适合环境变化的社会管理目标、政策、措施、方法的发展，以便及时处理和化解各种突发性事件与公共危机。

对社会转型期社会管理问题的认识及应对措施，已经不能简单从物质、技术等层面来思考，而应从社会结构、社会文化及社会心理等层面考量。❶ 由此而论，加强和创新社会管理的举措，必须从理念、机制、方法具体途径等层面进行系统设计。

首先，社会管理理念是人们对于社会管理活动的一种理性认识，或者说是对社会管理活动的一种观念的把握。它是社会管理体制建立和运行的内在基础，对于政府及社会组织的管理实践具有指导和规范的作用。加强和创新社会管理需要实现以下理念层面的转变：①社会管理核心——向以人为本转变；②社会管理主体——向多元化转变；③社会管理模式——向强调公共服务转变；④社会管理手段——向信息化、网络化转变；⑤社会管理规范——向法制化、制度化转变。

其次，社会管理创新，最为重要的就是建构和完善我国社会管理的新机制。新时期的社会管理机制应该包括以下主题：①建立社会管理协调组织领导机制；②建立社会公共事务公众参与机制；③建立社会组织服务整合机制；④建立社会管理服务前沿机制；⑤建立社会管理监测评估机制。❷

其三，积极探索推进社会管理创新的方法与途径。社会管理涉及社会活动、社会生活的各个方面和领域，涉及社会各类子系统之间错综复杂的关系。

---

❶ 谢雨锋：“社会管理：理念、机制与方法”，见杨红娟等主编《社会管理创新 25 题——社会学与社会管理》，北京：中共中央党校出版社 2011 年版，第 13 页。

❷ 谢雨锋：社会管理：理念、机制与方法，见杨红娟等主编《社会管理创新 25 题——社会学与社会管理》，北京：中共中央党校出版社 2011 年版，第 13 ~ 20 页。

建立适应我国城市化、现代化进程的社会管理体系，仅有社会管理理念和机制的创新还远远不够，还要在此基础上，于实践中积极探索能够不断推进新时期社会管理的有效方式方法和具体途径。学术界对这方面的问题有一些探讨，比如，就社会管理的方法创新而言，主要包括加强社会管理的信息化建设、完善社会管理的组织系统、增强社会管理的服务能力等；就社会管理的具体途径创新而言，主要包括加强和完善社会管理格局、加强和完善党和政府主导的维护群众权益机制、加强和完善流动人口和特殊人群管理和服务、加强和完善基层社会管理和服务体系、加强和完善公共安全体系、进一步加强和完善非公有制经济组织和社会组织管理、加强和完善信息网络管理、加强和完善思想道德建设等。❶

在现实的社会管理实践中，社会工作已成为创新现代社会管理方式方法和途径的有效手段。比如，第二次世界大战前后的欧美国家，伴随着政府对市场和社会领域干预力度的增强，尤其是福利国家制度的建立，这些国家相继通过了一些社会政策或立法，确立了专业化与职业化的社会工作制度，并将其作为政府实施社会管理和提供社会服务的重要手段。由此，社会工作逐步从单一的慈善手段发展成为现代社会管理和社会服务的重要内容，成为现代社会解决社会问题维护社会稳定的科学方法与社会制度。

社会工作之所以成为欧美国家进行社会管理和社会服务的手段，主要原因有：

第一，专业社会工作面向弱势群体和边缘群体的社会服务及其蕴涵的“以人为本”的柔性管理特征，可以弥补政府刚性政策和刚性管理的不足。一般而言，政府在处理社会问题和社会冲突事件时，刚性的行政化管理暴力手段虽有其必要性，但也存在着“难以服众”的缺陷，以及忽视差别的一般化原则这一管理制度的缺陷。专业社会工作则不同，它秉持的是“助人自助”的理念，遵循的是平等接纳差别化的职业伦理和工作模式，注重解决的是某一人群或个人社会问题得以产生的原因，因而有着政府单一行政化管理手段无法比拟的优势。正因如此，第一次世界大战以来，欧美国家及当今许多新兴工业化国家和地区，纷

---

❶ 谢雨锋：“社会管理：理念、机制与方法”，见杨红娟等主编《社会管理创新25题——社会学与社会管理》，北京：中共中央党校出版社2011年版，第20～21页；付思明：《加强和创新社会管理——建设中国特色社会主义管理体系学习读本》，北京：人民日报出版社2011年版，第138～155页。

纷将社会工作纳入其社会管理和公共服务的体系。可以说,这些国家和地区自20世纪60年代以来能够保持数十年社会稳定的局面,在一定意义上是受益于专业社会工作在社会管理与社会服务方面的特有功能。比如,2005年法国巴黎爆发大骚乱,政府动用了警察部队仍无法解决问题,后借助社会工作者的力量才平息骚乱。这可谓社会工作之社会管理功能有效体现的一个经典案例。

第二,专业社会工作有助于推动平等的社会福利政策,完善社会保障体系。第一次世界大战以后,鉴于工人阶级反抗资本主义不平等的社会主义运动的高涨,社会主义思想和社会福利权利理念的日益深入人心,以及市场这只“无形之手”在社会发展领域的“失灵”,加之争取选民选票和维护政权稳定的需要,欧美国家普遍建立起政府承担主要责任的福利国家制度及其社会保障体系。福利国家制度的建立,为这些国家防止社会两极分化,实现国民普遍的福利权利,逐步提升国民的福利水平,从而维护社会的稳定和经济的持续增长,发挥了重要的制度保障作用。在福利国家制度发展与完善的过程中,社会工作成为政府制定和实施社会政策的重要帮手。其突出表现为,受过专业训练的社会工作者不仅帮助政府实施特定的社会政策和社会计划,而且作为政府与民众之中介,深入了解民众尤其是弱势群体边缘群体的实际状况和需求,可以帮助政府修订和完善某一社会政策。不仅如此,政府通过官办机构和非政府机构中的社会工作者向民众提供公共性的社会服务,客观上实现了其“寓管理于服务”的社会管理意图。

总之,在工业化和社会转型时期,现代社会工作实际上是新社会管理及公共服务模式的重要组成部分和重要手段。对于中国来说,现代社会工作的发展,一方面有赖于整个社会管理体制的改革及公共服务模式的创新;另一方面,又对社会管理体制改革和公共服务模式创新的实践具有重要的推动作用。换言之,发展社会工作本身就是中国社会管理体制改革与公共服务模式创新的必然要求,也是当代中国正在生成的新型社会管理与公共服务的重要内容。[1]

四、西方社会管理的经验借鉴

(一)当代西方社会管理格局和体系形成的进程

西方发达国家或地区在其历史发展进程中,对社会事务的管理经历了漫长

[1] 徐永祥:“社会工作是现代社会管理与公共服务的重要手段”,《河北学刊》,2007年第3期。

而复杂的过程,其社会管理格局体系的形成与发展,是经济社会发展实际情况的反映。在漫长的历史发展过程中,西方社会管理格局和管理体系设置也发生了一系列变化。不同时期,变化的社会管理主体和管理体系设置与当时的社会经济发展状况有着密切的关系。西欧在12世纪出现了第一批"自治城市",一些城市市民取得了局部立法权,这是西方公民社会的初始阶段,此时的国家与公民社会是一元的从属关系。这种社会管理格局待到资产阶级革命和改良时期,又变为国家与市民社会的二元分离和对立的状态。从19世纪开始,随着资本主义经济的迅速发展,西欧各国的社会问题日益严重。资产阶级政府为了阶级统治的稳固和社会的稳定,开始承担以增进全民福利为核心内容的社会公共事业。19世纪80年代俾斯麦执政时期,现代社会保险制度的创始国德国先后通过了疾病、伤残和老年三项保险法案,并于1911年合并为全国性的保险制度。值得注意的是,当时以亚当·斯密为代表的古典经济学思想占社会主流,政府职能是有限的社会管理职能,比如19世纪中叶的英国,政府的视野是很有限的,主要的兴趣就在外事活动和维持治安。1929～1933年世界性经济危机的爆发,使人们认识到市场的作用是有限的,凯恩斯主义由此兴起,政府在社会管理格局中的作用进一步加强。

从20世纪中叶起,西方国家在加强对市场经济宏观调控的同时,建立起一整套的社会福利制度及公共产品生产体系,由自由放任的市场经济体制转变为国家宏观调控的市场经济体制。到20世纪70年代,现代国家体制出现了自身无法克服的种种危机:国家权力日益集中,普通民众被排斥在政府决策外;试图通过国家干预来缓解经济危机的努力遇到了严重的挫折,先后出现了经济停滞和通货膨胀并发症;社会福利政策因财政危机而难以为继。因此,20世纪80年代初,里根政府、撒切尔政府率先对传统公共管理进行改革,在这个过程中,政府社会管理职能与社会政策不断调整和改革,政府缩减了某些社会福利项目的支出。公民权利意识的改变及社会参与的普遍增加,使曾经被"福利国家"所排斥和湮没的市民社会逐渐凸现,并在80年代后期成为一个越来越有力的现代文明实体。20世纪90年代以来,社会管理格局的构成发生了变化,政府的职能在削弱,民众、第三方、政党在社会管理中的地位和作用逐渐凸显,成为一股不可忽视的力量。例如,克林顿政府在1993年后,开始了大规模的政府改革——"重塑政府运动",其目标确定为创造一个少花钱多办事的政府。

(二)当代西方社会管理格局和体系类型

较之于二十多年前,今天西方各国的社会管理格局和管理体系发生了较大的变化,而且改革仍在进行中。同时,由于地缘、经济、文化及历史遗留问题的影响,管理格局和管理体系的类型也是多种多样的。有研究将当代西方社会管理格局和管理体系归纳为四个方面:社会管理分权化、综合化、市场化和民主化。[1] 还有研究将当代西方社会管理格局和管理体系归纳为四种模式,并认为它们各具特色,但并非彼此割裂独立,而是相互影响彼此交叉,最终在交错复杂的社会管理中组成一个网络合作的整体,这四种模式是:[2]

(1)市场式格局。市场式格局是在西方社会管理格局中被应用得最为广泛的一种模式,其理念是在社会管理中应用市场或类似的竞争体制。这种建立在新古典主义经济学基础上的模式不仅在宏观层面上改变了社会管理各主体的地位关系,也在微观层面上改变了主体内部的组织结构。从整体上看,原有的政府职能向社会转移,非政府组织和民间组织在社会管理中的作用占了重要部分;政府对市场的干预大量减少,政府对社会、市场的管制放松;公共服务市场化。英国撒切尔政府推行的新公共管理改革运动和克林顿政府推行的"重塑政府"运动都促成了此类格局的实现。而从组织层面看,由于引入了竞争和市场机制,职能部门在社会管理中的流程被简化,组织结构得到极大优化。为消除垄断所带来的低效率,原本较大的部门被分解成若干小的机构或通过职权下放给底层的机关得以实现。例如,英国推行"下一步"(Next Steps,又称"续阶计划")改革,设立了大量的独立机构处理社会事务,较之从前能做出更迅速的反应。在这种模式中,传统的以资历决定报酬等级被以工作成绩确定取代,各部门的绩效评估与绩效管理成为组织活动中一项重要的内容。而在财政管理中,购买者和提供者被分开,并建立内部市场,保证了各部门采用市场原则。

(2)多元式格局。此类模式和市场式格局最大的差异是在社会管理中加大了民众的参与力度,致力于寻找一种更为民主、更具有政治性和集体性的机制来向政府和其他组织传递信号。在多元式格局中,过去常常被排除在社会管理决策范围外的社会组织成员,有了更大的个人和集体参与空间。多元式格局鼓

[1] 付思明:《加强和创新社会管理——建设中国特色社会主义管理体系学习读本》,北京:人民日报出版社2011年版,第114~117页。

[2] 翟茂娜:中西方社会管理格局和体系的历史沿革与经验教训,《甘肃行政学院学报》,2008年第4期。

励广泛的协商和公民参与,在社会管理的过程中,相比于市场式格局对市场机制的重视,多元式格局更重视非利益团体尤其是底层民众对社会事务的反馈。因此,在此类格局中,公共部门的结构更加扁平,高低层级被缩减,底层人员的意见能够更迅速而真实地向上反映。同时,为了避免传统政府或者地方政府在结构上的不足,许多关心单一领域的私人部门或非营利组织在这种格局中被建立起来,例如单一鱼类保护组织等。

(3)应对式格局。应对式格局的支持者主张弹性治理,他们认为即便稳定和永久的公共或私人组织存在吸引力,却仍是有效治理和政策创新的巨大障碍。因此,在应对式格局中,各主体会根据社会管理中出现的各类问题,对组织的比重及内部结构进行弹性调整。在此类格局中,社会管理部门包括公共部门往往会采用临时性组织,解决短期或密集性的政策问题。同时,各部门会根据科技发展及科技变化及时调整组织结构,避免由于组织永久性所带来的无效行为。由于应对式格局的弹性特质,政府在要求缩减公共部门的压力下,越来越多地利用非政府部门或半政府组织进行工作,如英国创设的特殊法人政府;而为了使工作人员能更好地了解现实需求,公共部门实行岗位轮换,如美国某些政府机构已经实现的临时雇用制度等。

(4)自由式格局。自由式格局主要是针对政府内部的社会管理格局,这种格局的倡导者认为如果取消一些限制和制约,政府机构的工作就能够更有效率地进行,并有可能进行创新,使得社会的整体利益最大化。因此,在自由式格局中,政府在社会管理中的错误管制能在较快时间内被消除。同时,层级政府之间的各类限制也被不断取消,因为政府无效率的主要原因是对管理层进行预前控制的规则数量太多,它们包括僵化的付酬制度、预算规则、具有约束性的采购法则及许多别的规则。基本的假设是,如果公共组织能够清除这些清规戒律,它就能更加具有灵活性和效率。所以,北欧各国在20世纪80~90年代的“自治地方政府”改革后,允许地方政府在制定和执行政策方面,享受更多的自由。

(三)当代西方社会管理的共同特质及其启示

我国正处于社会管理新格局形成的时期,当代西方社会管理的实践对我国的社会管理创新具有一定的借鉴意义。但正如公共行政学大师罗伯特·达尔在《行政学的三个问题》中所说:从某一个国家的行政环境归纳出来的概念,不能够立刻普遍化,或被应用到另一个不同环境的行政管理上去。一个理论是否适用于另一个不同的场合,必须先把那个特殊场合加以研究之后才可以判定。

在借鉴西方经验的时候不能生搬硬套,必须根据我国国情制订出适合的道路。纵观20世纪末到21世纪初西方各国的改革,不难发现,虽然各国改革的目的、原则和范围都很相似,但改革后所产生的社会管理格局却大不相同,如美国的社会管理格局倾向于市场式格局和自由式格局的混合,而英国应对式格局的痕迹更加明显。这是由各国的国情及改革背景不同所造成的。

尽管如此,各国在社会管理体系设置中还是具有某些共同的基础性特质:第一,完备的法律制度。考察回顾西方各国社会管理格局和管理体系设置过程,可以发现每个国家在改革和体系设置的过程中都会制定相应的法律法规,并在实施过程中不断加以完善。第二,严格的监督机制。西方各国都有不同的监督管理制度对改革进行监督,在政府监督的同时,西方各国更重视社会监督机制的力度,通过社会和民众的力量对非营利组织、政府及官员进行"公共责任"的追问。第三,更高的民主程度。社会管理格局的建立需要政府、民众和第三方的相互作用,所以民众在其中是至关重要的。高度的民主化,使得政府与民众的沟通更加畅通,新型社会管理格局才能在各方的协商合作下顺利地建设起来。第四,政府在政策和资金上对非营利组织加以支持。新型的社会管理格局和管理体系建立离不开非营利组织,因为非营利组织开展的活动多为公益活动,它们所提供的基本上属于公共物品,这相当于替代政府履行了作为公共部门的一定职责。

美国霍布金斯大学在42个国家进行的非营利组织国际比较研究项目结果显示,非营利组织的平均收入40%来源于政府资助,这说明政府对非营利组织的支持是必要的。[1] 西方各国社会管理改革的这些共同特质,对我们的启示主要是:进一步完善我国社会管理的福利制度;进一步提升社会管理的民主化程度;建立健全社会管理工作的监督机制;大力推进非营利组织的发展,使其更好发挥社会管理的功能等。总之,认真研究和总结西方社会管理的实践,参考与借鉴其有益的成分,必将有助于推动我国的社会管理的创新。

---

[1] 翟茂娜:"中西方社会管理格局和体系的历史沿革与经验教训",《甘肃行政学院学报》,2008年第4期。

第三节　社区建设:社会管理实践创新的重要领域

一、社区建设是构建和谐社会的重要基石

众所周知,随着构建社会主义和谐社会之目标的提出和确立,社区建设发展的新阶段——建设和谐社区的目标和任务也就被提上议事日程。因此,社区建设自然对构建社会主义和谐社会具有重大意义。对此,学术界的论述有不少值得肯定的成果。

张玉强、帅学明在《学术界关于构建社会主义和谐社区的研究综述》一文中,对和谐社区建设对构建和谐社会的意义进行了梳理。

(1)和谐社区是构建和谐社会的基础。殷爱杰指出,社区是由以一定社会关系为基础而进行共同生活的人群在一定的地域空间结成的共同体。社区人口是社会总人口的一部分,社区生活是社会生活的一部分,社区成员关系、社区组织结构、社区文化心理实际上是整个社会各种关系的体现和浓缩。如果社区的运行与发展和谐而稳定,就会对社会大机体的发展进步产生良性推动;反之,如果作为社会细胞的社区运行失调,管理混乱,就会对整个社会机体的和谐发展产生不良影响。社区这种对整体社会和谐发展所起到的基础性影响,决定了和谐社区建设应成为新形势下构建和谐社会的一项基础性工程。

(2)和谐社区在构建和谐社会过程中发挥着重要作用。杨义芹认为,和谐社区在构建和谐社会过程的作用表现在:一是和谐社区的服务功能有利于增强全社会的吸引力和凝聚力;二是和谐社区的保障功能有利于社会协调各方面利益关系;三是和谐社区的稳定功能有利于化解矛盾,维护社会良好秩序;四是和谐社区的自治功能有利于发展民主政治,推动基层民主政权建设;五是和谐社区的文化建设功能有利于培养良好的社会风尚,形成融洽的人际关系。

(3)和谐社区是构建和谐社会的重要途径。刘春水等学者提出,和谐社会的一个显著特点是社会管理体制运转有序。在城市社区这一层面,社区作用发挥得是否充分,对于城市管理具有十分重要的作用。特别是在经济转型、社会转轨时期,城市的改革、发展、稳定都依托于社区。解决社会问题,缓解社会矛盾,维护社会稳定,离不开社区;建立健全市场经济体制,优化投资环境,离不开社区;加强城市规划、建设、管理,提升城市功能,离不开社区;加强精神文明建设,争创全国文明城市,离不开社区。政府各个部门只有依托社区这个基础平

台,才能把自身的管理触角伸向基层,才能使社会矛盾在基层得到有效的调节和控制。可以说,要构建一个充满生机和活力、健康运行和秩序良好的社会,建设和谐社区是一条有效途径。

(4)和谐社区是构建和谐社会的重要内容和切入点。社会是由一个个像社区这样的单元所组成,这就决定了和谐社会理应包含和谐社区的内容和要求,每个社区和谐了,整个社会也就和谐了。赵麟斌强调,构建社会主义和谐社会的重要内容就是和谐社区,这就要求我们从根本上改变社区的"行政化"倾向,开展以居民自治为核心内容的和谐社区建设。党的十六届四中全会提出构建社会主义和谐社会的战略目标,建设和谐社区就是其中一项重要内容,其道理不言自明:任何社会的稳定与否取决于构成这个社会的基本单元社区建设的成败。从这个意义上讲,和谐社区建设是构建社会主义和谐社会的重要切入点。[1]

谢建社、朱明认为,和谐社区是城市发展到一定阶段的产物,反映了和谐社会建设的时代要求,构建和谐社区在和谐社会建设中意义重大。

(1)和谐社区是构建和谐社会的重要基石。随着城市经济社会结构的巨大转变,带来了大量市场解决不了、政府又解决不好的问题,迫切需要新的社会组织承担起相应的社会职能。作为社会基本单元的社区,组合并构成了社会有机体。社区作为人们生活的共同体,社会功能得以回归,社会特质得以体现,成了在微观层面造就"大社会"的"小社会"。和谐社区使生产生活中的人们,通过社区的社会化服务和自我管理得以满足。和谐社区是社会同一性的一种状态,这种状态要求社区各个要素能充分协调与互相一致地运行。从执政为民、情系于民和社会控制的角度来看,把握了社区就在很大程度上把握了社会。只有社区的和谐,才有整个社会的和谐。

(2)和谐社区是检验和谐社会的重要标准。和谐社会的认知依据和评价标准是以人为本,即看人的满足和发展程度,这也是和谐社会之群众标准的重要理论依据。社区是人们赖以生存和发展的特殊环境,人的满足和发展程度必然体现在社区这一客观小环境中,社区也必然折射出特定社会中人的满足和发展水平。社区越和谐,人的满足和发展就越充分;反过来,人的满足和发展程度越

[1] 张玉强、帅学明:"学术界关于构建社会主义和谐社区的研究综述",《四川行政学院学报》,2007 年第 5 期。需要说明的是,本部分内容中所出现的作者及其研究成果的出处,均在张玉强、帅学明的论文中能够查阅到,因此本研究在此不再一一注明。

高，社区的和谐程度就越高。从这个意义上说，和谐社区是和谐社会的重要窗口，也是检验和谐社会的客观尺度。[1]

二、社区建设是践行社会主义民主的基础性场域

社区建设对践行民主理念及发展社会主义民主政治具有重大意义。社区是基层民主建设的"练兵场"。[2] 十七大报告指出，全面建设小康社会的新要求之一就是要扩大社会主义民主，更好保障人民权益和社会公平正义；公民政治参与有序扩大；基层民主制度更加完善。人民民主是社会主义的生命，所以发展社会主义民主政治是我们党始终不渝的奋斗目标，必须坚定不移发展社会主义民主政治。为此，发展基层民主，保障人民享有更多更切实的民主权利。人民依法直接行使民主权利，管理基层公共事务和公益事业，实行自我管理、自我服务、自我教育、自我监督，对干部实行民主监督，是人民当家做主最有效、最广泛的途径，必须作为发展社会主义民主政治的基础性工程重点推进。要健全基层党组织领导充满活力的基层群众自治机制，扩大基层群众自治范围，完善民主管理制度，把城乡社区建设成为管理有序、服务完善、文明祥和的社会生活共同体，实现政府行政管理与基层群众自治有效衔接和良性互动。发挥社会组织在扩大群众参与、反映群众诉求方面的积极作用，增强社会自治功能。"十二五"规划建议也强调，健全基层管理和服务体系，加强和改进基层党组织工作，发挥群众组织和社会组织的作用，提高城乡社区自治和服务功能，形成社会管理和服务合力。

社区建设的过程既是践行社会主义民主政治理念的过程，也是不断推进中国城市基层民主建设的过程。民主不仅是社会主义的本质要求，而且是和谐社会内在的本质规定。实践证明，社区建设是中国目前发展城市基层民主的可行之路。它既是国家逐步还权于社会的必然过程，又是城市基层组织权力结构调整和变化的必然要求，同时也是城市居民利益融入社区的必然需要。单位体制的逐渐解体和社区体制的逐渐形成，使公民与社区的关系日益紧密。公民越来越需要依靠社区的力量来解决日常生活中的问题，对社区公共事务也就会越关心。在和谐社区的建设过程中不仅能够扩大公民政治参与的渠道，也有利于提

[1] 谢建社、朱明："构建和谐社区的社会学思考"，《广东行政学院学报》，2007 年第 2 期。

[2] 万军：《社会建设与社会管理创新》，北京：国家行政学院出版社 2011 年版，第 92 页。

高公民的民主意识和民主素养。任何一种政治生活的展开,都需要有了解和熟悉这种政治生活的合格公民的积极参与,建设民主政治与和谐社会都需要有民主意识和民主素养的公民的共同努力。民主法治是和谐社会的基础性特征,构建和谐社会包括实现政治民主化。在中国城市,社区对于民主的学习和实践方面,在提高公民素质方面,都具有不可替代的作用。同时,社区建设中的社区民主活动的开展,还能够强化城市民主政治的主体。和谐的根据,在于每个社会成员都是社会主体,都以其生命和存在的核心要素——劳动来创造人生价值,确定社会地位和关系,取得利益和社会认可。个体基本权利的平等和思想行为的自由是社区和谐的根本旨归。社区建设所推动的社区自治,则是城市广大人民群众作为社会的主人直接行使民主权利的具体体现。

实践证明,社区建设是不断推进和发展社会主义民主政治的“练兵场”和“试验田”。自《城市居民委员会组织法》实施以来,大多数城市社区已经进行过多次居民委员会的民主选举,城市社区普遍建立了居民代表大会制度,许多社区建立了协商议事委员会制度等,居民可以通过多种形式的民主参与组织和制度,采取居民评议会、社区听证会等基层民主形式参与社区公共事务的管理。社区居民在社区层面通过民主选举、民主决策、民主管理、民主监督参与对社区事务的管理,既是国家法律赋予他们的神圣不可侵犯的权利,是社区各项事业兴旺发达的基础,同时也是广大社区居民不断锻炼自己的民主素养和民主能力的“试验地”或直接的“练兵场”。民主参与是和谐社区建设的生命线。社区居民能够参与社区建设、发表意见、分担责任、共享利益,才能真正对社区产生认同和归属,才能真正关心、爱护自己生活的社区。我们要推进社会主义民主政治建设,同时也要注意维护社会稳定,这就必须从基层社区做起。当大家都从关系自己切身利益的具体事务开始做起,逐步实行民主讨论、民主协商、民主决策、民主监督的权利,就可以渐趋发展出更健康的民主意识,培育民主管理能力。从这些意义上说,社区可以成为广大居民群众从参与管理社区事务走向参与管理社会事务和国家事务的起点。

国外的一些具体实践也证明了社区民主的重要性。在一些发达国家,由于社会公众民主诉求的增强、社会认可日益老龄化及移民增多等因素,常常导致政府对一些社会群体,尤其是老龄群体和移民群体关注不够,容易引发各种社会矛盾和社会危机。这些国家政府十分重视通过社区作为沟通渠道,吸引社会公众更加积极主动地参与社会管理,以降低管理成本,提高工作效率,更好地听取选民意见。在意大利,罗马市政府为了改善人口结构复杂、社会治安较差的哥伦比亚区的居住条件和社会环境,在政府第19局专门设立了办公室,广泛发动公民参与收集相关意见和建议。还专门向当地少年儿童做了调查,让他们在该区地图上标出最危险、危险、不安全和安全等地方,作为改造小区的参考。在英国苏格兰,公民不但可以提出立法的议案或动议,而且可以对重大议案或动议进行全民公决。当地政府通过向社区或学校发传单和举办讲座、对偏远地区实行外联服务等方式,鼓励社区居民积极参与地方政治。[1]

三、社区建设是增强执政基础的重大工程

社区建设对密切党群关系及增强执政基础具有重大意义。社区是党和群众保持密切联系的"连心桥"。和谐社区是党和政府密切联系人民群众的重要纽带。[2] 在纷繁复杂的社会政治关系中,最核心的关系是政府与群众的关系。人心向背决定着社会的和谐程度。构建社会主义和谐社会,关键是加强党和政府与人民群众的密切联系,畅通党心和民意、社情与政务的联系渠道。社区是联系政府与群众的接口,是政府与市民沟通的主渠道,在政府与市民互动中发挥着重要的桥梁作用。加强社区建设,能够充分尊重群众在法律范围内的表达自由,建立社情民意汇集分析机制,畅通上情下达、下情上报的工作渠道,合理解决居民利益诉求,倾听群众呼声,把群众工作做深、做细、做实,以凝聚人心,理顺情绪,化解矛盾,最终实现社会的和谐稳定。

社区是党在城市执政的重要基础。[3] 党和国家在城市中的各项方针、政策和工作部署,最终都要在社区中得到贯彻落实。过去在计划体制下,党不仅发挥领导核心作用,还从事行政事务、经济事务、社会事务等,这样做既加大了党的政治成本、经济成本和社会成本,更容易把社会矛盾都聚集到道德自身方面来,这样无形中就给执政党增添了许多执政的风险,作为领导核心的执政党反而会陷进各种政治、经济、社会等矛盾的漩涡之中,损害党在人民群众中的形象,人民群众自然而然地就会把所有问题和矛盾的责任都归结于党组织和党的各级领导干部。作为新时期的执政党,必须善于从各种繁琐的社会事务中解脱

---

[1] 万军:《社会建设与社会管理创新》,北京:国家行政学院出版社2011年版,第93页。

[2] 谢建社、朱明:"构建和谐社区的社会学思考",《广东行政学院学报》,2007年第2期。

[3] 万军:《社会建设与社会管理创新》,北京:国家行政学院出版社2011年版,第90页。

出来，以便更好地发挥领导核心的作用。当然，党组织在社区建设中发挥其领导核心的作用，其方式应该更多地体现在组织居民开展民主自治活动，教育引导居民开展自我管理、自我服务、自我教育、自我监督等，更好地集中群众智慧，帮助群众反映和解决生活等各方面的难题，真正把党和政府的各项便民、惠民、利民政策和措施落实到群众手中，把千家万户老百姓的心凝聚起来，推动社会主义和谐社会的各项建设工作。社会越发展，党的建设中心越是要下移，社区就是党的工作的重要落脚点。只要执政党能够始终通过社区保持与人民群众的血肉联系，其执政地位就可以不断地得到巩固。现代社会发展的进程中，城市化是不可逆转的趋势，城市是人类文明进步的火车头，是带动整个社会发展的引擎，因此，从一定角度讲，只要党的城市社会的执政基础牢靠了，在城市执政的基础巩固了，就能可持续地领导中国的现代化事业继续发展下去，进而达成中国共产党执政为民、全心全意为人民服务的根本宗旨。

四、社区建设是检验政府公共服务水平的重要方面

社区建设对提高政府公共管理与公共服务水平具有重大意义。社区是衡量政府社会管理与公共服务提供水平的“试金石”，和谐社区是城市社会管理体制运行有序的有效途径。[1]

在计划体制之下的居民委员会，工作对象除了居住在社区的老年人外，就是没有工作单位的居民，功能也主要是政府行政管理的辅助和补充。而在转型后的当代中国社会，随着流动人口大量进入社区，单位制解体带来的一些社会管理、公共服务、社会保障功能的剥离，大大拓宽了社区的工作面，特别需要提升社区功能。现在，越来越多的政府管理的公共事务需要通过社区居委会和社区服务站等中介环节，才能到达居民群众手中。所以，社区这“最后一公里”在公共服务与社会管理供给中的作用绝不可小觑。社区居委会、社区服务站、社区专业服务组织、社区中介组织等，其管理与服务水平的高低、工作作风的优劣、服务的质素等，会直接影响党和政府在居民群众中的形象。因此，政府的各项惠民政策，必须通过社区这个层面工作的艰苦努力，才能最终使广大社区居民群众获益。其实，在现代社会中，无论是社区居委会直接承接政府公共管理的工作任务，还是社区社会服务组织通过购买政府的服务而完成社会公共服务

[1] 谢建社、朱明：“构建和谐社区的社会学思考”，《广东行政学院学报》，2007 年第 2 期。

的任务，都是现代国家或政府社会政策的实施过程，是现代国家或政府提供的公共产品的发送过程。因此，进行社区建设，在社区层面开展好工作，在特定意义上说可以大大提升政府社会管理和公共服务的水平。

五、社区建设是有效化解各种社会风险的重要举措

社区建设对缓解社会矛盾及化解各种社会风险具有重大意义。社区是缓解社会矛盾的“排气阀”，社区能够使社会矛盾在基层得到有效的缓解和控制。我们正处在社会发展的黄金时期，同时也是社会矛盾的凸现时期。各个阶层收入的悬殊引起人们心理的不平衡，价值观念和生活方式的变化给人们带来许多的不适应，人口流动的加速使城市管理的难度加大。所有这些影响稳定和发展的因素虽然反映在社会，却发生在社区。可以说社区处在各种社会矛盾的交汇点，这就给社区提供了发挥作用的巨大空间。只有从社区入手，推进社区建设，最大限度地将各种问题消化在基层，才能夯实城市发展基础，实现社会的和谐稳定。在实现和谐社会的这个宏伟战略目标过程中，社区发挥着重要而又不可替代的作用。构建和谐社区可以提升居民的道德意识，增强居民对社区的归属感和认同感，化解生活中存在的各种矛盾和冲突。

当前，我国处在经济起飞阶段的黄金发展期，但同时也是社会结构发生重大变革、社会利益关系发生重大调整的时期，这一时期也是所谓“风险社会”时期。改革开放 30 年来，社会经济在持续多年高速增长的基础之上，各种社会问题也集中体现出来，如贫富差距带来的不良利益驱动，城镇化进程中大规模人口迁移，就业矛盾扩大中无业人员急剧增多，社会集体情绪处于躁动之中。不断涌现的社会冲突与风险给社会稳定带来巨大的压力与挑战。比如，近年来，我国群体性事件涉及面广而且激烈，组织化倾向明显，主体成分多元化，行为方式的数量与规模亦急剧增多。2008 年我国 GDP 总量为 300670 亿元，人均 GDP 为 3266. 8 美元，人均 GDP 在世界排名为 120 多位。国际经验表明，这一阶段是城镇化进程加快、产业结构快速转型、社会利益格局剧烈变化、政治体制不断应对新的挑战的时期，是既充满新的机遇，又面临各种社会风险的时期。社会问题大量产生，不断累积的社会矛盾如果处理不好，就会蔓延扩大，危及社会的稳定与和谐。[1] 需要注意的是，随着改革的不断推进，社区已经成为集中各种社会

[1] 陈辉、范红娟：“基于社会稳定的城市基层治理研究”，《理论探讨》，2009 年第 4 期。

矛盾的场所，各类社会群体，尤其是弱势社会群体（如老年人群体、外来务工者群体、失业下岗群体等）往往都集中在社区，他们已经开始并逐渐习惯于将社区作为最直接反映问题的渠道和最后求助的对象，各种社会矛盾其实最终都会通过社区这个平台来集中展示，即社区已经处于所有社会矛盾和社会问题的风口浪尖。所以，只有社区各项工作扎实有力，管理服务到位，才能做到既较好解决已经面临的问题，又可以防患于未然，最大限度地将问题消化在最基层。

有媒体以“以社会管理创新来共御社会风险”为题，介绍并讨论了构建和谐社区、创新社会管理的问题[1]：继 2011 年上半年推出佛山首个外来工子女积分入读制度后，最近顺德容桂街道在外来工较多的社区配置了 10 名外省籍治安协管员，如某社区四川人较多，则从中选拔配备川籍治管员，并纳入政府聘员正式编制，享受与当地同类聘员一样的待遇。此举打破了本地治管员“一统天下”的局面。这样一种社会管理创新，实质上就是助力民众抵御社会风险。因为在全球化、知识经济、科技革命的浪潮冲击下，社会形态正在发生重大变化，突出的一点就是风险社会正在来临。俗话说“不怕一万就怕万一”，之所以谓之风险，就在于这个“万一”的偶发性和难以驾驭、化解的特性。比如 2010 年夏天的南方大雨，突然泛滥成灾，城市顿成泽国；再比如地质灾害、食品医疗事故、公共卫生事件及各种突发社会事件等。

作为一个社会学理论的“风险社会”概念，最早由德国社会学家贝克于 1986 年提出。在《风险社会》一书中，贝克首次使用了“风险社会”来描述后工业社会并进而加以理论化，这是一个具有远见卓识的见解。随之，苏联切尔诺贝利核泄漏事件、英国的疯牛病、美国的“9·11”事件和中国的 SARS 蔓延，一再地证实了这一理论。由此，“风险”代替了“危险”成为时代的重要特征。风险社会的突出特征有两个：一是具有不断扩散的人为不确定性逻辑；二是导致了现有社会结构、制度及关系向更加复杂、偶然和分裂状态转变。风险社会与以往社会最大的不同在于人为风险的增多。同时，风险社会不仅仅是一个认知概念，还是一种正在出现的秩序和公共空间。风险社会的秩序并不是等级式垂直，而是网络型平面扩展，风险社会中的风险是“平等主义者”，不放过任何人。风险社会的结构也不是由阶级、阶层等要素组成，而是由个人作为主体所组成。

---

[1] 资深媒体评论员：以社会管理创新来共御社会风险，http://news.ifeng.com/gundong/detail，2011-08-15。

通俗地讲,风险无远弗届,一旦形成和爆发,将会波及每一个人,无论是男是女是老是少,是富贵还是贫穷,在风险面前,都会孤苦无依,无人幸免。正因为如此,我们发自内心地渴求幸福,迫切需要安全感,迫切需要抵御社会风险。而具体到中国社会,具体到我们身边,一些社会风险正在悄然加剧:群体性突发事件发生的频率及参加人数和规模,都呈现不断增长的趋势;近年来涉及社会公共安全的意外事故和灾变性事件不断增加,如SARS、禽流感、矿难事故、毒品泛滥、艾滋病扩散等。特别是2010年上半年发生的6起杀害学生的案件,使得校园安全问题成为上至国家领导人、下至老百姓都非常关注的话题。要真正化解目前存在的社会风险并且实现长治久安,一方面政府要创新社会管理,另一方面一定要开放社会利益表达机制,要实行公平和理性的利益博弈,而社会建设就是题中应有之义。

从应对风险的角度,社会建设必须坚持三个原则:第一,辅助原则。其核心理念是个人首先要对自己负责,在个人无法解决的时候,通过自愿合作来解决共同的问题,在自愿合作无法解决的时候,才需要强制,即公权力的介入。“辅助原则”并不意味着免除政府责任,而是明晰政府责任边界,放弃“理性的自负”。第二,在个体本位性的基础上重建“社会”。这里所说的“社会”指的是有别于国家和市场的领域,其主体是各类民间组织,也称志愿部门或第三部门。重建或培育这样一个“社会”,既是社会建设的一个方面,也是矫正、克服风险的一种方式。第三,必须激活积极的公民权,具体而言就是知情权、表达权、参与权和监督权。

第二章　社区建设的实践探索

第一节　社区建设实践的发展脉络

西方城市社区的出现,多是工业化和城市化的自然产物,也就是哈耶克所说的“自由秩序”的产物。所以,西方发达国家普遍认为社区具有“人群共有、共享、相互认同或共同参与;社区具有地方性自治、自决的功能”等特征。与这些自然形成的社区不同,我国的社区从一开始就是城市政府进行社会管理的重要手段,所以社区建设在我国具有很强的政府主导色彩。[1]

一、计划经济体制下街居管理体制的沿革

从历史发展的过程来看,我国的社区建设是在街居制的基础上逐渐改革发展而来的。在计划经济体制下,中国实行的是高度集权的政治经济体制。与之相应的城市社会管理体制是“单位+街居”的管理模式,即以单位管理为主,街道和居委会管理为辅。“单位”是中国特有的社会组织现象,它是各种国营、集体性质的城市社会组织(工厂、商店、学校、医院、党政机关等)的总称。在计划体制下,绝大多数有工作的居民均隶属于某个单位,也就是被其工作的单位所管理,而对那些不属于单位的城市中的少数居民,就全部放到街道和居委会来统一管理。

(一)街居体制的创立和发展

新中国成立后,党的工作重心由农村转移到了城市。如何管理城市,如何管理好社会事务,如何协调好社会各个方面的关系,如何保证正常的社会秩序,成为当时新生政权面临的一个重大课题。毛泽东同志在党的七届二中全会上

[1] 万军:《社会建设与社会管理创新》,北京:国家行政学院出版社 2011 年版,第 87 页。

强调指出："党和军队的工作重心必须放在城市，必须用极大的努力去学会管理城市和建设城市。"[1]当时的城市新生政权肩负着双重任务：既要巩固人民政权，防止敌人破坏和捣乱，镇压阶级敌人的反抗，尽快恢复国民经济和社会秩序，又要加强对城市和城市居民的管理，密切基层政权同居民群众的联系，发动居民群众积极参政，使人民成为新社会的主人。为此，新中国成立后，人民政府立即在全国城市废除了国民党用于统治人民的保甲制度，并在探索的基础上逐渐确立新制度，以"建立出群众自己从下面来全面管理国家的制度，让群众有效地参加各个方面的生活，让群众在管理国家中起积极作用"[2]。

早在1949年底和1950年初，我国一些城市就出现了由居民群众自发组织起来的各种形式的自治性组织，如防护队、防盗队和居民小组等。它们大都功能单一，各自履行不同的职责。后来，为适应城市基层社会管理的需要，在这些单一功能的群众性组织的基础上，逐渐生长出一些具有多种功能或综合性功能的自治性居民组织——居民委员会。全国率先设立居委会的城市是杭州市。1949年12月，杭州市人民政府就正式发出了《关于取消保甲制度建立居民委员会的指示》，这是迄今为止发现的我国最早的关于在城市建立居委会的政令，也是建国初期地方政府发出的对"居民自治"阐述得比较完备的一份文件。该文件明确提出要废除反动的保甲制度，铲除国民党伪政权的法统基础，建立新的居民组织；明确提出了"人民民主管理城市"的指导思想，指出建立新的居民组织的目的在于动员、组织、团结、教育群众，使人民"自己当主人，自己来办事"，在城市基层实行居民自治，建立人民民主管理城市的基础。它还对居委会的性质作了十分明确的界定，指出"它不是一级政权机构"，而是各阶层人民群众联合的组织。在工作方法上，提倡采用"搭架子"的办法，由下而上，先成立居民小组，打好群众工作基础，然后再选举产生居委会。该文件发布后，杭州市各区公所都积极行动起来，迅速宣布取消保甲制度，撤除旧保甲人员的职务，责成他们办理交接；同时注意在群众中发现积极分子，培养骨干分子，鼓励他们出来做事，担负责任。到12月底，杭州市已建立居委会171个，至1950年3月全市共建成居委会571个，居民小组3802个，为城市居民的民主新生活打下了组织基础。

---

[1] 《毛泽东选集》(第1卷)，北京：人民出版社1964年版，第1317页。

[2] 《列宁全集》(第29卷)，北京：人民出版社1985年版，第287页。

当时居委会的工作归纳起来主要有三大块:一是广泛反映人民群众的意见,传递和推行政府法令,加强政府与群众的联系;二是协助政府做好城市的管理与建设;三是办理与居民生活相关的事情,如动员群众,发展生产;组织各种合作社,吸收群众为社员,改善群众的生活;推动和领导正当的文化娱乐活动,提高群众的政治文化水准,改革旧的社会风尚;举办各种公共福利事业,维护公共卫生,增进人民健康;防火防灾,维持社会秩序;办理户籍,保护交通等。[1] 继杭州之后,居委会陆续在其他城市建立。

1950 年 3 月,天津市政府为了加强城市管理,决定按照居民的居住状况,在公安派出所的辖区内设立居委会。天津当时设立的居委会具有一定的基层政权性质,还不是完全意义上的群众自治性组织。居委会正、副主任由区公所和派出所委派的专职干部担任,其他委员在居民中聘任。1952 年,天津市在开展"民主建政"运动中,对居委会作了整顿改组,明确居委会为自治性质的居民组织,居委会成员全部由居民选举产生。

与此同时,武汉市的一些街道组织起居民代表委员会和居民小组。稍后,成都市和上海市也开始着手建立居委会。1951 年 4 月 20 日,上海市人民政府和市政治协商委员会召开街道里弄代表会议,决定将 1950 年成立的具有群众自治性质的"人民冬防服务队"更名为居民委员会,明确其为自治性质的居民组织,并按市区中各里弄的居住范围进行居民民主选举,全面组建居民委员会。截至 1952 年底,上海市共建立居民委员会 3891 个,有居民委员 49851 人,建立居委会组织的里弄达 90%。[2] 居委会组织一经产生,即刻引起了党和政府的高度重视。1951 年,毛泽东在国庆典礼上看到市民队伍在眼前整齐走过,颇有感慨地说:"还是把市民组织起来好。"当时的内务部长谢觉哉曾指出,各种群众性自治组织的建立,完全符合人民的利益,具有不可忽视的作用。各级民政部门必须注意这个组织。[3] 1952 年,全国的许多城市都开始建立基层群众自治性组织的试点工作,各地政府结合自己的实际进行了大胆的摸索和试验。有些城市由公安派出所按户籍段组织各种不同的居民组织:有的叫居民纠察队,有的叫

---

[1] 杭州市民政局:《当代杭州民政》,杭州:杭州出版社 1998 年版,第 531 页。转引自潘小娟:《中国基层社会重构——社区治理研究》,北京:中国法制出版社 2004 年版,第 31 页。

[2] 上海市社会科学界联合会、上海市民政局、上海市社区发展研究会:《上海市社区发展报告:1996—2000》,上海:上海大学出版社 2000 年版,第 286 页。

[3] 潘小娟:《中国基层社会重构——社区治理研究》,北京:中国法制出版社 2004 年版,第 31 页。

居民委员会。居民委员会的组织结构形式也不尽相同:有些城市成立了大型居民委员会,有些城市成立了小型居民委员会;有些城市仅组织了居民小组,有些城市则在居民小组之上设有居民中心小组;有些居委会内部仅设若干干事,有的则设有各种固定的和临时的工作委员会,名称不尽相同,工作内容包罗万象。当时这些居民组织的主要任务是:学习和宣传党和政府的方针、政策、法律法规,反映居民群众的意见和要求,组织群众防特、防空、防盗、办理救济及某些公益事项等。这一时期的居民自治具有形式多样、运行不规范、自治性较强等特点。客观地说,居民自治的这些特点基本适应了当时城市管理的需要,使得地方政府和居民群众能够充分发挥主动性和首创精神,这对于探索城市基层社会管理的有效方式具有十分重要的意义。

随着城市政权建立工作的初步完成,基层组织的统一、规范问题提上了议事日程。1952 年 10 月,根据毛泽东主席"还是把市民组织起来好"的指示,时任北京市市长的彭真负责着手牵头研究解决这一问题。在大量收集各城市的材料和意见,并加以认真研究的基础上,彭真于 1953 年递交了《关于街道办事处、居委会组织和经费问题的报告》,该报告建议:"街道居委会必须建立,他是群众自治组织,不是政权组织,也不是政权组织下面的腿;城市街道不属于一级政权,但为了把很多不属于工厂、企业、机关、学校的无组织的街道居民组织起来,为了减轻政府和公安派出所的负担,还需要设立市或区政府的派出机关——街道办事处。"1954 年,全国人大一届四次会议通过《城市街道办事处组织条例》和《城市居民委员会组织条例》。《城市居民委员会组织条例》第一次以法律条文的形式对居民委员会的性质、地位、作用、任务、组织结构、与有关部门和单位的关系、工作方法以及经费来源等作了明确规定。该条例的颁布标志着我国城市居民自治制度的确立。

根据《城市街道办事处组织条例》的规定,街道办事处的任务是:办理市、市辖区人民委员会有关居民工作的交办事项,指导居民委员会的工作,反应居民的意见和要求。根据《城市居民委员会组织条例》规定,居委会是群众自治性的居民组织。居委会按照居民的居住情况并参照公安户籍段的管辖区域设立,一般以 100 至 600 户居民为范围。居委会下设居民小组,通常由 15 至 40 户居民组成,每个居委会所设的小组最多不得超过 17 个。居委会设委员 7 至 17 人,由居民小组各选委员 1 人组成,并且由委员互推主任 1 人,副主任 1 至 3 人。居委会每届任期 1 年。居委会委员因故不能胜任职务的时候,可以随时改选或补选。居委会的任务主要有:①办理有关居民的公共福利事项;②向当地人民委员会或者它的派出机关反映居民的意见和要求;③动员居民响应政府号召并遵守法律;④领导群众性的治安保卫工作;⑤调解居民间的纠纷。居民较少的居委会一般不设工作委员会,由居委会委员分工担任各项工作。居民较多的居委会,如果工作确实需要,经市人民委员会批准,可设立若干个常设的或临时的工作委员会,在居委会的统一领导下开展工作。常设的工作委员会最多不得超过5个,一般按照社会福利、治安保卫、文教卫生、调解、妇女等项工作设立。各工作委员会应根据需要吸收居民中的积极分子参加。居民委员会的公杂费及其成员的生活补助费,由省、直辖市的人民委员会统一拨发。[1]

《城市居民委员会组织条例》的颁布和实施,大大推动了全国居委会组织建设工作的全面展开。这样,以此为具体组织形式的城市居民自治制度在全国初步形成,并被纳入了社会主义新中国的民主政治体系,成为其中的一个重要组成部分。1955年3月2日,国务院第六次全体会议批准了全国民政工作计划,要求"在没有建立街道办事处和居委会的地方,民政部门应有计划地协助政府将街道办事处和居民委员会建立起来"。此后,在民政部门的协助和指导下,尚未建立居委会的地方,开始依照《城市居民委员会组织条例》组建居委会;已建立居委会的地方,依照《城市居民委员会组织条例》进行整顿规范。至1956年,居委会在全国各城市内普遍建立起来并开展工作。由此,中国的城市社会便形成了由街道办事处和居民委员会构成的"行政性"很强的街居管理体制。可以这么说,所谓"街居管理"实际上就是政府通过街道办事处和居委会对基层社区行使行政权力的管理体制。[2] 在这种体制下,政府在社会基层管理中的代表——街道和居委会是计划经济时期城市社会管理的特殊主体(当然,更主要的城市社会管理的主体就是前面所说的"单位")。如果从城市社区管理的角度说,街道和居委会则是计划经济时期城市社区管理的唯一主体。

潘小娟的研究认为,这一时期居委会的自治程度相对较高,较好地体现了居委会作为"群众自治性居民组织"的性质。当时的居委会干部都是由广大居民选举产生的,居委会主任、副主任及委员基本都是义务工作,不取报酬,少数生活困难者可领取数额有限的生活补助费。居委会的工作大都根据居民的需

---

[1] 张焕光、苏尚智:《中华人民共和国行政法资料选编》,北京:群众出版社1984年版,第396~398页。

[2] 万军:《社会建设与社会管理创新》,北京:国家行政学院出版社2011年版,第87页。

要和要求来确定，如提供生活服务，进行优抚救济，维护社会治安，收容改造游民、散兵、娼妓，防火防盗，开展卫生运动，改善居住环境，组织文化扫盲，调解邻里纠纷，开展移风易俗活动等。当时的居委会干部具有很强的光荣感，他们工作不计时间，不讲报酬，勤勤恳恳，任劳任怨，长年累月地和居民群众生活在一起，积极反映居民群众的呼声，热心地为居民群众排忧解难，成了居民群众的知心人，在居民群众中享有较高的威信，居民群众也把居委会当成自己的家，当成自己利益的保护者，家庭的事、邻里间的事都找居委会反映，请居委会干部帮助解决。居民群众对居委会的高度依赖和拥护不仅鞭策居委会干部更好地为居民服务，同时也促使他们自己以主人翁的态度积极参与居委会组织的各项活动，维护、支持居委会的工作。

这一时期的居委会从总体来说较好地发挥了自我管理、自我教育、自我服务的作用，在组织和动员居民群众响应政府号召，巩固城市新生政权，维护社会稳定，促进城市基层民主政治建设，加强党和政府同居民群众的联系，加强城市管理，发动居民群众互帮互助，为居民提供服务等方面发挥了不可忽视的积极作用。这一时期可以说是我国居民自治和居委会工作的“黄金时期”。但是，居民自治的发展在经历了一段“黄金时期”后，出现了回落和反复，走上了一条崎岖不平的发展道路。后来大跃进、人民公社化及后来“文化大革命”在全国的广泛开展，使阶级斗争、群众运动与盲目工业化合为一体，对城乡基层群众自治性组织产生了重大影响。居委会工作很长一段时间内都严重背离了居民自治的原则，成为“无产阶级对资产阶级实行全面专政”的一个组成部分。居委会在一定程度上也演化成了具有基层政权性质的组织，成为实现国家经济、政治、社会、文化改造目标，全面控制城市基层社会的工具。[1] 直到“文化大革命”结束以后，才逐步恢复到比较正常的发展轨道上。随着经济体制的改革和社会结构的变化，后来逐渐走上了社区服务和社区建设的发展道路。

（二）街居体制的恢复与发展

党的十一届三中全会吹响了拨乱反正的号角，随着各条战线的工作走上正轨，居委会的工作也得以恢复和发展。“文革”时期发展出来的“革命居民委员会”被撤销，居民委员会的名称、职能、组织等被恢复，一批老的居委会干部重新

---

[1] 潘小娟：《中国基层社会重构——社区治理研究》，北京：中国法制出版社2004年版，第47页。

出来工作;同时在一些新建的居民小区也组建了居委会。1980 年 1 月,全国人大常委会重新颁发了 1954 年通过的《城市街道办事处组织条例》、《城市居民委员会组织条例》等有关居民委员会的法律文件,推动了居民自治和居委会工作的开展。1981 年,中共中央在《关于建国以来党的若干历史问题的决议》中明确提出:“逐步建设高度民主的社会主义政治制度,是社会主义革命的根本任务之一。”指出“必须根据民主集中制的原则加强各级国家机关的建设,使各级人民代表大会及其常设机构成为有权威的人民权力机关,在基层政权和基层社会生活中逐步实现人民的直接民主。”❶这是总结历史经验和教训所确定的党和国家在新时期的重要的政治建设方针。

依据这一指导思想,1982 年通过的《宪法》第 111 条规定:“城市和农村按居民居住地区设立的居民委员会或者村民委员会是基层群众性自治组织。居民委员会、村民委员会的主任、副主任和委员由居民选举。”“居民委员会、村民委员会设人民调解、治安保卫、公共卫生等委员会,办理本居住地区的公共事务和公益事业、调解民间纠纷,协助维护社会治安,并且向人民政府反映群众的意见、要求和提出建议。”这是我国首次用根本大法的形式明确居委会的性质、组成方式、组织架构、基本功能和职责及居委会与基层人民政府的关系等重要问题,确立了居民自治的原则和方向,为居民自治的发展提供了坚实的法律基础和制度保障。1982 年《中华人民共和国宪法》的颁布有力地推动了居民自治向前发展。此后,全国各地根据《中华人民共和国宪法》的有关规定,普遍开展了居委会组织整顿工作,建立健全居委会的组织机构,制定和完善各项规章制度,改选和充实居委会干部,不同程度地增加了居委会干部的补贴,居委会工作呈现出有序发展的新局面。截至 1986 年底,全国恢复和建立的居委会达 86799 个。❷

1986 年 12 月 3 日至 9 日,民政部在河北省石家庄市召开了建国以来的第一次全国城市街道居民委员会工作座谈会。会议总结和交流了居委会建设的经验及工作取得的成绩,明确了居委会在新的历史时期的地位、作用和主要任务,分析了居委会工作存在的问题和面临的困难,研究和提出了进一步加强居委会建设的办法和措施。1987 年 6 月 15 日,国务院批转了民政部根据此次会

---

❶ 《三中全会以来重要文献选编》,北京:人民出版社 1982 年版,第 841 页。

❷ 浦兴祖:《当代中国政治制度》,上海:上海人民出版社 1990 年版,第 451 页。

议所达成的一致意见起草的《民政部关于加强街道居民委员会工作的报告》。该报告在充分认识所取得的成绩和存在的问题的基础上，提出今后居委会的主要工作包括四个方面的内容：加强社会主义精神文明建设；积极参加社会治安的综合治理；积极兴办便民、利民的生产、生活服务事业；教育居民依法履行应尽的义务，密切人民政府同居民的联系。该报告还要求各级政府及其派出机关要切实加强对居委会工作的领导，把居委会工作纳入议事日程，采取有效措施，切实帮助居委会解决实际问题，真正把居委会建设成有活力、有威望的基层群众性自治组织，进一步发挥其在城市“两个文明”建设中的作用。这一报告的转发表明居民自治日益受到党和政府的重视，政府对居民自治活动的指导开始加强，同时也从一个侧面反映出居委会地位的提高和作用的加强。

1988 年民政部在认真总结居委会工作经验、长期调查研究和原《城市居民委员会组织条例》的基础上，起草了《中华人民共和国城市居民委员会组织法(修订稿)》，提交原国务院法制局和全国人大法工委讨论修改。经过多次讨论修改和广泛听取各方面的意见，七届全国人大常委会第十一次会议 1989 年 12 月 26 日通过了《中华人民共和国城市居民委员会组织法》以下简称“居委会组织法”，并于同日颁布。该法的颁布是我国居民自治发展进程中一个重要的里程碑，标志着居民自治和居委会建设进入了一个新的发展时期。该法是在经济体制改革逐步深化，社会结构正由传统向现代转型的背景下制定的。该法以宪法为依据，在吸收居民自治成功经验的同时，借鉴村民自治和外国这方面的有益做法，对居民自治和居委会组织重新作了全面定义，赋予了居民自治具体的法律内容，把宪法规定具体化。居委会组织法特别对以下几个方面的问题作了明确、具体的规定：

(1)居委会的性质。居委会是居民自我管理、自我教育、自我服务的基层群众性自治组织。与 1954 年《城市居民委员会组织条例》相比，该法赋予了居民自治更加明确、更加丰富、更加具体的内涵。该法律规定包含以下内容：居委会的性质是城市基层群众性自治组织；居民自治的含义和内容是自我管理、自我教育、自我服务；自治的主体是全体居民，而非只占居民少数的居委会成员。因此，居委会概念应该说具有双重含义：一是指由全体居民组成的自治共同体；二是指由享有选举权的居民选举产生的人员组成的自治机构，包括主任、副主任和委员等，它是居民自治的具体组织者和执行者。

(2)居委会的任务。宣传宪法、法律、法规和国家的政策，维护居民的合法权益,教育居民履行依法应尽的义务,爱护公共财产,开展多种形式的社会主义精神文明建设活动;办理本居住地区居民的公共事务和公益事业;调解民间纠纷;协助维护社会治安;协助人民政府或者它的派出机关做好与居民利益有关的公共卫生、计划生育、优抚救济、青少年教育等工作;向人民政府或者它的派出机关反映居民的意见、要求和提出建议。此外,居委会还应当开展便民利民的社区服务活动,可以兴办有关的服务事业。与1954年《城市居民委员会组织条例》的规定相比,居委会所承担的职责既有较强的继承性,又有许多变化,如增加了协助政府及其有关部门的工作,开展社区服务活动等。这就大大拓展了居委会的工作范围,居委会的职能也发生了重大变化。

(3)居委会的设立。居委会根据居民的居住状况,按照便于居民自治的原则,一般在100至700户的范围内设立。居委会的设立、撤销、规模调整,由不设区的市、市辖区的人民政府决定。该项规定完善了1954年《城市居民委员会组织条例》的相关规定,特别是明确提出了居委会设立的基本原则是便于居民自治,为居民自治的真正实行提供了制度保证。

(4)居委会的组成。居委会由主任、副主任和委员5至9人组成,每届任期三年,其成员可以连选连任。居委会成员必须是本居住地区的居民。该法第八条规定:“年满18周岁的本居住地区居民,不分民族、种族、性别、职业、家庭出身、宗教信仰、教育程度、财产状况、居住期限,都有选举权和被选举权;但是,依照法律被剥夺政治权利的人除外。”第十九条进一步补充规定:“机关、团体、部队、企业事业组织,不能参加所在地的居民委员会,但应当支持所在地的居民委员会的工作。所在地居民委员会讨论同这些单位有关的问题,需要他们参加会议时,他们应当派代表参加,并且遵守居民委员会的有关决定和居民公约。”居委会的产生方式有三种:一是由本居住地区全体有选举权的居民直接选举产生;二是由每户派代表选举产生;三是由每个居民小组选举代表2至3人选举产生。与1954年《城市居民委员会组织条例》相比,有关居委会组成的规定变化较大:一是居委会的组成人数大大减少,由7至17人减至5至9人;二是产生的方式由居民小组选举委员,委员互推主任、副主任改为由有选举权的居民或户代表或居民代表选举产生;三是居委会的每届任期由1年延长为3年;四是明确规定居委会必须从本居住地区居民中选举产生。

(5)居委会的组织。居委会根据需要设立人民调解、治安保卫、公共卫生等委员会。居委会成员可以兼任下属委员会的成员。居民较少的居委会可以不设下属委员会,由居委会成员分工负责有关工作。居委会可分设若干居民小组,小组长由居民选举产生。

(6)居民会议制度。居民会议可以由18周岁以上的居民或者每户派代表参加,也可以由每个居民小组选举代表2至3人参加。居委会要向居民会议负责并报告工作。涉及全体居民利益的重要问题,居委会必须提请居民会议讨论决定。居民会议有权撤换和补选居委会成员。这一规定表明居民会议和全体居民是居民区的议决机关,居委会的权力来源于本居民区的全体居民。居民会议是该法为促进居民自治的有效运行而提出的新的制度设计。

(7)居委会与基层人民政府的关系。不设区的市、市辖区人民政府或者它的派出机关对居委会的工作给予指导、支持和帮助。居委会协助不设区的市、市辖区人民政府或者它的派出机关开展工作。这是对1954年《城市居民委员会组织条例》的有关条款的发展和完善。它明确了居委会与基层人民政府及其派出机关的关系不是领导与被领导的关系,而是指导与协助的关系。政府及其派出机关要在维护居委会作为自治组织的法律地位的前提下,在政策上和工作上给予其必要的指导、支持和帮助。同时居委会要依法接受政府的指导,协助政府做好涉及本居住区居民利益的各项工作。

(8)居委会的财产和经费。居委会管理本居委会的财产,任何部门和单位不得侵犯其财产所有权。依据该法的有关规定,居委会的经费主要来自三个渠道:一是政府拨付,主要用于行政性开支,如居委会的工作经费、居委会成员的生活补助费等;二是向本居住地区的居民和单位筹集,主要用于办理本居住地区公益事业所需的费用。资金的筹集须根据自愿原则,经居民会议讨论和经受益单位同意;三是居委会兴办的服务事业。居委会经费不足,经居民会议同意,可以从居委会的经济收入中给予适当补助。居委会的收支账目应及时公布,接受居民监督。赋予居委会一定的征收费用的权力为居民自治的实施和兴办公益事业提供了一定的财力保证。

为了贯彻居委会组织法,从1990年开始,全国各省、自治区、直辖市的人大常委会都着手结合本地的实际制定了相应的实施办法,截至1997年,已有23个省、自治区、直辖市人大通过了本地的实施办法。同时,许多城市也依法进行了居委会的整顿与建制改革,调整了居委会的设立规模,健全了居委会的组织机构,完善了居委会的各项工作制度,理顺了各个方面的工作关系,并在未建居委会的住宅区新建了居委会,居委会得到了迅速的发展,居委会的地位和作用大大提高。据统计,截至1990年底,我国的居委会已达到98814个,比1979年翻了一番还有余。到1994年,居委会的数量更是多达110112个。[1]

二、市场化进程中社区建设的发展历程

(一)新时期社区建设的社会背景

我国当代城市社区肇始于20世纪80年代。在新中国成立后至改革开放前的近30年时间里,由于"街居体制"的确立和不断演化,现代意义上的"社区"几乎从人们的生活中消失。改革开放之后,随着社会主义市场经济体制的逐渐确立,社区服务、社区建设被逐渐提出和践行,其特定的社会背景可以简要归纳如下。

1. 城市化加快,流动人口激增

改革开放后,中央政府始终将城镇化作为国家发展的重大战略。这一战略有力地推动了我国城镇化的快速发展,使得大中城市的数量和规模急剧增长,新兴的小城市大量涌现。据统计,1980年,我国共有直辖市3个,地级市107个,县级市113个,市辖区467个;1995年,地级市发展到210个,县级市427个,市辖区706个;2002年,地级市增至275个,县级市减为381个,市辖区达到830个。1978年,我国有建制镇2176个;1988年,发展到11481个;1992年以后,进入高速增长期,到2001年底,已突破2万个,达到20374个;2002年新增227个,达到20601个。与城镇化突飞猛进同步的是城市人口的迅速膨胀。1978年,我国城镇人口为1.72亿,1989年增至2.95亿,2001年飙升为4.8064亿,城镇化率达到37.6%。1994年到2004年的十年间,我国平均每年新增小城镇800个左右,每年转移农村人口1000万人,10年中有超过1亿的农村人口转为城镇人口。[2] 随着农村经济体制改革的深化,压抑多年的农村释放出巨大的能量,其主要表现之一就是大批农民进城务工。据统计,1995年底在城市务工经商的农民已达8000万左右,而且每年还以10%左右的速度增长。[3] 抽样调查

---

[1] 浦善新:《中国行政区划概论》,北京:知识出版社1995年版,第416页。

[2] 民政部编:《中华人民共和国行政区划简册》,北京:中国地图出版社;《民政事业发展统计报告》,民政部网站。《我国城市化步伐加快》,《人民日报》2002年10月29日。转引自潘小娟:《中国基层社会重构——社区治理研究》,北京:中国法制出版社2004年版,第47页。

[3] 江流、陆学艺:《1996—1997年中国社会形势分析》,北京:中国社会科学出版社1997年版,第194页。

表明,全国每个居委会平均管辖暂住人口115人,个别多达1000人以上。[1] 大批农民进城务工改变了城市人口的结构,增加了城市管理的任务和难度,造成困扰政府和市民的诸多城市问题,如交通拥挤、生态环境和社会治安恶化、计划生育无序等。城市规模的扩张、人口的激增、农民工的流入打破了城市原有的社会系统及其与自然环境之间的既定平衡,也向以行政隶属关系和行政命令建立起来的传统城市管理体制提出了严峻挑战,暴露出传统管理体制在应对新情况、新问题时的捉襟见肘、无能为力,要求对其进行变革和创新。

2. 社会转型使社区面临的问题日益复杂

社会转型就是计划经济向市场经济、传统社会向现代社会、农业社会向工业社会、人治向法治、封闭向开放、统治向善治的演进。

(1)社会职能的分化。在计划经济体制下,我国实行的是高度集权的政府全能型城市管理体制。在这种体制下,政府成为组织、领导和管理社会各个领域的唯一主体,几乎所有经济和社会事务都是由政府按照行政隶属关系,通过单位系统,用行政命令和手段来推动和执行的。这就不可避免地带来了政府、企事业单位、社区组织的双重错位,造成政企职能、政社职能、事社职能的严重混同和重叠,各类组织的功能畸形发育。具体来讲:一方面是政府的企业化和社会化。作为社会生活管理的唯一主体,政府兼有行政主体和经营主体的双重身份,直接管理着各类企业事业单位和社会组织的运行,对它们拥有最终决策权;另一方面,各类企事业单位和社会组织的行政化和多功能化。作为国家行政机关的附属物,它们是泛化的行政科层组织,具有经济、政治、社会三位一体的功能,分担了许多应由政府承担的职责,是一个功能相对完整的小社会。市场经济是建立在自由竞争基础之上的资源配置方式,它内在地要求政企分开、政社分开、事社分开,"该凯撒的归凯撒,该上帝的归上帝"。市场经济取代计划经济必然对后者得以运行的社会管理体制和运行机制进行解构,要求政府将办企业、办市场、办社会的职能交还给企业、市场和社会,实现政府、市场和社会的职能归位。政府、市场和社会关系的重构,一方面导致单位功能的外溢,另一方面造就了自主活动的公共空间,人们同"生于斯、长于斯"的草根社会的关系逐渐强化。

(2)各种问题都落脚沉淀于社区。单位功能外溢于社区、单位人成为社区

---

[1] 潘小娟:《中国基层社会重构——社区治理研究》,北京:中国法制出版社2004年版,第36页。

人之后,他的养老、医疗、子女教育、生活服务等需求都要在社区实现;核心家庭增多,老龄化趋势不断加剧,老人的照顾和服务需求扩大;现代社会的高风险、快节奏、人际疏离导致大量问题人群的出现;现代企业制度的建立使一大批产业工人结构性失业;住房的商品化在物业管理不到位的制度背景下,业主、开发商、物业公司之间产生了尖锐的矛盾;社会分层日益加剧,人们的阶级意识开始明晰,需要制度化的诉求渠道。"一些新的和老的、现代的和传统的集团,越来越意识到他们自己是集团,越来越意识到他们相对于其他集团的利益和权利,进而积极动员参与政治。"所有这些问题都在社区中得到体现并最终要落脚到社区,并要依靠社区的力量加以解决。社区是社会的基础和细胞,只有使社区成为消化各种社会矛盾、解决社会问题的第一道防线,社会才能安定,人民才能安居乐业。

3. 居民物质生活水平提高,社区参与需要发展

改革开放带来了居民物质生活水平的大幅提高。表现在:①城镇居民的收入成倍增长,城镇居民可支配收入 1978 年为 343. 4 元,1997 年达到 5160 元,扣除价格因素,年均增长 6. 2%,2000 年增至 6663. 5 元。②城镇居民的消费水平明显提高,消费结构发生变化,居民消费结构由生存型向发展享受型转变。据统计,居民消费水平 1987 年为 184 元,1997 年增至 2677 元,按可比价格计算,年均增长 7. 7%。城市居民消费的恩格尔系数 1997 年为 46. 4%,比 1978 年降低 11%,2000 年进一步降至 39. 2%。③城镇居民的住房状况大为改善,2000 年城镇居民人均住房面积达 14. 9 平方米,居民的住房消费支出比例升至总消费支出 10%以上;在商品房销售中,个人购买的比例已达 89%。④城镇居民家庭生活的现代化、电器化进程加快。据调查,2001 年 9 月底,每百户居民拥有彩电 120 台,电冰箱 82 台,空调器 35. 5 台,录像机 20 台,家用电脑 12. 5 台,移动电话 30. 6 部。大中城市电脑普及率已达 70%左右。[1] 城镇居民生活水平的提高,要求政府、企业、社会、社区提供包括物质生活和精神生活在内的更多、更优质的服务,与之相伴,居民参与社区公共事务的积极性和主动性也大大提高。这就要求为居民提供更多的参与渠道和参与机会。总之,经济体制的变革、社会

---

[1] 参见王梦奎:《中国经济发展的回顾与前瞻》,北京:中国财政经济出版社 1999 年版,第 4、345 页;汝信、陆学艺、李培林:《2002 年:中国社会形势分析与预测》,北京:社会科学文献出版社 2002 年版,第 155 ~ 156 页。

生活的变化等，使得传统的城市基层管理体制愈来愈明显地不能适应新形势的需要，因此，改革城市基层管理体制，加强城市基层政权和群众性自治组织建设，探索中国特色的城市基层管理的新途径，就成为一项十分紧迫的任务。城市社区建设的提出与开展正是对此的积极回应。

（二）新时期社区建设的兴起与发展

随着计划经济向市场经济的转型，大量的社会主体从"单位人"变为"社会人"，社区作为异质性大为增强的城市人口的实际管理单位的功能日益体现出来。原因之一就是，随着单位体制的流变和企事业单位改革的深入推进，街道和社区逐渐成为为离退休人员、下岗失业人员、老人、妇女、儿童、残疾人士、流动人口等大量弱势群体提供公共服务和开展社会管理的重要依托，传统的以政治管理为主要职责的街居体制已经远远不能满足城市社会管理的发展需要，社区管理体制的改革势在必行。如果自"文化大革命"结束后居委会开始恢复发展算起，当代中国城市和谐社区建设的历史脉络大体如下：

1986年，国家民政部为推进城市社会福利工作改革，争取社会力量参与兴办社会福利事业，并将后者区别于民政部门代表国家办的社会福利，正式提出了"社区服务"的理念，倡导在城市基层开展以民政对象为服务主体的社区服务。这样，"社区"概念第一次进入中国政府的城市管理过程。1989年全国人民代表大会通过的《中华人民共和国城市居民委员会组织法》明确规定："居民委员会应当开展便民利民的社区服务活动。"这样，"社区服务"的概念被第一次引入法律条文。

随着社区服务的普及与深入，社区服务对象也逐渐由民政对象扩展到全体社区居民，社区服务所涉及的项目也越来越广泛，远远超出了社区服务所涵盖的内容，于是，民政部从我国国情出发，借鉴国外先进经验，于1991年提出"社区建设"的概念。1991年5月31日，时任民政部部长的崔乃夫明确指出城市基层组织建设应该着重抓好社区建设。他提出开展社区建设主要基于如下考虑：社区服务已经不能容纳社区出现的新情况、新问题，需要在此基础上提升出一个包容量更大、更全面的概念来促进社区服务和整个社区全方位的发展；社区的事情不能光靠政府，还要充分发挥社区居民的力量，两条腿走路；社区建设是健全、完善和发挥城市基层政权组织职能的具体举措；在企业转换经营机制和政府转变职能的前提下建立"小政府、大社会"的国家模式是我国政治体制改革的方向，社区建设就是建立这一模式的基础工程。在广泛听取各地对开展社区建设工作的意见和建议的基础上,1992 年 10 月,由民政部、中国基层建设研究会在杭州召开的“全国城市社区理论研讨会”,从理论和实践两个方面对社区建设进行了深入研讨。社区建设是被作为加强基层政权建设、改革城市基层管理体制的重要思路和重大举措提出来的。社区建设的核心已经不是社区服务,而是管理体制的创新。在社区建设精神的指导下和各级政府的大力推动下,社区建设如火如荼地在各地开展起来,经过十多年的试验探索,社区建设取得了不菲的成就和良好的社会效益,几个有代表性的社区治理模式已经赢得政府和学界的肯定,并对其他城市产生了重要影响。

1996 年 3 月,江泽民总书记在参加八届人大四次会议上海团的讨论时指出:“要大力加强城市社区建设,充分发挥街道办事处和居委会的作用。”江泽民的发言对社区建设提出了新的更高的要求。在江总书记讲话精神的指导下,上海市委、市政府积极探索新形势下的城市管理体制,摸索出一条“两级政府、三级管理”的新体制。上海市推进社区建设的管理的做法及经验对全国产生了较大的影响。1996 年 11 月,民政部基层政权建设司和全国城区发展促进会在北京召开了“全国城市社区建设研讨会”。大会对前几年我国社区建设所取得的阶段性成果进行了总结和概括,并对未来社区建设工作发展的思路、方针及原则提出了很多建设性的意见,对开展社区建设的意义进行了充分的论证。

1999 年民政部启动了“全国社区建设试验区”工作,先后有 26 个城区作为试验区。同年民政部制定了《全国社区建设试验区工作实施方案》,提出要改革城市基层管理体制,培育和建立与社会主义市场经济体制相适应的社区建设管理体制和运行机制。经过一年多的努力,各试验区在改革社区管理体制、探索社区建设工作运行机制等方面进行了大胆的创新和实践,创造出了各具特色的做法和成功经验,这些为在全国范围内开展社区建设提供了丰富的素材和思路,少走了许多弯路。1999 年 8 月,民政部在杭州召开了全国社区建设试验区工作座谈会。大会确定了社区建设的工作目标:建立与社会主义市场经济体制相适应的社区建设管理体制和运行机制,探索建立新型社区,逐步完善街道、居委会的服务管理功能,推进街居工作社区化、社区工作社会化;在加强社区功能的基础上,建设环境优美、治安良好、生活便利、人际关系和谐的文明社区;扩大基层民主,实行居委会的民主选举、民主决策、民主管理和民主监督。大会确定了社区建设的运行机制:党委政府领导、民政部门牵头、有关部门配合、街道居委会主办、社会各方支持、群众广泛参与。1999 年 10 月,民政部基层政权和社区建设司在沈阳召开了“社区体制改革——沈阳模式专家论证会”。与会专家对沈阳模式的社区定位、社区划分、社区组织建构、社区运行机制都给予了充分的肯定,但也指出了沈阳模式的不足:没有明确界定社区自治组织与政府的职责及其相互关系,社区自治组织缺乏良好的体制环境;社区居民自治运行机制尚没有建立起来,社区自治缺乏制度保证。此次会议进一步推动了社区建设。

2000 年 10 月,中共十五届五中全会通过了《中共中央关于制定国民经济和社会发展第十个五年计划的建议》。建议明确提出:要加强城乡基层政权机关和群众性自治组织建设,扩大公民有序的政治参与,引导人民群众依法管理自己的事情。此次会议为社区建设提出了更高的要求,明确了居民自治是社区建设的基本发展方向。2000 年 11 月,中共中央办公厅、国务院办公厅联合下发了《中共中央办公厅、国务院办公厅关于转发〈民政部关于在全国推进社区建设的意见〉的通知》。通知指出:大力推进社区建设,是新形势下坚持党的群众路线、做好群众工作和加强基层政权建设的重要内容,是面向新世纪我国城市现代化建设的重要途径。在中央的指示下,各地迅速掀起了社区建设的热潮,社区建设在全国蓬勃开展,步入了整体推进、全面拓展的新的发展阶段。2001 年 3 月,九届人大四次会议通过了《国民经济和社会发展第十个五年计划纲要》。纲要指出:推进社区建设是新时期我国经济和社会发展的重要内容。要坚持政府指导与社会参与相结合,建立与社会主义市场经济体制相适应的社区管理体制和运行机制。加强社区组织和队伍建设,扩充社区管理职能,承接企业事业单位、政府机关剥离的部分社会职能和服务职能。以拓展社区服务为龙头,不断丰富社区建设的内容,发展社区卫生,繁荣社区文化,美化社区环境,加强社区治安,完善社区功能。努力建设管理有序、服务完善、环境优美、治安良好、生活便利、人际关系和谐的新型现代化社区。这就为社区建设的快速发展提供了有力保证,把社区建设推向了一个新的高潮。2001 年 7 月,民政部在青岛召开“全国城市社区建设工作会议”,部长多吉才让在会上系统阐述了全面推进社区建设的重大意义、指导思想和目标任务,统一部署了全面推进社区建设的方法和步骤。2001 年 7 月,民政部印发了《全国城市社区建设示范活动指导纲要》,纲要规定示范活动的任务是:改革城市基层管理体制,转变政府职能,明确社区责权,理顺社区关系,建立与社会主义市场经济体制相适应的社区管理体制和运行机制;加强社区组织和队伍建设,扩充社区管理职能,规范社区管理,完善各项制度,通过民主选举、民主决策、民主管理和民主监督的社区居民自治活动,建立自我管理、自我教育、自我服务、自我监督的社区组织体系和工作机制;以拓展社区服务为龙头,发展社区卫生,繁荣社区文化,美化社区环境,加强社区治安,完善社区功能,不断丰富、提高社区建设的内容和水平;全面增强和提高社区居民委员会和居民群众的自治意识和能力，发动和依靠群众，努力建设一批管理有序、服务完善、环境优美、治安良好、生活便利、人际关系和谐的新型现代化社区。

2002 年 9 月，民政部召开了“全国城市社区建设四平现场会”。大会研究探讨了进一步深化社区建设，部署了今后一个时期的社区建设工作，进一步明确了社区建设的任务、目标、思路和要求。此次会议是青岛会议的继续和深化，有力地推动了社区建设在横向和纵向两个方面的发展。2002 年中共十六大会议上，江泽民在报告中明确提出：健全基层自治组织和民主管理制度，完善公开办事，保证人民群众依法直接行使民主权利，管理基层公共事务和公益事业，对干部实行民主监督。完善城市居民自治，建立管理有序、文明、祥和的新型社区。党的十六大报告为社区建设指明了发展方向。2003 年 6 月，中共中央办公厅、国务院办公厅转发了劳动和社会保障部等部门《关于积极推进企业退休人员社会化管理服务工作的意见》，对社区承接企业退休人员管理和服务做出了部署。2003 年，民政部与中央组织部联合表彰了一批全国优秀社区工作者，极大地鼓舞了广大社区工作者。2004 年 9 月，党的十六届四中全会提出了构建社会主义和谐社会的战略任务。2004 年 11 月，中共中央办公厅转发了中共中央组织部《关于加强和改进街道社区党的建设工作的意见》，对新形势下的街道和社区党建工作提出了明确的要求。

2006 年 10 月 11 日，十六届六中全会通过的《中共中央关于构建社会主义和谐社会若干重大问题的决定》明确指出：推进社区建设，完善基层服务和管理网络。全面开展城市社区建设，积极推进农村社区建设，健全新型社区管理和服务体制，把社区建设成为管理有序、服务完善、文明祥和的社会生活共同体。完善居(村)民自治，支持居(村)民委员会协助政府做好公共服务和社会管理工作，发挥驻区单位、社区民间组织、物业管理机构、专业合作经济组织在社区建设中的积极作用，实现政府行政管理和社区自我管理有效衔接、政府依法行政和居民依法自治良性互动。加强流动人口服务和管理，促进流动人口同当地居民和睦相处。完善社区公共服务，开展社区群众性自助和互助服务，发展社区服务业。十六届六中全会还特别指出要建设宏大的社会工作人才队伍。造就一支结构合理、素质优良的社会工作人才队伍，是构建社会主义和谐社会的迫切需要。建立健全以培养、评价、使用、激励为主要内容的政策措施和制度保障，确定职业规范和从业标准，加强专业培训，提高社会工作人员职业素质和专业水平。制订人才培养规划，加快高等院校社会工作人才培养体系建设，抓紧培养大批社会工作急需的各类专门人才。充实公共服务和社会管理部门，配备社会工作专门人员,完善社会工作岗位设置,通过多种渠道吸纳社会工作人才,提高专业化社会服务水平。

2007 年中共十七大会议上,胡锦涛总书记指出要坚持中国特色社会主义经济建设、政治建设、文化建设、社会建设的基本目标和基本政策构成的基本纲领,着重抓好以改善民生为重点的社会建设,“把城乡社区建设成为管理有序、服务完善、文明祥和的社会生活共同体”。2010 年 11 月 9 日,中共中央办公厅、国务院办公厅印发了《关于加强和改进城市社区居民委员会建设工作的意见》,明确提出城市基层人民政府或者它的派出机关要大力推进服务型政府建设,切实转变职能,改进管理方式和工作作风,履行好社会管理和公共服务的职责。

第二节 社区建设的实践模式

一、社区建设模式的类型划分

1986 年,国家民政部首先倡导在城市基层开展以民政对象为服务主体的社区服务。从我国国情出发,借鉴国外先进经验,民政部于 1991 年提出社区建设的概念。社区建设的核心已经不是社区服务,而是管理体制的创新。改革开放以来,随着社会主义市场经济体制改革的逐步深入,建立健全适合社会主义市场经济、符合现代化公共管理理念的新型城市基层管理体制成为时代的需要。在实践方面,我国一些省市区开展了社区建设的试验探索活动,并逐渐摸索了一些各具特色的社区建设模式,积累了有益的实践经验。王青山、刘继同梳理了学界关于我国社区建设实践模式的不同观点,提出了他们自己对社区建设模式的分类,同时,还对社区建设模式的有关问题进行了比较深入的理论思考。[1]综合而言,学术界对社区建设模式的分类有以下一些观点:

(1)认为目前我国社区建设的基本模式大体有三种。第一种是上海模式,也叫准政府模式。社区基本定位在街道一级,共同特征是对以街道管理体制为主的城市管理体制进行改革,实现政府逐级权力下放,管理重心下移。第二种是青岛模式,也叫社区服务延伸型。区、街道、居委会各为社区,特点是赋予社区更多的管理职能和服务内容,充分利用社区服务中心寓服务于管理之中。第三种是沈阳模式。在科学合理调整社区规模基础上,构建以社区民主自治为基本特征的社区管理体制(修明首,2000)。

(2)认为在我国城市社区建设实验阶段所出现的众多社区建设模式,大致可以分为两类,第一类是典型模式,主要是指特定实验区的社区建设模式。如上海模式、石家庄模式、青岛模式、天津模式、沈阳模式、江汉模式等。典型模式一般具有地域性、典型性、先进性诸多特征。第二类是基本模式,与全国各地典型模式相对应,它应当是全国城市社区建设模式的总体概括,涵盖我国城市社区建设的基本要素、基本结构及基本过程,反映我国城市社区建设基本规律,具

---

[1] 王青山、刘继同:《中国城市社区建设模式研究》,北京:社会科学文献出版社 2004 年版,第205～238页。

有最大普遍性或共性(王青山,2000)。

(3)认为在全国26个国家级社区建设实验区和一百多个省级社区建设实验区结合各自区情,勇于探索,大胆实践,敢于突破,在社区建设的实践中,创造出了种种各具特色的社区建设模式,这其中以下列四种模式影响最大,也最具代表性。第一是在组织构建上,以政治模仿为鲜明特征的沈阳模式。第二是在行政推进上,以街居一体化为鲜明特征的上海模式。第三是在功能提升上,以社区服务为龙头的青岛模式。第四种是在自我革命上,以主动转变政府职能为核心内容的武汉江汉模式(胡宗山,2001)。

(4)认为自从1999年民政部开展"社区建设实验区"以来,在全国一些社区形成了具有自身特色的社区建设模式,主要有三种典型,第一种是行政主导型模式,如哈尔滨市南岗区的社区建设模式;第二种是半行政半自治型模式,如上海市卢湾区五里桥街道的社区建设模式;第三种是自治型模式.如沈阳市沈河区的社区建设模式。并且认为,第一种与过去的社区管理体制没有本质区别,第二种是自上而下的改革,第三种是自下而上的改革,是一项大胆创新和重大突破(张立荣、李莉,2001)。

(5)认为目前我国城市社区建设由于开展时间不长,工作模式刚刚形成,大致有:政府推动模式、街道主持模式、居委会操作模式、各方参与模式、社区共建模式。与国际发达国家的城市社区建设模式相比较,我国社区建设模式带有比较明显的行政色彩(传忠道,2001)。

(6)汪大海等认为,经过十余年的实践总结和经营概括,形成了如下几种有代表性的城市社区治理模式:行政侧重型的上海模式——"两级政府,三级管理"的管理模式;混合型的江汉模式——以社区为依托,形成政府行政调控与社区自治相结合的管理模式;双强型的深圳盐田模式——体现"强国家——强社会"的理念追求。[1]

(7)王青山、刘继同认为,社区建设模式的"本质属性"应是认识和把握社区建设模式的标准或根据,应是模式分类的标准或根据。模式是事物存在方式的高度概括,显然,构成事物的"存在方式"的基本要素、基本结构及其基本过程则是模式的"本质属性"。

据此,可以把我国现阶段社区建设模式概括为下列几种类型或主要模式:

---

[1] 汪大海等:《社区管理》,北京:中国人民大学出版社2009年版,第287~300页。

社区服务升华模式;政府体制改革牵引模式;自治社区建设模式;地域功能社区模式;创建文明社区模式。[1]

1.社区服务升华模式

“天津模式”、“杭州模式”、“本溪模式”、“济南模式”等基本属于这种模式。其中,以红桥区、河西区为代表的“天津模式”,以市南区、四方区为代表的“青岛模式”是典型代表。这种社区建设模式的基本实践过程是把社区建设当成社区服务的延伸;在社区服务的基础上逐步推进社区建设向全面发展。这种模式具有四大特征:

(1)以社区服务为宗旨。社区建设归根结底是为人民服务的,服务社区居民,不断提高生活质量,满足广大居民日益增长的多样化的需求,这是社区建设的根本宗旨,既是社区建设的出发点,也是社区建设的终点。

(2)以社区服务为主要内容。社区建设实际上是社会系统工程,是全方位的社会发展,涉及政治、经济、社会和文化等领域。在我国现阶段通常包括社区服务、社区治安、社区卫生、社区文化、社区组织等内容。在这里,社区服务是最基本的、最主要的,也是最重要的,可以说是“第一位”的内容。

(3)以社区服务为突破口。尽管社区服务是社区建设的一方面内容,社区建设是社区服务的延伸与发展,但毕竟社区建设与社区服务有质的不同,两者是社区工作的不同发展阶段。以社区服务为突破口,就是说社区建设要从社区服务起步,通过社区服务介入社区建设。这是社区服务“升华”到社区建设的关键。

(4)以社区服务为龙头。通过社区服务为突破口进入社区建设阶段,就是坚持以社区服务为龙头。所谓“龙头”,就是社区建设的各项内容都要围绕着社区服务转;通过社区服务带动社区建设全面发展。以社区服务配套社区、经营社区、管理社区、发展社区,以服务居民的实际需要为导向,推进社区建设向纵深发展。

2.政府体制改革牵引模式

这种模式的基本实践过程就是从政府体制改革入手,带动社区体制改革,

---

[1] 王青山、刘继同:《中国城市社区建设模式研究》,北京:社会科学文献出版社2004年版,第208~216页。

紧紧抓着社区体制改革这个关键环节,带动整个社区建设过程。南京鼓楼提出的"从区街走向社区"则是这一过程的基本概括。重构和创新现代化城市社会管理体制则是这一模式的基本精神和基本要求。这种模式有以下主要特征:

(1)以社区制管理为目标。这种模式着重把社区建设纳入社会主义市场经济体制下城市社会管理体制改革与发展体系之中,作为构建城市现代社会管理体制的基础性环节,逐步达到用"社区制"替代"单位制",以适应我国经济转轨、社会转型、文化转向的需要。把实现由行政制管理转向社区制管理作为社区建设的目标。所谓社区制管理,就是以法定社区为单位,在党委领导下,在政府指导与支持下,实施社区依法民主自治,把社区建设成为管理有序、服务完善、环境优美、治安良好、生活便利、人际关系和谐的新型现代化社区,最终实现由区街走向社区,由街道工作走向社区工作,由街道行政化管理走向社区服务化管理,社区制管理替代单位制管理。从整个过程考察,社区建设实际上从政府体制改革、职能转变起步。如上海市实施的"二级政府、三级管理"、石家庄市实施的"二级政府、三级管理、四级落实",从而带动整个社区建设的全面深入开展和发展。

(2)以社区民主自治为导向。社区作为聚居在特定地域的人群的社会生活共同体,在本质上是自治的。也就是说,在这个"社会生活共同体"里,凡属于公共空间和公共事务,以及公益活动都应是主要通过"自我服务、自我教育、自我管理、自我约束"的方式与途径来解决的。在中国,社区自治是与中国共产党的领导相联系的,这是由中国的具体国情所决定的。因此,中国的社区建设其实质就是逐步实现"党领导下的社区民主自治"过程。就是要从现实的以"单位制"为基本特征的中国社会结构体系里走出来,通过制度变迁,迈向"社区制"为基本特征的社会结构。社区居民自治则是政府实现职能转变、深化体制改革所要遵循的依据和需要满足的需求。以社区民主自治为导向,实际上就是从制度入手,把实现制度变迁作为社区建设的大方向和实现的第一步。实践表明,政府实现职能转变和体制创新为社区让出必要的"社会空间"(社会职能),社区才有可能发育起来,才有可能实施民主自治。社区建设从政府体制改革与创新入手,在中国具有客观必然性。

(3)以建立社区与政府双向良性互动为动力。在中国现实社会条件下,要实现以社区民主自治为基本内容和基本特征的社区制管理目标需要两个基本条件。一是需要政府转变职能,二是需要社区主体组织提升能力。政府职能转变的核心是管理重心下移,权力下放,向社区让权,即把属于社区公共空间和社区公共事务的社会管理权还给社区。政府职能转变既是社区民主自治的前提,又是社区民主自治的保证。没有政府职能转变,就不会有真正的社区民主自治。与此同时,社区主体组织的民主自治能力建设,从根本上说就是要培育社区居民的社区意识、民主意识、自治意识,就是要不断培育、提升和发展社区功能,不断提升社区主体组织的民主自治能力。要实现以社区民主自治为基本内容和基本特征的社区制管理目标,不仅需要具备政府转变职能和提升社区民主自治能力,而且更为重要的,还需要这两者的有机结合。也就是说需要正确处理社区与政府的关系,社区制管理模式不是不要政府,"社区制"否定的是"单位制",而不是政府对社区的必要的行政管理。所谓"必要的"就是依法管理。上述两者的结合概括起来,就是"政府依法行政,社区依法自治";就是建立新型的政府行政调控机制与社区自治机制相结合、政府管理功能与社区自治功能互补的城市基层管理体制。这个"相结合"是一个过程,是一个不断把社区体制变迁引向新轨道不断发展的过程。在全国,"上海模式"、"石家庄模式"、"武汉江汉模式"等大体属于这种类型的模式。

这里实际上又可以分为两种不同亚类型,一种是以"上海模式"、"石家庄模式"为代表的自上而下的社区体制改革模式。为了适应城市社区建设新形势需要,上海市于1995年7月率先建立"两级政府、三级管理"城市管理新体制,然后是石家庄市于1997年3月实施"两级政府、三级管理、四级落实"的城市管理新体制。这个新体制的重点是加强街道一级权力机构,由市、区逐级向街道放权,整个城市工作重心下移,权力下放。这样就为构建"街道社区"或"街居"社区的新型社区体制奠定了基本的基础和框架。另一种则是以"武汉江汉模式"为代表的自下而上的社区体制改革模式。众所周知,"武汉江汉模式"是一种目标模式,就是首先构建社区民主自治基本框架,然后根据这一基本框架来要求和调整社区自治体与街道办事处的关系,以及街道办事处与区政府的关系,乃至区政府与市政府的关系。现在可以清楚地看到,尽管这两种模式一个是自上而下的体制改革,一个是自下而上的体制改革,但两者的共同点却是一样的,都是从制度入手,由政府体制改革与创新牵引社区建设全面开展和深入发展的。其实质都是一种体制变迁,最后是殊途同归,达到同一目标。从总体特征上看,它们同为政府体制改革牵引模式。

3. 自治社区建设模式

当前“沈阳模式”、“青岛浮山后模式”等大体上属于这种模式。这一模式的基本特征是以社区自治主体组织为主导实施社区建设。包括以下几方面内容：①“法定社区”。社区享有依法自治的权力，在社会结构中具有相对独立性。所谓“法定社区”是指中办发[2000]23号文件中明确规定的“目前城市社区的范围，一般是指经过社区体制改革后作了规模调整的居民委员会辖区”。并且，明确规定社区主体组织拥有依法自治权力。显而易见，“法定社区”的存在是开展和实施自治社区建设模式的社区建设的前提条件。②建构健全的社区主体组织体系。即建立一整套“议行分开”的代表全体社区成员意志的管理决策与服务执行机构。如社区党组织(领导层)、社区成员(代表)大会(决策层)、社区居民委员会(执行层)、社区事务议事协商委员会(监督层)。社区主体组织体系是社区建设的行为主体。这是自治社区建设模式的核心所在。③构建完备的生活法则和生活制度。社区自治属于民主范畴，社区自治如同民主一样既是目的又是手段。相对社区生活来说，社区自治是手段，是为社区生活服务的。

建设管理有序的社区生活，是符合社区全体成员的根本利益的，势必需要建立健全一整套的社区生活法则及其制度。这里最重要的首先是关于正确处理社区自治组织与社区党组织的关系，始终坚持党的信念和党的领导，把“党领导下的依法自治”当做社区生活法则的首要法则。其次，社区自治是和基层民主政治相联系着的，是社区民主自治，因此坚持“四大民主”(民主选举、民主决策、民主管理、民主监督)和“三公”(公开、公正、公平)原则是建设管理有序的社区生活的核心内容。再次，准确把握和处理社区自治组织同政府、中介组织、群众自治组织、物业公司等关系的基本原则、条理及其规章制度。必须依法处理好上述诸多的社区社会关系。社区生活法则及其制度是实施社区自治式社区建设的重要保障，尤其是实施可持续社区建设，更是不可缺少的。

事实上，现阶段我国的城市社区建设几乎全部是政府启动、政府主导的。尽管我国社区建设已进行了多年，但至今还没有出现过完全由社区主体组织主导的社区建设个案，至今也没有出现过完全由其他的非政府组织主导的社区建设个案，这恐怕不是无缘无故的。这说明现阶段的社会条件及社区自身状况都还不成熟。“沈阳模式”之所以纳入社区建设的“自治社区建设模式”之中，主要原因在于它在我国首先取得了社区体制改革的突破，创立了相对于行政体制之外的“法定社区”，首先构建了“法定社区”的相对完备的社区自治主体组织体系,确立了社区自治主体组织的地位与作用、职责与功能、自治的内容与范围。尽管“沈阳模式”是政府启动与主导的结果,但是,“沈阳模式”一旦诞生就开创了社区建设的社区自治建设与社区自治发展的先河。现阶段的中国城市社区建设由政府启动和主导,实在是不得已而为之。我们认为,社区建设的本义应是“社区”主导社区建设。自治社区建设模式即是社区主导社区建设的一种模式。“沈阳模式”的诞生表明,中国社区建设跨入社区主导的发展阶段,已经有了开端。

4. 地域功能社区模式

“地域功能社区”是北京市社区建设者们的首创,起源于北京市西城区。西城是老城区,单位与人口密集,社区资源丰富,但就单个社区居委会而言,地域小,资源有限,功能较弱,不能满足辖区群众多样化多层次的需求。为此,他们从实际出发,提出了创建“联片共建地域功能社区”的理念。按照资源分布和人口结构,将临近居委会组成“地域功能社区”,建立非行政性“联席会议制”,其职责是向政府反映社情民意,监督政府职能部门在社区工作中的情况,协商与协调社区资源及其整合。这样的划分与整合有利于社区资源共享,有利于社区居民参与,有利于社区管理与服务,便于形成方便快捷的社区服务功能、治安有序的安全防护功能、就近就医的卫生保健功能、科学健康与丰富多彩的社区文化功能及和谐优美的社区环境。“地域功能社区”不是“法定社区”,即不是中办发[2000]23 号文件所讲的“经过社区体制改革后作了规模调整的居民委员会辖区”的那种社区。它处于街道办事处与“法定社区”之间,是若干个“法定社区”的联合体,其性质可视为自治社区联合体。这种联合体的功能在现阶段仅限于把参加联合体的地域内的社区资源向有利于社区服务方向整合,最大限度地提升社区功能,最大限度地满足居民需求。这里首先是提升法定社区“联合体”即“地域功能社区”的功能,同时也必然会调动和提升“法定社区”的功能。“地域功能社区”建设最初是在“法定社区”建设的基础上提出和发展起来的,它的发展又反过来极大地促进了“法定社区”建设的深入发展。从而,它成为“北京模式”的重要内容和显著特色,最终为中国城市社区建设创造了“地域功能社区模式”。

地域功能社区模式作为城市社区建设的一种模式,它的基本特点在于:在社区建设过程中,不仅建设“法定社区”,而且根据实际需要还可以建设“法定社区”的联合体——“地域功能社区”,多层次地提升社区功能,最大限度地满足社区居民多样化多层次需求。这既是它的特点，更是它的优点。北京市在社区建设过程中同时建设“地域功能社区”的实践方式，之所以称作社区建设的一种模式，其中一个理由就是社区建设不仅是要建设“法定”社区，当社区建设发展到一定阶段还必然会提出建设“地域功能社区”的任务。因为人民群众现实社会生活是多方面的、多样化的、多层次的，他们不仅需要“法定社区”，同样需要“地域功能社区”。建设“地域功能社区”如同建设“法定社区”一样，具有客观必要性和现实性。

5. 创建文明社区模式

这一模式的基本实践是以“文明社区”为目标、以促进社会与经济的协调发展为理念、以社区教育和社区服务为手段、以解决社会问题为内容、以“三个提高”（提高人的素质、提高生活质量、提高社区文明程度）为目的的社区建设过程。在社区服务的基础上突出社区教育、解决社会问题、促进社会发展，适应经济发展需要是其基本思路。显然，“镇江模式”、“宁波海曙模式”等属于这一类型模式。这一模式具有以下鲜明特征：

（1）以“文明社区”为目标。社区服务升华模式显然是以最大限度提高社区功能、最大限度满足社区广大居民多样化需求、不断提高生活质量为目标。政府体制改革牵引模式显然是以创新适应新形势需要的新型社区治理体制为目标。自治社区建设模式显然是以构建社区依法自治的社区体制为目标。地域功能社区模式显然是以进一步整合与提升社区功能、创建地域功能社区为目标。而创建文明社区模式则是以“文明社区”作为自己的目标。所谓“文明社区”，以前是指“环境优美、治安良好、生活便利、人际关系和谐”的社区，现在则是指“管理有序、服务完善、环境优美、治安良好、生活便利、人际关系和谐的新型现代化社区”。

（2）以解决社会问题为内容。社区建设的内容有多种概括和多种提法，中办发[2000]23 号文件着重提出社区服务、社区卫生、社区文化、社区环境、社区治安等五方面内容，并强调指出要因地制宜地确定城市社区建设发展的内容。创建文明社区模式强调以解决现实存在的社会问题为内容。这是因地制宜原则的具体表现。社区面临着什么样的社会问题，就解决什么样的社会问题。社区建设以社会问题为切入点。以解决社会问题为内容，通过解决现实社会问题来回应社区居民需求，促使社会健康发展和良性运行，进而促进社会与经济的协调发展。

(3)以“人”为中心的终极目的。这一模式所提出的“三个提高”即提高人的素质、提高生活质量、提高社区文明程度。其实质就是要以人为中心作为社区建设的终极目标。以人为中心,在社区层次具体说来,就是以“社区人”为中心。应该说,“社区人”同“单位人”相对应,要比“社会人”同“单位人”相对应更为贴切,因为在社区“社区人”比“社会人”更为具体。这一模式与众不同的地方正是在于实施对“社区人”的建设。通过社区建设过程,促进人的现代化,促进人的全面发展,促进人的可持续发展。所谓社区建设的终极目的,就是说它是社区建设的根本目标,是高于和大于其他一切社区建设目标的目标。在这一模式看来,社区建设最根本的任务就是要为“社区人”创造能够全面发展的空间。在这里能够不断地提高人口素质,能够充分地发挥人的潜能,能够极大地满足人的需求。

二、社区建设的典型模式

王青山和刘继同提出了社区建设之“中国模式”的概念。认为社区建设的中国模式,是中国在社区建设过程中所表现出来的,是在借鉴国外社区发展理论的基础上,在中国社区建设实践过程中通过概括总结中国社区建设基本经验逐步形成的。可以将中国模式划分为两种:基本模式和实践模式。从其涵义上说,基本模式也就是理想模式,类似于韦伯建构的“理想型”,它是在概括总结全国各地社区建设模式基础上,高度概括提炼出来的中国社区建设中所形成的组织管理运行的体制的最佳范式或标准形式,是中国社区建设中各基本要素的最佳构成及其结构的最佳组合,同时也是其功能的最佳发挥。而实践模式是不同城市在各自的社区建设过程中所表现出来的具有不同特色的社区建设方法或范式,诸如沈阳、青岛、上海、武汉等地的社区建设方式方法都可以视为不同的实践模式,它们是社区建设的尝试和体验,给社区建设的完善提供了多种不同的思路,也成为人们观察、分析、论证、评价理想社区的一种参照。可以说,实践模式是基本模式的雏形和基础,基本模式是实践模式的完善和发展。

社区建设中国模式的形成过程和中国大地上正在轰轰烈烈开展着的社区建设实践密不可分。20 世纪 80 年代中期兴起的社区服务不断拓展,并逐渐超越社区服务的范畴而实际成为社区建设的前奏和序曲。1991 年 7 月,社区建设的提法首次公开出现。在接下来的一系列理论研讨中,有关社区建设的概念、理论等知识不断得到介绍和深化,社区建设开始在实践中逐步得到探索和推进。在社区建设实践探索中,社区建设中国模式逐步出现,并伴随着社区建设的拓展而逐步深化发展。1993年,江苏省镇江市在整个城区进行了社区建设试验,和当时全国其他地方仅在个别城区、个别街道进行社区建设试验不同,镇江的社区建设是在整个城区范围内全面开展的,在一个中等城市整体推进社区建设在当时尚属首次。由此中国社区建设的第一个实践模式——"镇江模式"产生了。其后,社区建设一方面在社区服务中拓展,一方面和街道、居委会体制调整和改革结合起来。在社区服务拓展中,社区建设的"青岛模式"出现,而在加强基层政权建设,强化基层管理职能、调整基层管理网络过程中,社区建设的"上海模式"、"南京模式"、"沈阳模式"、"武汉模式"、"盐田模式"等陆续出现。

中国模式的基本内涵可以概括为:第一,重新调整定位社区,还社区以其固有自然人文本质;第二,改革现行管理体制,构建新型社区组织管理运行机构;第三,开展大众社会动员,建设基层居民参与治理的新机制;第四,推动中介组织发展,形成国家和社会间的良性互动关系;第五,培育社区自身力量,将社区自治作为社区建设的最终目标。中国模式和其他国家的社区发展模式相比较具有鲜明的特征或特点:①政府推动,行政主导;②借鉴经验,研讨理论;③逐步推进,有序发展;④内容统一,形式各异。[1] 就实践层面的中国模式而言,随着社区建设的不断深入,加之各地实际情况的差异,还必将涌现出新的模式类型,必将呈现出中国社区建设实践的丰富多样性。为了呈现实践层面中国模式之具体、丰富、多样性的特征,本书选择以下几个典型模式进行简要介绍,并试图具体说明中国社区建设实践模式不断演进、具体、丰富、变换、差异、多元的社会事实。

(一)上海模式

从时序上考察,"上海模式"是中国社区建设在各地(大中城市)最早出现的具有典型意义的社区建设模式之一。"上海模式"反映了中国的这个"世界级"的特大城市的特点及其需要。中国社区建设的实践一再表明:"上海模式"始终走在整个中国社区建设的前头,并产生着显著的影响和示范作用。上海的人口、经济、社会发展均具有其独特性。上海是闻名世界的国际大都会,无论是金融、商贸、通航,还是科技、教育、人文等诸多领域在国际社会都占有一席之

---

[1] 王青山、刘继同:《中国城市社区建设模式研究》,北京:社会科学文献出版社2004年版,第240~256页。

地。上海既是一座社会化程度相当高和社会组织严密的城市,又是处于改革开放吸收外来文化前沿的一座城市,“海派文化”独领风骚。所以,无论从国内看,还是从国际看,上海都是一座充满活力的现代化大城市。所有这些特点,无不反映在上海的社区建设及其模式当中。上海之所以会成为中国社区建设最早的城市之一,其根本原因在于,中国的社区建设本来就是中国特定的工业化、城市化和现代化发展到一定阶段的产物。工业化、城市化和现代化必然会带来和衍生社会问题、社会现象、社会需求及种种社会挑战。在上海不仅先期遇到,而且作为特大城市的上海又总是表现得格外集中、突出甚至尖锐。自然,社区建设作为解决上述问题的战略举措,必定会最先成为上海的最佳选择。

1. 上海模式的实践结构

上海社区建设模式的发展,大致经历了四个发展阶段。最初(1986~1991年),是以开展社区服务为主要举措的阶段。在这一时期,以民政部门为主从事了许多社会福利性的济贫解困、优抚烈军属和满足居民日常生活需求的服务工作。上海民政部门创新提出的市、区、街道(镇)、居委会“四个层次一条龙”的社区服务模式,曾经被国家民政部在全国推广。1994年,国家民政部在上海召开的全国社区服务经验交流会,再次向全国推广上海社区服务网络化、社会化和产业化的新经验。此后(1991~1995年),是以创建文明小区为主要举措的阶段。在这一时期,社区服务已走上可持续发展轨道并开始同精神文明建设相结合,由各级精神文明建设活动委员会牵头,提出创建“文明小区”活动。1991年4月,上海市委、市政府正式向全市提出“积极推进创建文明小区活动、加快文明城市建设步伐”的要求,明确提出要积极“创建社会安定、环境优美、生活方便、文化体育生活健康丰富的文明小区”。1994年以来,市委、市政府更是强调要以加强社区建设为载体推进精神文明建设,强化社区管理,完善社区服务,维护社会稳定和提高居民生活质量。创建文明小区活动有力地拓展了上海社区建设的深度和广度。再后(1995~2000年),是逐步开展以理顺社区组织体制为主要举措的阶段。在这一阶段,上海市委、市政府一下手就抓住了上海社区建设的关键部位,即理顺社区组织体制,把社区建设纳入上海市的城市现代化管理与建设的大系统、大计划。1996年以来,市委、市政府每年都要召开社区建设的专题会议,对社区建设提出明确的阶段性目标和任务,以及措施,并且明确提出探索和完善“两级政府、三级管理、四级网络”的社区新体制。2000年至2003年,是以建立健全社区民主自治制度为主要举措的阶段。在这一阶段,主要是贯彻和落实中办发[2000]23号文件的精神,在全市全面推进社区建设。根据上海的实际,着重依法理顺和规范政府与社区的关系,依法强化社区自治功能,把社区建设从建设"社区"推进到"社区建设"的新阶段。"上海模式"得到进一步完善和发展。

"上海模式"是上海社区建设的高度集中概括。王青山和刘继同的研究认为,根据多年跟踪观察,"上海模式"雏形形成于1996年春,成形于1999年春。对"上海模式"的概括有多种:"政府主导、社会支持、市民参与"的社区建设模式("上海市城区工作会议",1996.3);"以政府为主导、以社区为支点、以居民参与为核心的一体化管理体系"的社区建设模式(上海市民政局,1997.11);"党的领导、政府支持、专业服务、群众自治"的社区建设模式(上海市卢湾区委、区政府,1998.8);"政府引导、行政支持与民间发动、居民参与的合作协调过程"的社区建设模式(徐振中,2000.10);"政府主导、社会参与、专业服务"的社区建设模式(上海市浦东新区,2001.9);"党委领导、政府推动、各方参与、合力推进"的社区建设模式(上海市长宁区委、区政府,2002.9);"党政齐抓共管、部门各司其职、社会各方支持、群众广泛参与"的社区建设模式(上海市杨浦区委、区政府,2002.9)。综上所述,显然,在这众多的模式当中,有五个要素是具有共性的,即党的领导、政府支持、群众自治、社会参与和专业服务。因此,可以把"上海模式"概括为:党的领导、政府支持、群众自治、社会参与、专业服务、合力推进的社区建设模式,从而形成"党的领导有力、行政管理有序、各方广泛参与、人民安居乐业"的社区建设新格局。❶"上海模式"的实践结构是在实行"两级政府、三级管理"改革的过程中,将社区定位于街道范畴,构筑了社区建设领导系统——由街道办事处和城区管理委员会构成,社区建设执行系统——由四个委员会组成,即在街道内设置市政管理委员会、社区发展委员会、社会治安综合治理委员会和财政经济委员会,社区建设支持系统——由辖区内企事业单位、社会团体、居民群众及其自治性组织构成。❷"上海模式"的基本做法如下。

(1)坚持党的领导,将加强社区建设同改善党的群众工作相结合。上海社区建设的起点高就在于,上海市委、市政府始终把社区建设放在事关整个上海城市现代化建设、尤其是可持续发展大局的战略地位,高度自觉地把握社区党建同社区建设内在的紧密相关性。从社区建设一开始,就充分认识到"加强党

---

❶ 王青山、刘继同:《中国城市社区建设模式研究》,北京:社会科学文献出版社2004年版,第129~130页。

❷ 汪大海:《社区管理》,北京:中国人民大学出版社2009年版,第288~289页。

的建设,加强精神文明建设,维护社会稳定,基础在基层,社区是载体”(黄菊,1996)。从而明确“社区党建”是社区建设的根本。改善和加强党的群众工作,密切党在社区同人民群众的血肉关系,则是“社区党建”的根本。在实践操作上,上海市委则始终把加强党对社区工作的领导和健全基层党组织作为社区建设落实到实处的组织保证,确立了社区党组织是“地区性、群众性、社会性、公益性”工作的领导核心,形成了以街道党工委为核心,居民区党组织为基础,社区全体党员为主体,社区各类党组织共同参与、团结奋斗的社区党建工作新格局,发挥了社区党组织的凝聚力、战斗力和党员的先锋模范作用,为落实社区建设的各项任务提供了坚强的组织保证。

(2)完善政府支持,将加强社区建设同完善现代城市管理体制相结合。无论是社区服务还是社区建设,都是由政府启动和支持的,这是中国社区建设的普遍做法。上海也不例外。除此之外,在政府支持方面,上海不仅做得好,而且在几个“关节眼”上开创了新局面,为全国提供了先进经验。政府支持方面,上海的做法一是由政府启动、组织与领导;二是培育和发展社区组织及其功能;三是提供财力支持与保障;四是制定相关政策和法规,提供法制保障。政府支持的核心内容是政府转变职权,权力下放,还政于民,依法行政,加强责任。关键是理顺政府与社区的关系,建立起与社会主义市场经济体制相适应且与现代化大城市管理体制相匹配的社区管理体制。为此,上海连续跨了三大步:第一步,是将原来的“两级政府、一级管理”体制改革成“两级政府、二级管理”体制;第二步,1995 年将“两级政府、二级管理”体制改革成“两级政府、三级管理”体制;第三步,1996 年又将“两级政府、三级管理”体制改革成“两级政府、三级管理、四级网络”体制,进一步落实重心下移、以块为主的原则,明确建立起“条块结合、以块为主、各方参与”的社区工作机制。这样不仅加强了政府的责任,而且为社区让出空间,有利于社区发育,更加充分发挥政府、市场(企业)、社区各方在社区建设中的积极作用,有效地提高了社区建设水平,开创了社区建设新局面。

(3)发展基层民主政治建设,将加强社区建设同群众自治相结合。社会主义民主的本质是人民群众当家做主。基层民主则是社会主义民主的重要组成部分,是实现人民群众当家做主的最基本和最普遍的形式。社区建设的过程实际上就是有序地推进基层民主政治建设的过程,以社区为载体实现人民群众当家做主。因此,上海在推进社区建设过程中始终坚持社区动员,着眼于有序地推进基层民主政治建设。首先,建立健全以社区居委会为核心的基层群众自治组织及其规章制度,采取改革选举规则、"政务公开"等措施保障社区居民的直接民主权利,深化社区事务民主自治。其次,大胆改革和探索建设专业化、职业化的社区社会工作队伍,为保障和深化社区自治创造前提条件。职业化社工队伍的建立,专职从事社区工作,这样既可以将不应由社区居委会承担的行政工作剥离出去,减轻工作负担,避免社区居委会的"行政化"倾向,又可以使社区居委会有足够时间和精力真正从事社区公共事务工作,真正成为群众自治组织。再次,创造性地发明"三会"制度,切实有效地保障人民群众当家做主的权利,深化社区民主自治制度。所谓"三会"制度,就是指政府在社区有所作为前,先召开"听证会",听取群众的意见;对政府驻社区单位和社区干部,定期召开"评议会"听取群众对这些单位和人员的评估和意见;群众、自治组织和驻社区单位之间一旦有矛盾,通过召开"协调会"及时沟通解决。实践表明,"三会"制度有效地调动了群众的民主参与积极性,增强了社区认同感和凝聚力。

(4)广泛动员社会参与,将加强社区建设同推进整个城市社会"社区化"相结合。所谓社区建设"社会化",首先就是社区"社会化",就是要让"社区"从以"单位制"为特征的社会结构体系中"解放"出来,发育起来,成为相对独立的"三维社会"(政府、市场、社区)的依法自治的"社会单元"。其次,就是动员社会参与,发动社会力量参与社区建设。如上海基督教育年会加盟上海浦东新区的"罗山会馆"(潍坊街道社区服务中心)。所谓城市社会"社区化",则是指伴随人们社会生活重心转向社区之后,要求城市社会的管理重心放到基层,放到社区,建立以社区为基本单元的现代城市社会管理体制,要求驻社区单位、企业、市场也随之社区化,也就是说,要求市场(企业)面向它们加盟社区建设的过程必然是社区认同的过程。社区建设的过程实际上就是城市社会不断社区化和社区工作不断社会化的协调发展的过程。

(5)拓展专业服务,将加强社区建设同满足群众生活需求相结合。以人为本,服务居民,不断提升社区居民生活质量,是社区建设的根本宗旨。上海社区建设的一贯做法是"民有所呼,我有所应;民有所得,我有所为",把"大民政"理念落实到"大服务"实践,建立起整体推进网络化、系列化、多样化的社区服务体系。具体做法:一是加大投入力度,完善服务设施,形成服务设施网络化;二是坚持以人为本,不断调整和充实服务项目,形成服务项目系列化;三是整合社区资源,开展志愿服务与发展专业服务相结合,形成服务形式多样化。尤其是还根据实际需要建立了“专业服务”新机制，不仅促进了社区服务、社区医疗卫生服务、社区治安服务、社区环境服务、社区文化服务等社区各项事业的快速发展，而且更使得社区居民得到了高质量的服务。社区“大服务”得到居民广泛的认可。

(6)统一思想，形成合力，有序地推进社会建设可持续发展。上海的社区建设经过多年的实践运作，形成“党政齐抓共管、部门各司其职、社会各方支持、群众广泛参与”的新局面。这么多的行为主体参与社区建设只有形成合力，才有可能有序地推进社区建设的不断发展。所谓形成合力，就是将参与社区建设的诸多行为主体整合起来，形成认识一致、目标一致和参与一致的社区建设运行机制。这里的关键是坚持党的领导；落实载体，建立稳定的工作联席会议制度，保证工作载体的正常运行；建立日常和必要的信息传递系统，保持工作信息的畅通和及时沟通；明确主体，将工作任务落到实处。

2. 上海模式的特点

上海作为中国的特大城市，其丰富的社区建设实践及其经验，同其他城市的社区建设典型模式相比较，显然具有下列鲜明的特点。

(1)以街道办事处辖区界定“社区”的社区建设体制。在中办发[2000]23号文件下发前，对于社区建设之“社区”的界定主要有两种观点：一是主张界定在街道，一个街道办事处辖区就是一个社区；二是主张界定在居委会，一个居委会辖区就是一个社区。众所用知，前一种观点就是以上海为代表。中央23号文件下发后，上海对于贯彻和落实中央23号文件是坚定的(可以说中央23号文件是对全国社区建设经验的总结、概括和提高，其中有多处就是直接总结上海的经验)。上海正在按照中央23号文件的规定作社区规模的调整。不过，“街道社区”的影响在全国已经传播开来。1999年夏秋之际，全国所认同的最早出现的三大社区建设模式，即“上海模式”、“青岛模式”和“沈阳模式”，最初主要就是根据“空间”认定的。或者说，“三大模式”的最初的区分就是以社区的不同界定来认定的。事实上，上海在为社区建设所配套的一系列改革举措和政策法规，大都是以“街道社区”为基础设计的，如“两级政府、三级管理”城市管理体制的核心精神，是放权给街道，是为加强街道办事处作为第三级管理主体的职能和权限。再有，“社区党建”的提出与落实，同样是站在全局高度来加强街道一级党组织的。事实表明，上海的这些举措与改革不仅是完全符合上海实际的，而且恰恰成为推进上海社区建设不断发展的直接动力。

(2)社区建设以社区党建为核心。这是上海在社区建设中的首创。社区党建,既是上海社区建设的特点,也是上海社区建设的优点。无疑,它是上海对中国社区建设事业的最大贡献。自 1991 年上半年社区建设兴起,社区建设应包括的内容,经过全国性的理论研讨和实践探索,各地有“四项说”(社区服务、社区经济、社区文化、社区治安)、“六项说”(社区政治、社区经济、社区服务、社区文化、社区治安、社区卫生)、“八项说”(社区服务、社区经济、社区治安、社区文化、社区教育、社区卫生、社区环境、社区科技)等,但唯独没有“社区党建”这一项内容。从党的建设方面考察,重视党的基层组织建设一直是党的传统。中共上海市委历来也是这么做的。尤其是自 1995 年以来,在探索“两级政府、三级管理”新体制过程中更是始终强调和突出“要加强基层党组织建设”。但“基层党建”与“社区党建”毕竟是两个不同的概念。1997 年,在上海市城区工作经验交流会上,“社区党建”作为与“社区管理”和“社区建设”相对应的概念被正式提出。尽管“社区党建”在本质上仍然是“基层党建”,但基于社区管理和社区建设对社区中的党组织所形成的新的要求,“社区党建”这个概念就获得了新的特定内涵(林尚立,2000)[1]。1999 年 8 月 27 日,中共上海市委召开上海市社区党建工作会议,专题研究新形势下如何加强社区党建工作。会议明确强调抓社区建设首先要抓好社区党建,从而把社区党建列为社区建设不可缺少的一项重要内容。1999 年 9 月 25 日,江泽民同志在上海考察社区党建工作。充分肯定上海社区党建工作做得好,意义重大。明确指出:“在改革开放和发展社会主义市场经济的新形势下,要适应新的情况,切实加强社区建设,尤其要把社区党建搞好。”“社区党建”的意义在于,一是它十分有力和旗帜鲜明地解答了社区建设要不要党的领导的问题;二是它十分生动和具体地解答了党怎样领导社区建设的问题;三是它在理论上进一步解答了社区建设的必要性与必然性的问题。由此可见,“社区党建”的提出不单单是拓展了社区建设一项内容而已,更为重要的,它切实提升了社区建设的战略地位,开创了社区建设的新格局。把握“社区党建”,就好比拿到了打开社区建设“大门”的金钥匙。正如黄菊同志所言:“加强社区建设和管理,基础和关键在于社区党建工作。只有党组织才能把社区内方方面面的工作组织协调在一起,这是中国社区建设和管理的特点,也是中国共产党的优势。”

---

[1] 徐振中:《上海社区发展报告(1996—2000)》,上海:上海大学出版社 2000 年版,第 12 ~ 13 页。

(3)社区建设与城市管理体制改革的高度统一。上海的社区建设是与上海的城市管理体制改革相结合发展过来的。之所以如此,深刻的根源在于,自20世纪80年代以来,上海面临着社会转型、经济转轨及其所带来的或激活、激化的一系列社会矛盾和社会问题。面对这样的挑战,上海采取的基本发展战略是在力争经济快速发展的基础上,促进社会与经济的协调发展。一方面是通过社区建设构建"社区制社会结构"的基本社会单元——社区(在中国叫标准社区或法定社区),以适应"单位制社会结构"向"社区制社会结构"的转化;另一方面是通过城市管理体制改革,为构建"社区制社会结构"提供社会空间、社会条件和排除障碍。显然,这两个方面是一个互动的过程,互为因果的辩证统一关系。实际上,社区建设与城市管理体制改革是互为表里的。如果没有城市管理体制改革,社区建设就无法进行下去,就会没有结果。同样,如果没有社区建设,城市管理体制改革就会失去意义和没有目的。它们属于现阶段上海社会发展的两个不同方面或不同内容,并且存在着密切不可分割的内在联系。无疑,深刻地把握这一点是上海社区建设又一显著特点。

3.上海模式的意义

上海作为中国的一座特大城市、著名国际大都会,其社区建设所形成的所谓"上海模式"自然具有引人瞩目的重大意义和价值。❶

(1)"上海模式"是一个具有中国特色、时代特征和上海特点的社区建设模式。这说明上海社区建设走的是一条实践与创新的路子。这一条很重要。尽管"海派文化"向来不保守,善于吸收海外文化,但上海却没有"照抄照搬"外国模式,更没有"崇洋媚外"。上海的社区建设完全是从中国的国情和上海的实际出发,按照上海市城市建设发展需要和中国人民的基本理念来从事社区建设的,并且"在探索中实践、在实践中发展、在发展中完善",从而"形成与社会主义市场经济体制相适应的社区建设新模式"❷。完全可以说,没有敢于实践和敢于创新的精神,就没有"上海模式"。"上海模式"是一个敢于实践、敢于创新的社区建设典型模式。

(2)"上海模式"是党领导城市社区建设的典型模式。中国的社区建设从

❶ 王青山、刘继同:《中国城市社区建设模式研究》,北京:社会科学文献出版社2004年版,第136~138页。

❷ 施德容:"探索与社会主义市场经济相适应的社区建设新模式",《中国民政》,2000年第12期。

一开始就是由中国共产党领导的,以邓小平理论和“三个代表”重要思想为指南。这一点同外国尤其是西方的社区建设完全不同的。上海率先实行的“社区党建”之举不是偶然的,它恰恰是中国社区建设的这种本质特征的具体表现。它不是在理论上,而首先是在实践上解决了党领导社区建设的这一根本问题。这样,“社区党建”不仅找到了社区建设同党的领导的结合点,而且找到了新时期党同人民群众保持血肉联系的最佳方法和途径,找到了党在新时期存在和发展的新阵地,这对于巩固我党的执政地位及巩固国家政权均起到了极为重要的基础作用。显然,“上海模式”是典型的党领导社区建设的模式。

(3)“上海模式”还是一个具有普遍性意义的社区建设模式。从社区服务到社区建设上海总是一路领先,因此几乎天天有来自全国各地的代表到上海参观。因而,经常也可以听到,为数不少的外地代表在称赞上海社区服务或社区建设做得好的同时,常常被上海的社区服务和社区建设的高投入、高科技给吓住,“要花这么多钱,我们可没法学”。上海“有钱”不假,因为上海经济发达;上海“高投入”,也是真的,因为上海把社区建设放在社会发展的战略高度;“上海模式”具有大上海的特点,这也是事实。有许多举措是针对上海的。然而,这并不等于说“上海模式”没有普遍性。我们认为,“上海模式”所蕴涵的那种站在战略高度、善于抓住关键、敢于改革和敢于创新的精神是具有普遍意义的。所谓“战略高度”是指上海市委、市政府始终把社区建设放在上海市城市社会发展的战略地位来看待,作为“主体工程”,而不是“配套工程”。所谓善于抓住关键,上海响亮提出“人民群众安居乐业是社区工作的根本性目标”,社区服务则是安居乐业的关键,社区建设则是社区服务的关键;城市管理体制改革是社区建设的关键;社区党建则又是社区建设的关键。在这里,唯有改革,才能抓住关键;唯有创新,才能坚持改革。显然,学“上海模式”应学的是这种精神,而不是“上海模式”的一招一式。有了这种精神,即使“没有钱”也能搞好社区建设。后来亮相的“四平经验”就是明证。

当然,“上海模式”也存在着一些缺陷:“上面千条线,下面一根针”的格局并未改观;居民社区参与不足,社区意识不强;政府力量过于强大,社区自治组织和中介组织比较虚弱。[1]

---

[1] 汪大海:《社区管理》,北京:中国人民大学出版社2009年版,第289~290页。

(二)南京模式

江苏省南京市的社区建设起步比较早,有两个“全国社区建设实验区”(鼓楼区和玄武区),白下区是江苏省“社区建设实验区”,秦淮区等一批城区的社区建设也后来居上。作为我国第一批进行社区建设实验的城市之一,整个南京市的社区建设搞得轰轰烈烈、如火如荼。整体来看,南京市以社区服务为牵引,构建起良好的服务网络,努力为居民群众服务,以此带动和推进社区各项改革的发展,推动了社区的全面发展。

1.南京模式的实践结构

(1)调整规模。首先,加强社区党组织建设,进一步强化社区党组织在社区建设中的领导地位,积极探索在党组织领导下的社区居民自治运行机制。按照“上级党组织为基层党组织服务、党组织为党员服务、党员为群众服务、党建工作为三个文明协调发展服务”的要求,把服务作为各项工作的切入点,在街道和社区建立党员服务中心及党员志愿者服务站,把“八个小时以外树立形象”活动与“实事工程”有机结合起来,推进党组织之间结对共建、党员领导干部扶贫帮困、党员奉献社区。其次,加强自治组织建设。南京市适当扩大原居委会的规模,建立群众自治组织,即一个大会——社区成员代表大会,一个机构——社区委员会(居委会)在具体实践过程中,社区群众自治组织的建立大致分为三个步骤。第一步,根据社区要素,借鉴国外先进经验,结合中国的实际,按照地缘型、小区型、单位型、功能型等方式,适当扩大居委会规模,提高社区整合功能,科学地划分社区。第二步,建立经过社区成员民主推选的,有广泛代表性的社区成员代表大会,作为社区的最高权力机构。社区成员代表包括纯居民代表、在职人员代表、辖区内单位代表、外来经商办企业人员代表等,使社区成员代表较过去的纯居民更具有广泛性,以适应社会主义市场经济条件下社区建设的要求。此外,按照议行分离的原则,经社区成员代表大会民主选举产生社区委员会(居委会)作为社区执行和办事机构。在广泛动员的基础上,民主选举产生社区委员会成员,其中玄武区在红山社区、白下区在游府西街社区、秦淮区在中华门社区还实行了民主直选。所有这些,标志着南京市社区建设已进入了一个新的发展阶段。[1]

---

[1] 《南京市加强社区民主自治巩固基层政权推进社区建设》,摘自北京市社区公共信息服务网。

(2)理顺关系。进一步理顺政府部门、街道办事处和社区居委会的关系,鼓励各社区民间组织承接社会事务管理,参与社区建设,探索政府力量与社会力量互动、行政功能与自治功能互补的社区管理新模式。第一是进一步明确街道在社区建设中的主导地位,明确街道和社区居委会之间指导与被指导、服务与被服务的关系。各街道对社区的指导,主要做好三方面的工作:一是搞好社区配套硬件设施建设;二是帮助社区搞好工作定位,培育社区工作特色;三是抓好社区工作者队伍建设。同时,各街道要指导社区对各部门工作进行整合,提高工作效率。第二是社区居委会要积极适应城区工作社区化的趋势,探索社区工作社会化的途径和办法,在做好法定工作的同时,不断加强社区组织队伍建设,充分利用社区资源,发展社区志愿者服务队伍,培育、引导社区民间服务组织参与社区建设,进一步优化社区功能,逐步建立社区自我教育、自我服务、自我管理和自我监督的运行机制。第三是各职能部门要利用社区平台,认真履行指导和服务职能,将工作重心下移到社区。凡是部门工作要进社区的,都必须通过社区听证会等形式,广泛听取群众意见。按照"费随事转、权随责走"的原则,探索依托社区劳动和社会保障工作站、社区计生协会等平台,由社区民间组织和社区工作者承接社会事务性工作。

(3)构建社区服务网络。南京市的社区改革把社区服务确定为社区建设的永恒主题,探索用整合的理念、社会化的方式、市场化的运作,构筑社区服务网络。早在1999年,南京市纪委就投资100多万元,在6个城区建成了市民求助电脑网络系统,之后又进一步把网络系统覆盖到5个郊区。社区服务建设已由过去小型分散为主,开始向上规模、形成系列的新阶段迈进。南京市依托各类社区服务设施,普遍建起为老年人、残疾人、烈军属、下岗职工、困难户等服务的网络,以及便民利民、求助互助、家政、康复等服务系列,开展多层次、全方位的社区服务。并形成了一支总数在15万人以上的社区服务志愿者队伍,依托社区居委会服务站,把过去临时性、突击性的志愿服务活动,转变为定点定期的上门服务。

(4)进一步推进社区服务的产业化、社会化和实体化发展,把社区服务作为发展第三产业的基础和载体,不断加大工作力度,推进社区服务产业进程。其中,鼓楼、玄武、白下等区适应高校、企业和部队剥离社会职能的需要,在探索驻区单位后勤服务社会化上取得了成功。这样,经过几年的发展,南京市社区服务构筑了面向困难群体的社会救助服务网,面向下岗和再就业人群的社会保障服务网,面向双拥优抚对象的社会化管理服务网,面向全体社区成员的信息化服务网,形成社会福利服务、社区救助服务和市场有偿服务相结合的多类型、多层次、广覆盖的社区服务网络,满足社区居民日益增长的物质和文化需要。

(5)建立社区建设专项经费投入机制。从2004年开始,秦淮区政府设立社区建设专项奖励基金,按照"以奖代补"的原则,对社区居委会办公活动用房面积达到市示范社区标准的,给予街道一次性奖励。各街道在每年的经费中按比例安排专项基金,用于社区居委会办公活动用房建设和配置,更新社区居委会办公设施。随着全区财力的不断增强,进一步提高社区居委会办公经费标准和社区工作者的工资待遇。同时,建立完善社区人、财、物管理制度,实行社区居委会财务独立核算。[1]

2. 南京模式的成效

(1)社区服务功能的强化。构建面向全体居民的社区服务网络。如前所述,玄武区探索用整合的理念、社会化的方式、市场化的运作,构筑面向困难群体的社会救助服务网,面向孤、老、残等特殊人群的社会福利服务网,面向下岗和再就业人群的社会保障服务网,面向双拥优抚对象的社会化管理服务网,面向全体社区成员的信息化服务网,形成社会福利服务、社区救助服务和市场有偿服务相结合的多类型、多层次、广覆盖的社区服务网络,满足社区居民日益增长的物质和文化需要。①打造"万家帮"社区服务信息平台。加强"万家帮社区服务在线"的社会宣传,整合服务资源,拓展服务项目,扩大服务覆盖面,提高服务质量,实现社区服务政府搭建平台,非营利机构运营,服务实体服务的良性发展。将"万家帮社区服务在线"的建设和社区再就业工作组合起来,积极开展家政、保洁等社区服务岗位工作,帮助下岗、失业人员实现再就业,努力创建充分就业的保障社区。②突出为老服务重点。利用社区资源、发动社会力量,大力兴办老年公寓、社区老人照料中心、老年康复护理院等各类为老服务机构。依托社区养老、社区卫生服务机构等探索居家养老服务,推进养老事业社会化发展。建立社区老年活动中心和老年文化娱乐、教育培训、体育健身、康复护理培训等分中心,进一步提高社区老年服务设施建设水平。③拓展社区服务领域,提升社区服务功能。着力在社区打造"十五分钟卫生健康服务生活圈",建立适

---

[1] 城市社区建设,中国网:http://www.china.org.cn/chinese/zhuanti/minzheng/367215.htm,2003年7月16日。

应社会主义市场经济体制和小康社会群众健康需求的功能完善、规模适度、布局合理、经济有效的社区卫生健康服务体系。推进单位教育资源对社会开放,建设一批社区学习中心,创建各类社区学习型组织,努力建设学习型社区。秦淮区各有关部门、街道采取行政和市场的手段,通过购买服务、出资联办、引进社会服务机构等形式,构建区域性养老、助残、家政、救助、法律、文化、卫生、教育和志愿者帮扶等服务实体,在有条件的社区内设立相应的服务站(点),创办在群众中具有良好信誉的服务品牌,逐步做大做强,使居民不出社区就能就近得到满意服务。

(2)社区民主功能的强化。南京市按照"扩大代表规模,优化代表机构,完善大会制度,强化大会作用"的思路,探索在社区党组织的领导下,社区成员代表大会利用社区评议会、社区咨询会、社区协调会、社区听证会等多种载体和形式,引导居民群众参与对社区事务的管理。进一步细化社区成员代表大会职责,强化其对社区居委会工作的决策和监督作用,真正将社区事务的知情权、参与权、决策权、管理权和监督权交给社区居民。比如,秦淮区在社区成员代表大会中增设民主监督小组,作为其日常工作机构,一般由 5 ~7 名居民代表组成,设组长 1 名,副组长 1 名,委员 3 ~5 名,由社区成员代表大会选举产生,主要负责主持召开社区成员代表大会,组织居民代表对社区居委会工作和社区工作者履行职责情况进行评议。民主监督小组的工作制度、监督内容、表决程序和任期由区政府统一制定。各街道在试点的基础上逐步推开,2004 年底以前全部完成。

(3)社区自治功能的强化。南京市严格按照"权随责走、费随事转"的原则,把责、权、利统一起来,是社区居民委员会成为名副其实的城市基层群众自治组织。南京各区采取多种措施,大力推进政府职能转变,增强社区自治功能。秦淮区把培育和发展社区民间组织作为深化社区建设的一项重要任务,研究出台了有关指导性意见,明确社区民间组织的性质、任务、组织形式、活动规则和经费来源。其中,维权类民间组织,如老年人协会、计生协会等,由社区居委会协助相应的机关部门组建,2004 年底以前基本完成;娱乐类民间组织,如健身队、书画协会等,由社区居委会发动居民组建,不作统一规定,成熟一个组建一个;服务类民间组织,如居民互助协会、家政服务协会等,由社区居委会负责组建,2004 年每个社区至少组建 1 个。社区民间组织负责人全部由居民骨干担任,由居民推选产生,社区工作不得兼任。民间组织必须接受社区党组织的领导,接受社区居委会的指导。玄武区开始在社区居委会开展"清职能、清台账、清牌子、清检查评比"的"四项清理"工作,进一步明确政府部门与社区居委会的关系不是领导与被领导的关系,而是指导与协助,服务与监督的关系。玄武区确定每个社区只挂"社区党支部"和"社区居委会"两块牌子,建立社区党建、社区服务两本工作台账(工作展板),其他各种牌子、台账和各项行政性检查评比一律取消。今后对社区工作的考核,主要是强化群众监督恶化民主评议,每年组织社区居民评议社区居委会的工作,并将这些评议与公务员的考核与政府机关的各项评比活动挂钩,发挥群众监督作用。

玄武区从转变政府职能入手,解除社区居委会的不合理负担,受到全区上下的一致拥护和好评。各级政府机关转变观念和作风,认真清理以往居委会的牌子、台账和检查评比,提出为社区服务的具体措施。区计生局将下达社区的21本计划生育工作账册精简为1个工作簿;区民政局建立了"社区联系点"制度,每个工作人员定期深入社区指导、帮助工作;区妇联面向社区开设妇女儿童维权投诉信箱和服务热线……卸下重负的广大社区居委会干部,搬掉了层层叠叠的工作台账,摆脱了繁杂的行政事务,一心一意地投入社区建设。[1]

3. 南京白下淮海街道的社区改革

有关专家认为,白下区淮海路街道管理体制改革探索是成功的。它触及了中国城市基层管理体制的"瓶颈",提出了现行街道管理体制改革的模式。这一重大理论和实践课题,其改革思路、体制设计和实践效果,为建立政府依法行政、社区依法自治的新型基层管理体制,起到了示范先导作用。

2002年,南京市6个城区共撤销8个街道,进行了社区管理体制的新探索。2002年3月,白下区淮海路街道在加强基层党组织建设的基础上,撤销街道办事处行政机构,设立了社区行政事务受理中心,积极探索"小政府、大社会"的模式,减少政府管理层次,强化社区整合功能。他们通过理顺一个"关系"、坚持"两个依法"、实现"两个归位"等做法,来实现社区体制的重构。"一个关系"是指政府、社会、市场与社区的关系。"两个依法",就是政府依法行政,社区依法自治。"两个回归",一是政府行政管理职能的归位,即街道办事处把涉及行政执法、行政管理的工作归位于政府职能部门;二是将政府社会化职能归位给社

[1] 徐机玲:政府转变职能:南京玄武区为社区居委会减负记事,新华网:http://news.xinhuanet.com,2007年7月27日。

区,把一些社会公益性服务工作还权给社区和社区工作者承担。这项改革,受到民政部领导的高度重视和肯定,被民政部称为“我国城市管理体制改革的一场革命”。

(1)体制调整方面。2002年3月白下区委区政府出台《关于街道管理体制改革试点的实施意见》后,决定选择白下区淮海路街道办事处进行街道与社区体制改革试点,为全面推进城市基层管理体制改革打开一个窗口。权力回归社区,促进基层民主建设的要求。改革街道现行管理体制,是加强社区建设,推进基层民主建设的要求。通过改革街道办事处,缓解社区压力,解除社区居委会对它的依附,解除街道办事处在人、财、物方面对社区居委会的束缚,赋予社区居委会自我管理、自我教育和自我服务的功能,扩大基层民主的领域,构建一个全新的社会管理机制。具体措施是:成立社区党工委、社区行政事务中心、社会工作者和社区服务中心。首先成立社区的党工委作为区委的派出机构,主要是对社区基层党组织进行领导和指导,支持和保障社区自治,维护社会稳定。党工委下设“两办一部”,即党工委办公室,负责组织、宣传、纪检、群团及有关行政性工作的综合协调;社会治安综合治理办公室,主要负责辖区内信访和社会稳定;武装部,主要负责本地区的人民武装工作。行政工作由原先26人减少为12人,并明确社区的党工委不再承担有关的行政职能。其次,建立淮海路社区行政事务中心。撤销街道办事处和街道内部各科室,建立社区行政事务中心,架构社区服务平台。该中心市区政府有关职能在辖区延伸职能的部门的平台,内设劳动保障、民政事务、计生服务、城建、市容司法行政事务与群众关系密切的政务“窗口”,其工作人员为区政府有关职能部门派出人员,按职能要求受理和处理行政事务。最后,成立社会工作站和社区服务中心。具有独立法人资格的工作站有专业社区人员构成,社区工作志愿者参与。享有社区事务自治权、协管权、财务自主权力。淮海路社会工作站,是由专业社区工作者和社区工作志愿者的民办非企业单位,以满足社区多元化需要为目标,引导社区居民互帮互助,方便居民交往、学习、娱乐、休闲、办事,营造和谐、温馨的社区氛围,通过建立一所集社区服务、社区文化、社区体育为一体的不以营利为目的的社区福利服务机构,探索“政府指导、各方协作、社团管理、市民参与”的社区建设和社区发展的新模式。经费来源于政府投入、社会资助及非营利服务费用。淮海路社区服务中心,主要开展便民利民活动,方便居民生活,同时,按照市场化运作方式,将环卫保洁一类适合市场化运作的社会事务交给社区承担。

(2)改革成效方面。

①减少行政管理层次,精简机构人员。淮海路街道撤销街道办事处的改革打破了传统的城市管理模式,推动了政府职能的转变。《城市街道办事处组织条例》颁布施行50多年来,市政府—区政府—街道办事处—居委会四级管理层次延续至今,撤销街道办事处后,原有的城市管理模式被打破,由四级变为三级。管理层次减少,有利于精简人员,降低了政府管理成本,取得了一定的改革成效。通过街道管体制改革试点,做到政事分离、政社分离和政企分离,建立了社会运作与市场运行相结合的有效运作机制,减少了中间环节。政府各职能部门由"后台"走向"前台",直接面对群众实现零距离服务,减少了行政过程的衔接成本、摩擦成本、操作费用和"对策"行为损耗,促进了政府职能转变,把更多的人力、物力、财力和精力投入基层的职能范围之中。淮海路街道原来共有工作人员600余人,其中,公务员编制27人,事业编制20人,从企业借用人员10人,后勤人员7人。淮海路街道改革后,行政事务受理中心有工作人员6名,原经管科、民政科、城管科等移交区相关职能部门,进行人员分流。党工委编制12人(含中心主任),政府负担大大减轻。

②整合社区行政资源,提升社区服务水平。在社区改革过程中,白下区专门出台《关于淮海路街道行政管理职能交叉的实施意见》,对原街道办事处承担的行政职能认真进行了梳理和职能的剥离,按照"费随事转、权随责走"的原则,把属于行政管理和行政执法的57项职能,全部移交给13个职能部门;社会性、群众性工作,由社会全面承接。由于职能机构办公人员集中在一个大厅,实现"一门式"服务,极大地方便了群众办事。撤销办事处后,居民服务不仅未受影响,反而更加有效。他们将原来5个社区合并为三个社区,选举产生了社区居委会,调整办公用房,建立社区独立账户,由社区自主决策重大事项,并配备和增加了社区服务设施等。各社区通过建立职能型服务、义务性服务和有偿性服务网络,加强了社区自治能力,改变了社区居委会几十年来依赖于街道办事处的传统工作模式。过去,社区工作等着上面下任务、发通知、提要求,现在是根据实际需要,特别是群众需要,自己想、自己讲、自己抓、自己做,自主了,宽松了,使社区自治功能得到强化。

③理顺关系,有效发挥党工委核心作用。撤销街道办事处,党的组织、党员管理成为关键性问题。围绕体制调整,淮海路社区改革着重理顺三个关系:一是理顺街道党工委与社区党组织的关系,明确了街道党工委和该地区党的工作

领导核心,社区党组织负责协调社区党务和群团工作,街道党工委领导社区党组织,街道党工委与辖区内其他系统的基层党组织是指导、协调关系,是政治领导关系。二是理顺街道党工委与社区行政事务受理中心的关系。明确街道党工委领导和指导社区行政事务受理中心党支部,协助和督促"窗口"部门的行政职能,为社区单位和居民搞好服务。三是理顺社区行政事务受理中心与社区居委会自治地位,主动接受社区居委会监督和评议。

④增强了社区自治功能。白下区通过社区工作社会化,培育和发展社区服务实体、中介组织和专业型社会工作机构,还自治职能与社区。为此建立了"淮海路社会工作站"和"淮海路社区服务中心"。具有独立法人资格的工作站由专业社区工作人员构成,社区工作志愿者参与,享有社区服务自治权、协管权、财务自主权。社会工作站与社区居委会实行议行分离的工作机制,拥有自己的财产、账户,可以接受委托,处理社区事务。社会工作站以"项目取向"带动公众参与,在调查分析社区服务需求的基础上,确定服务项目和服务目标,同时根据其民间组织的属性,整合社区资源,协调、培育、指导各类中介组织,承接政府企业剥离的各项社会服务职能,以有偿、低偿服务的形式,开展便民利民服务,其经费来源于政府投入、社会资助、非营利性的服务收费。

社区服务中心作为一个民办非企业单位,一方面发挥社会服务单位与社区中介组织作用,开展各类便民利民和形式多样的志愿者服务活动,走网络化、产业化、社会化发展之路;另一方面,顺应市场经济发展的需求,按市场化的运作方式,将环卫保洁等适合市场运作的社会事务采取公开招标的方式交给社区承担。与此同时,按照"议行分离"的原则,扩大社区规模,整合社区资源,重新构建社区组织机构,将原先5个社区居委会合并为3个,各社区设专职主任1名、副主任2名,兼职5~10名,每个社区居委会根据工作需要,自主招聘3~5名专业化和职业化的社区工作者,培育社区自治功能,充分发挥社区居委会的主体作用,确保改革稳步推进。

(三)沈阳模式

在社区建设中,沈阳是以"沈阳模式"而闻名全国的,其核心是通过使居委会成为责权统一的区域管理实体,积极推进社区自治,夯实基层社会管理基础。成功之处在于其回答了中国社会发展的一个战略性课题,昭示了一种发展前景和方向,这个方向就是体现了在经济建设不断地国际接轨的同时,社会生活和管理也应当与国际接轨,紧跟上时代的潮流和脉搏。"沈阳模式"是农村村民自治并向城市社区的延伸,对中国整个民主政治和政治民主化的建设有很大的促进作用,必将推动基层政治体制的改革,解决好城市社区建设工作所面临的共性问题。同时也要看到,沈阳社区管理模式仍然处于探索阶段,在实践中还存在很多难以解决的问题,有许多值得进一步研究和完善的地方。❶

1. 沈阳模式的实践结构

(1)明确社区定位,调整社区规模(或合理划分社区)。沈阳市在试点的基础上,从有利于推进民主和优化资源配置出发,将社区定位在“小于街道办事处、大于原来居委会”的层面上。❷ 沈阳市根据时代的需要,本着“有利于社区民主自治、有利于社区的资源共享、有利于社区的科学管理、有利于社区的功能发挥”的原则,按照居民实际居住地重新调整了社区规模,小的1000多户,大的2000~3000户,其中,规模最大的社区管辖4800户(和平区“东大社区”),最小的社区管辖200多户(沈河区“河畔花园社区”)。全市2753个居委会同步改革为1277个社区,平均规模由每个居委会500户扩大到每个社区1246户。

同时,沈阳市根据居民居住的自然地缘关系、社区的资源配置、适度的管辖规模及人们的认同感等社区构成因素,按照有利于社区管理、自治、资源利用,有利于社区居民行使民主权利的原则,优化社区资源配置,将社区重新进行划分。社区主要分为四种类型:一是按照居民居住和单位的自然地域划分出来的“板块型社区”;二是以封闭型的居民小区为单位的“小区型社区”;三是以职工家属聚居区为主体的“单位型社区”;四是根据区的不同功能特点划分的高科技开发区、金融商贸开发区、文化街、商业区等“功能型社区”。通过重新划分,全市共划分板块型社区976个、小区型社区99个、单位型社区170个、功能型社区32个。这些社区的划分有助于社区政府因地制宜地开展工作,使社区内的各项资源得到有效配置。

(2)确立社区新的管理体制。沈阳市社区体制改革,在参照国家政权组织形式的基础上,实行“议行分离”的原则,对社区管理体制进行调整和改革。

一是组建新的社区党组织——即“领导层”。社区党组织是社区的领导核心,它由社区党员代表大会选举产生,每届任期三年。社区根据党章规定,并根据社区实际党员人数,设立社区党委、党总支和党支部。社区党组织的主要职

❶ 王伟:“沈阳社区建设新模式”,《社会》,2000年第4期。

❷ 汪大海:《社区管理》,北京:中国人民大学出版社2009年版,第291页。

责是:宣传贯彻党的路线、方针和政策,团结和领导广大党员、群众,完成社区所负担的各项任务;领导社区居委会和社区协商议事会等各种组织,并支持和保证他们按照各自的章程依法履行职责,独立自主地开展工作;做好社区工作者的教育、培养、考核和监督工作;抓好党组织自身建设,对党员进行管理、教育和监督,同时抓好发展党员工作,对要求入党的积极分子进行培养和教育;开展积极有效的社区思想政治工作,加强社区精神文明建设;密切联系群众,团结群众,积极反映群众的意见和要求,做好群众工作;组织社区内的力量,及时正确处理各种社会矛盾,维护社会治安,保持社会稳定,为社区居民创造良好的生活环境。

二是成立社区成员代表大会,即"决策层",这是社区民主自治管理的最高权力机构。社区成员代表大会由全体18周岁以上的社区居民或户代表和社区单位推选的代表和社区单位推选的代表组成,每届任期三年。社区成员代表大会每年至少召开两次会议,遇到涉及居民利益重大事项,经三分之一以上的社区代表或社区协商议事委员会提议,可随时召开。社区成员代表大会须由半数以上的成员参加才能举行,而且会议的决定须有参加人数半数以上方能通过。社区成员代表大会的主要职责包括:选举产生社区委员会,依法罢免、撤换、补选其成员;聘任社区协商议事委员会,依法罢免其成员;讨论决定本社区的社区建设规划和涉及全体社区成员利益的重大事项;听取并审议社区委员会的工作报告和财政收支情况的报告,听取并审议社区协商议事会的工作报告,并就某些问题提出批评和质询;制定或修改社区自治章程和居民公约;变更或撤销社区委员会不适当的决定;对社区委员会成员的工作进行民主评议;讨论和答复社区代表的提案等。

三是成立社区(管理)委员会,即"执行层"(沈阳市在改革之初,称为社区管理委员会,2000年改为社区委员会,以减少其行政色彩),这是社区代表大会的办事机构,它也是社区的居委会,与规模调整后的居委会实行一套班子、两块牌子,由招选人员、户籍民警、物业管理公司负责人组成,对社区成员代表大会负责并报告工作。社区委员会由主任、副主任和委员3~9人组成,一般每200~300户配备一名成员,在社区居委会下面,按照社区建设的内容和实际需要,设置了治安调解、环保卫生、文化教育、计生妇女、保障服务、财经管理等工作委员会。各工作委员会下设综合治理协会、人口和计划生育协会、业主委员会、社区保障服务站、再就业服务站、经常性捐助站、志愿者协会、市民学校、卫

生服务站等组织。还建立了由“楼长”、“院长”、“单元组长”、居民代表、社区志愿者等组成的社区组织工作网络。❶

社区委员会的基本职能主要有:①宣传宪法、法律、法规及党和国家的各项方针、政策;②执行社区代表大会的决议、决定,定期向其报告工作,对其负责,受其监督;③起草、讨论、修改向社区代表大会、社区协商议事会做的工作报告和财务收支情况的报告;④组织社区成员进行自我管理,搞好社区规划、治安、计划生育、卫生保健、文化教育、环境保护等工作;⑤组织开展社区服务活动;⑥开展社区精神文明建设工作;⑦指导社区各类协会开展工作;⑧协助政府管理社区内的各项任务,对政府有关部门和其他组织进行监督,并将意见及时向有关部门反馈;⑨办理上级国家行政机关交办的社区协商议事委员会授权的其他工作。

四是成立社区协商议事委员会,即“议事层”,其成员经社区代表选举或聘任产生,主要由社区内人大代表、政协委员、知名人士、居民代表、单位代表等组成,每届任期三年。社区协商议事会一般每月召开一次,遇到重大问题或三分之一以上的委员提议,可随时召开。社区协商议事会设专职主任1人、副主任2人,委员若干,实行义务工作制。社区协商议事会在社区代表大会闭会期间行使对社会事务的协商、议事职能;代表社区成员协商驻社区单位和社区各方面的力量参与建设;有权对社区委员会的工作提出建议和进行监督等。

(3)调整社区管理的权力。2000年,沈阳市委、市政府出台了《关于深化我市社区建设的意见》,公开赋予社区相应的权力,明确其相互关系。首先是将自治权还给社区。将社区工作者的选举和罢免权、社区日常事务的决策和管理权、社区财务的自主权归还给社区,要求费用随事转,并且在全国第一个提出了“社区对于不合理的指派和摊派具有拒绝权”,有利于社区自治功能的发挥。其次是给社区以协管权。把适于社区协助政府管理的计划生育、治安调解、低保、失业和退休人员管理、流动人口管理等13项基层社会事务功能交给社区。再次是赋予社区以监督权。主要是将监督政府部门在社区的执法行为、监督社会服务单位的工作质量、监督党员领导干部在社区的政治表现等多项权力明确地赋予社区。包括对政府部门、街道办事处及工作人员的工作情况进行监督;通过联系社区的人大代表,监督“一府两院”的工作;对公用事业单位的服务进行

❶ 金永利:“沈阳现象社区管理模式的评价分析”,《经济师》,2003年第1期。

监督;对社区党员干部的表现进行监督。比如实行了社区成员代表大会评议社区、评议社区工作者活动,强化了社区的自我监督功能,有利于社区民主自治行为的规范。[1]

(4)明确社区职能。沈阳市将社区的职能加以明确:一是管理职能。协助各级政府维护本地区的社会治安,组织群防队伍,搞好群防群治,加强对流动人口和刑释解教人员的控制,发现问题及时向有关部门反映;调解民间纠纷,防止矛盾激化,促进家庭及邻里和睦;协助有关部门搞好以“净化、绿化、美化、安全”为内容的安全文明小区创建活动;协助有关部门搞好居民的交通车辆管理,做好计划生育工作;协助政府完成其他行政工作。二是教育职能。宣传党的方针、政策、法规,提倡社会公德、家庭美德,教育居民履行依法应尽的义务;开展多种形式的精神文明建设活动,提倡科学文化,反对封建迷信,树立文明社区风尚;加强对失足青少年的思想教育,做好帮教工作;教育居民增强社区意识、参与意识,形成良好的社区氛围。三是服务功能。组织居民开展便民利民的社区服务活动,完善为老年人、残疾人、优抚对象和居民家庭生活提供服务等多层次的服务网络;采用多种形式、开辟多种渠道,帮助下岗人员、失业人员就业;动员社会力量,建立社区服务志愿者队伍,开展群众性的互动、互济活动;为居民提供方便的生活环境。四是监督功能。维护居民合法权益,代表辖区居民对政府有关人员的执法情况,以及环卫、供水、供电、供暖等公用事业和企业单位对居民的服务承诺情况进行监督,及时向上级政府有关部门反映问题和群众呼声,提出意见和建议。社区作为居民利益的代表,参与业主委员会,并通过业主委员会,选择、聘用和监督物业公司。

(5)公开选拔社区干部。1999 年,根据《中华人民共和国城市居民委员会组织法》的原则规定,沈阳市统一采取“公开招贤,定岗竞争,择优入围,依法选举”的办法,按照每 200 至 300 户配备一名社区专职干部的比例,选举产生了首届“社区管理委员会”成员(户籍民警和物业公司负责人可通过推选方式直接进入社区管理委员会)。各街道办事处普遍在社区张贴了“聘选启事”,在对报名参加招聘的人员进行资格审查、考试、答辩的基础上,确定入围建议名单,提交社区代表大会讨论;然后入围者又在社区代表大会上进行竞选演说,按多数代表的意见确定出正式候选人;最后按照差额、无记名投票选举的原则,依法选举

[1] 胡宗山:“从社区建设看城市基层社会管理体制改革的若干走向”,《社会》,2001 年第 3 期。

产生社区管理委员会成员。在1999年的社区选举中，报名人数之多、竞争场面之热烈是以往居委会选举所没有的。全市经过选举产生了6400名社区管理干部，代替了原来的13381名居委会干部，使社区管理委员会取代了传统的居委会工作。同时，推选产生了社区协商议事委员会，全市共推选产生议事委员会成员7422人，平均每个社区9.1人。在当选的社区管理委员会主任中，兼任社区党组织负责人的占69.9%。

2. 沈阳模式的成效

沈阳模式借鉴我国国家政权机构的设置，创造性地在社区设立了社区成员代表大会、社区协商议事会和社区居委会作为社区管理体制的主体架构，同时借鉴国家层面政权机构之间的权利义务关系，通过建章建制明确了三个自治主体之间的关系、社区党支部的地位与作用，取得了一定的成效。

(1)理顺了关系，增强了职能。沈阳的社区体制改革，改变了原有居委会的组织模式，在社区形成了以党组织为核心的"领导层"，以社区成员代表大会为组织形式的"决策层"，以社区管理委员会为办公机构的"执行层"和以社区协商议事委员会为智囊团的"议事层"。这四个组织框架的建立，使社区组织的整体性、系统性、协调性和制约性有了明显的增强，社区功能的发挥，保证了社区的自治方向，防止了行政化和自身的官僚化。社区新型管理体制的确立初步形成了责权明确、互相促进、共同参与、相互制约的新型运行机制，使社区的教育、服务、管理、监督职能也得到了进一步的深化，这是原有的居委会体制所无法比拟的。体制改革和社区管辖范围、工作对象、工作职能同过去相比有了很大进展，新社区体制的优越性已有了明显的体现，社区组织的作用得到较好的发挥。

(2)扩大了对资源的整合。沈阳模式的建立首先从社区规模的调整开始，将社区定位在小于街道、大于原来居委会的层面上。社区规模的调整不仅在于合并了一些居委会，扩大了社区的辖区范围，使社区具有了一定的规模的人口和地域范围，而且重要的是通过社区规模的调整，使社区内的单位资源整合进来，扩大了社区资源的内涵，增强了社区的行为能力，特别是提升了社区服务的社会化程度。社区服务社会化所强调的是政府、社团、企事业单位、居民群众等各种力量共同参与，而不是政府包办。即便是公共服务，政府也不再是唯一的提供者，政府要逐步把技术性、服务性、社会性的事务剥离给社区自治组织和其他机构，有效整合社区资源，最大限度为社区居民提供良好的服务。这种通过规模调整将资源进一步整合的做法，使各种资源自然而然地、有效融入社区，成为社区建设和发展的一个构成要素，有利于调动各方的积极性，促进社区建设的快速发展。

（3）提升了社区的自治能力。社区建设的“沈阳模式”被称为是自治型的模式。所谓自治是以自我管理、自我教育、自我服务、自我发展为核心的，沈阳所搭建的社区管理的组织架构的重心就在于调动社会各方面的积极性、主动性，参与社区建设，成为社区发展的主体。政府将权力下放给社区，使社区居委会责权统一，有能力也有动力在社区内实施有效管理。

为保证权力的正确行使，各社区体制制定了相应的监督机制。一是建立自律机制。通过社区自治章程、居民公约、各组织的工作制度等各项规章制度，明确规定了上述权利的行使范围、行使程序和如何接受监督。二是建立居委会事务公开制度。公开的内容包括生产经营、财务管理、项目承包等。根据内容的不同，定期公布，确保受到社区居民的监督。三是健全社区民主政治生活。充分发挥社区成员代表的民主决策、民主监督作用，确保权力正确行使。同时，完善民主考评办法，由社区成员为社区工作者打分，进行考核考评。由社区居民和辖区单位的代表共同组成成员会议，每年定期召开，讨论社区的重要事项。成立社区管理委员会，作为社区成员会议的执行机构。建立社区协商议事委员会，在社区成员会议闭会期间行使对社区事务的协商议事职能等，这些都为社区主体参与社区建设提供了平台，有利于培育各种社会力量的成长，有利于社区自治的实现。逐步建立起以居住地为特征，以居民的认同感和归属感为纽带，以提高居民的生活质量、综合质量和文明程度为目的，以社区成员的自我教育、自我服务、自我管理、自我约束为手段，由党和政府领导、社会各方参与的、群众自治管理的区域性文明小社会，并形成共居一地、共同管理、共促繁荣、共保平安、共建文明、共求发展的社会化自治管理的运行机制。特别是在社区管理委员会的指导下，大力开展社区志愿者活动，通过开展社区志愿者活动，提高了社区居民的生活质量，增进了人民的满足感、成就感，居民的主人翁意识增强，节省了大量的社区管理资金，提高了社区工作效率，改善了社区的人文环境，为社区共同意识的形成提供了基础，增强了社区的自治性。[1]

当然，沈阳模式仍然存在着政府角色的“越位”和“缺位”，社区组织及其运

[1] 胡宗山：“从社区建设看城市基层社会管理体制改革的若干走向”，《社会》，2001年第3期。

行机制尚不健全、不完善,以及资金供给与运行机制不完善等问题❶。

(四)武汉模式

武汉市在社区建设试验区的基础上,从2004年开始全面推进以转变政府和街道办事处的职能、理顺社区工作关系、强化社区民主自治功能为中心的城市社区建设深层次改革和探索。武汉以改革城市基层管理体制为突破口,围绕合理调整划分社区、组建社区组织、转变政府职能和强化社区民主自治功能、大力发展社区服务等关键环节,全面推进城市社区建设,为我国城市社区建设开创了一个新的模式。武汉社区治理以"江汉模式"而著称,随着社区治理的发展,武汉的百步亭区治理模式及武汉的社区治理"883"计划也影响颇大。

1. 江汉模式

江汉模式是"三自模式",即社区人自愿参与、社区组织自主管理、政府自觉依法行政的城市社会治理模式。也就是说,江汉模式是一种全新的"社区治理模式",就是以社区为平台,通过制度变迁,在每一个社区范围内,建立一种政府行政调控机制与社区自治机制相结合、政府行政功能与社区自治功能互补的社区模式。它是1999年沈阳模式的进一步发展,为培育社区自治提供了良好的制度环境,使社区居委会摆脱政府"腿"的角色。

(1)调整规模。武汉市江汉区是全国26个社区建设试验区最后一个被批准的社区,江汉区的社区建设是从2000年2月开始的。在同年9月底的经验总结上,被论证为江汉模式。"江汉模式"效仿"沈阳模式"的社区定位,在合理划分社区规模的基础上,将社区定位在"小于街道、大于居委会"的层面,按1000~2000户的规模全区共建立新型社区112个。以此为基础,"江汉模式"开始了以主动转变政府职能,以自治为取向的社区改革。江汉区以转变政府职能为重点,实现政府工作面向社区,重心下移,减轻居委会负担,增强社区自治能力,并通过建立政府依法行政和社区依法自治互动作用的新型机制来探索基层社会管理体制的有效创新。

(2)调整体制。"江汉模式"效仿"沈阳模式"的社区管理架构,按照领导层—社区党组织、决策层—社区成员代表大会、执行层—社区居委会、议事和监督层—社区协商议事会的机构设置,坚持"公开、公正、公平"原则,根据民主选

---

❶ 汪大海:《社区管理》,北京:中国人民大学出版社2009年版,第292~293页。

举程序，组建了社区党组织、社区成员代表大会、社区居委会、社区协商议事会4个主体机构。通过面向社会公开招聘，经过笔试、面试、预选、正式选举的程序，产生社区委员会成员。

(3)转变职能。江汉区在社区建设的同时主动转变政府职能，并制定了转变政府职能应当遵循的四个原则：一是面向社区、重心下移。各部门正确处理管理与服务的关系，把贴近群众、服务社区作为强化管理的着眼点；积极为社区实现“资源共享、责任共担、共驻共建”创造条件。二是事权下移、责权利配套。各部门在事权下移、责任下移时，将财力和利益随之下移，按照“权随责走、费随事转”的运作方式，做到责、权、利的真正统一。三是以人为本、资源整合。各单位以改善社区居住环境、便利社区居民生活、丰富社区文化、提高社区居民素质、让社区居民安居乐业为己任，把社区居民是否满意作为评价职能部门工作的根本标准。同时要善于整合社区资源，与辖区单位共同建设社区。四是扩大民主、依法自治。各职能部门和街道办事处尊重社区居委会自我教育、自我管理、自我服务的法律地位，根据社区工作的性质和特点，支持、帮助社区居委会利用社区资源、环境和条件，找准工作的切入点，大胆探索和创造符合自身实际的新型社区工作特色和管理模式，切实增强社区自治功能，避免社区居委会成为政府的准行政组织。

(4)江汉模式的成效。江汉模式被认为是一种政府与社区共生、互补和双赢的机制，是“政府依法行政与社区依法自治相结合，行政机制和自治机制相结合，政府功能与社区功能互补的社区治理模式”❶。

一是初步形成了较为合理的社区运作机制。武汉市从2004年起全面推进以改革城市基层管理体制为突破口的社区建设工作，通过体制的调整和政府职能的转变，逐步形成了“党委、政府领导、民政部门牵头、职能部门配合、街道社区居委会主办、社会各方支持、群众广泛参与”的社区建设工作运行机制；形成了以社区党支部为核心，多重组织管理体系为内容，社区党组织共驻共建为形式的社区党建工作机制；形成了一套全新的社区依法自治、政府依法行政，责权利界定明确、职能划分合理，指导与服务配合与监督相结合的社区与政府职能部门间关系运行机制；初步形成了以社区居委会和社区党支部为核心，街道办事处和政府职能部

❶ 陈伟东：“城市基层社会管理体制变迁：单位管理模式转向社区治理模式——武汉市江汉区社区建设目标模式、制度创新及可行性研究”，《理论月刊》，2002年，第12期。

门支持、指导、协调、服务为保证,社区居民和辖区单位共驻共建、资源共享为内在动力,社会各界支持参与为外在动力的全新社区职能运行机制。❶

二是初步形成了“五个结合”的工作模式。武汉在社区建设的推进过程中,注意到各个方面的协调与结合,使社区建设成效显现。将社区的调整划分与社区的组织建设结合起来,形成了较为合理的社区区域概念和健全的社区组织体系;将推进社区体制改革与建立社区服务设施网络结合起来,形成社区服务的网络化;将社区建设与转变政府职能、理顺关系有机结合起来,初步形成“政府依法行政、社区依法自治”的城市基层管理体制和工作运行机制,政府部门与社区自治组织相互之间“指导与服务、协调与监督”的关系逐步确立;将加强社区工作者队伍建设与工作制度建设结合起来,形成社区工作规范化良性运行机制。❷

三是推动了政府职能的转变。江汉区的探索是将行政部门和社区的工作事务逐项分解,其中一些是街道行政部门独立承担与社区无关的管理工作(如税收),一些是由街道行政部门承担、社区组织协助的工作,一些由街道行政部门指导。街道和政府部门事权下移,做到了“两个到位”:①将政府职能部门的本职工作做好、做到位,绝不推给社区;②对属于政府职能部门的工作如果确需社区配合,在与社区协商后,按照“权随责走、费随事转”的原则,由职能部门与社区共同完成,做到“五个到社区”,即工作人员配置到社区、工作任务落实到社区、工作经费划拨到社区、服务承诺到社区、考评监督到社区,确保行政事务由行政执法主体和行政管理部门来承担。例如区计生委在每个社区都招聘了一名计划生育专职干部,由区街计生部门负担工资,负责承担社区计生工作。区公安分局在全区建立了222个民警责任区,实行社区警长制;市容监察部门配置了133名社区市容监察队员,实行包片责任制,责任落实到人;卫生部门在全区建立了12个街道社区服务中心,61个社区医疗服务站。❸

在进行事务分解的基础上进一步理顺了各主体之间的关系,为实现政府职能转变提供了前提条件和推动力量。①理顺社区居委会和街道办事处的关系。彻底改变将居委会作为街道办事处派出机构的做法,引导、支持社区居委会充分发挥自治功能,帮助解决社区无法处理的疑难问题,树立社区代表维护居民

---

❶ 尹为真:“探索现代城市社区建设的新路——武汉市江汉区社区建设的实践与思考”,中国城市社区网:htto://www.cucc.org.cn,2005年6月1日。

❷ 武汉市社区建设经验引起全国关注,人民网:http://unn.people.com.cn,2001年4月23日。

❸ 任远、章志刚:“中国城市社区发展典型实践模式的比较与分析”,《社会科学研究》,2003年第6期。

合法利益的新形象。②理顺社区居委会和政府职能部门的关系。各职能部门转变工作方式和重点，调整机构和人员配置，将工作重心沉到社区，全力处理好本部门和物业管理部门的关系。物业公司是一种企业，以营利为目的，不具有社会行政管理职能。社区居委会在本辖区内具有法定的服务、管理和指导职能，代表居民对物业公司的工作给予支持、配合和监督，物业公司的工作应主动接受社区居委会的指导和监督，两者位置不能颠倒。❶

江汉模式通过政府主动转变职能调整政府和社区关系，从而实现了社区自治。并通过制度建设，基本理顺了四个主体机构之间的权、责、利关系。通过职能转变，街道和政府职能部门理顺了关系，强化了职能，加大了行政管理力度，取得了一定的成效。社区居委会通过有效的组织管理工作，逐步在社区中树起威信。为保证政府职能的顺利转变，还建立新型的社区财力支撑体系。各街道办事处依法维护居委会财产权，在社区成立后，很快将原居委会的资产合理地划分到社区，保证了社区居委会的经费来源。各职能部门按照“谁办事、谁用钱”的原则，将专项经费直接拨给居委会。同时加强社区自有资产经营管理，动员辖区单位和社会各界集资兴办社区的公益事业。另外，还建立了政府管理与社区自治管理双向互动机制。

这一机制是通过建立若干制度，定期开展评议考核活动来实现的。①建立了双向服务承诺制，各个转变职能部门和社区居委会都在社区建立了服务承诺制，面向全体居民公开承诺服务内容、服务质量、完成时限。②建立双向公示制。将上述服务承诺的具体落实情况通过政务公开栏、居务公开栏的形式定期公布，接受居民监督。③开展双向考评活动。该区每年末开展一次民主评议活动，包括：社区居民民主评议社区居委会成员职责履行情况；社区居民、居委会成员评议转变职能后工作重心下移的社区民警、市容监察队员、计生专干和环卫作业者的工作情况；由社区居委会评议街道办事处转变职能落实情况；社区居委会、街道民政科长评议区政府各部门转变职能、工作重心下移的落实情况。❷ 区政府开展社区评议街道和政府职能部门活动，由社区成员代表给职能部门工作人员考核打分，评分的结果列入政府目标管理考核和公务员考核的重

❶ 王敬尧：“‘互动合作’的制度变迁模式——来自江汉区社区建设的启示”，《华东师范大学学报》（哲学社会科学版），2005 年第 5 期。

❷ 胡宗山：“从社区建设看城市基层社会管理体制改革的若干走向”，《社会》，2001 年第 3 期。

要内容,作为单位、个人奖惩的重要依据。❶

四是推动了社区自治的发展。以社区居委会为依托,构建了社区组织的工作网络和工作方式(含社区党建工作网络和工作方式,社区自主管理工作网络和工作方式),合理划分社区自治权力,规范社区组织及成员的自治行为,防止社区工作者"以权谋私"和社区资产的流失。其目的是要为社区自治建立微观组织载体,为提升社区自治功能提供微观组织保证,从而建立纵向到底、横向到边、纵横交错、点面覆盖的社区稳定网络,消除社区治理的"盲区"和"真空地带",优化社区秩序。居委会不再与街道签目标责任状,区政府各职能部门和街道办事处依法支持社区行使社区工作者的选举罢免权、内部事务决定权、财务自主权、民主管理监督权和不合理摊派和拒绝权,指导、协助社区自主开展便民利民服务,自主开展社区教育和管理,自主开展社区治安防范,自主开展社区环境整治,禁止各级政府对社区自治的侵害。

对江汉模式进行科学分析,也发现其存在一些比较突出的问题:社区行政化、政府职能转变不到位问题;较低的社区居民参与度和社区发展要求不相适应问题;低配套率的社区公共服务设施与日益增长的社区居民需求不相适应问题等❷。

2.百步亭模式

武汉百步亭社区由百步亭集团于1995年开发建设,总面积2平方公里,现有居民9万多人。百步亭作为一个以商品房为主的新型社区,其特点主要有:①居民构成的单一性和特殊性比较突出,除了少数回迁居民外,大多数居民都是外迁人,历史遗留问题和矛盾较少,从陌生到融合,人际关系易于良性整合;②居民基本上都有固定收入,而且有一定文化层次,低保户少,上访户少;③社区是市场经济条件下民营企业办社会模式,企业的良性运作和经营业绩,为社区发展提供了坚实的物质基础。

社区改革创新的主要理念和做法是:

(1)社区管理体制建设中没有街道办事处。武汉百步亭社区在江岸区委、区政府的直接领导下,不设街道办事处,由社区管委会、物业管理公司和居民委

❶ 尹为真:"探索现代城市社区建设的新路——武汉市江汉区社区建设的实践与思考",中国城市社区网:htto://www.cucc.org.cn,2005年6月1日。

❷ 汪大海:《社区管理》,北京:中国人民大学出版社2009年版,第294~295页。

员会共同管理。最高管理机构是社区管理委员会,由社区居民自治组织、业主委员会代表、百步亭集团(社区房产地产开发建设投资者)、物业管理委员会和进驻社区的政府部门代表等组成。管委会得到区政府的授权,通过社区服务中心直接履行办理户口、结婚证等部分政府职能。但管委会工作人员全是企业人员,其人员工资及办公经费全由物业公司支付。社区成立了由党员代表选举产生的社区党委会。在江岸区委、区政府的支持下,建立社区的党工委,把社区中党员组织起来,组建了若干个党总支、党支部和党小组,社区的党工委承担领导和监督职能。社区党委会与管委会实行"双向进入、交叉任职",5 名党委成员分别兼任社区各组织的领导职务,既减少了管理人员,又提高了效率。在这一体制下,百步亭社区形成了"一个中心,两层网络"的管理体系:以社区党委领导下的管委会为中心,负责协调社区内部组织和政府职能部门的关系,依法制定社区管理制度;以开发公司为主体的建设网络,加大基础设施和公益性设施建设力度,完善社区功能;以物业公司为主体的服务网络,把商业性服务、福利性服务和公益性服务融为一体,为居民提供便捷周到的服务。❶

(2)以市场化为主导的社区服务创新。百步亭社区提供社区公共服务的模式,是社区公共服务体系营运模式的一次创新,是对社区公共服务组织形式的有效探索,它提供了新形势下"自治型"社区公共服务体系的成功经验,是国内社区走持续发展道路值得借鉴经验的成功范例。❷ 作为百步亭社区房产开发商的百步亭集团,积极探索并走出了一条社区公共服务自主发展之路。集团将构建配套设施的产权归政府,但在政府服务不到位的情况下,集团主动承担企业公民责任,在管理上保障社区公建设施的正常使用。社区公共服务设施作为社区公建设施的子系统,由集团委托有关服务中心经营,包括文化娱乐中心、儿童教育、社区学校、社区健康中心等在内的社区公共服务机构,满足了社区居民对于教育、文化、健康等公共服务的要求,有力地推动了和谐社区的建设。社区将社区公共服务的提供者和生产者相分离,使社区公共服务模式由"政府办社区"转变为"民营企业服务社区",政府部门则有计划地将部分国家、集体、单位的资产转化为社区公共资产。在这一模式下,百步亭社区服务无论是设施还是质量

❶ "百步亭成为全国社区建设的一面旗帜",《领导决策信息》,2007 年第 27 期。

❷ 于燕燕:"社区公共服务模式的思考——百步亭社区公共服务的启示",《学习与实践》,2007 年第 7 期。

都得到了极大保证。同时,在公共服务的方式上,百步亭社区还有完善的志愿服务组织,充分发挥志愿者对公共服务的补充作用。百步亭社区委员会的一个重要支撑体系就是发展社区民间组织、社区公益慈善救助会,整合社区公益资源,完善社区志愿者队伍。志愿者服务体现在公共服务的方方面面。各级政府和社会机构在为社会提供公共服务过程中,注重充分调动和保护志愿者的积极性,采取多种措施,为志愿者创造良好的工作环境,从而使百步亭社区服务形成了企业主导与社区居民志愿自助服务相结合的模式。

(3)以楼栋自治为特色的社区自治创新。在百步亭,居民委员会、业主委员会等由居民选举产生,工会、妇联、共青团等各类群众组织各负其责、团结协作,实现居民高度自治。以楼栋为单位,建立全覆盖的居民自治网络,为社区居民广泛参与社区事务的管理提供一个宽广厚实的平台,是百步亭的一大创新。百步亭社区现有3个居民委员会。居委会组成人员全部由社区居民自愿报名参与竞选,通过直接选举产生,按照"自我管理、自我教育、自我服务、自我监督"的原则,组织居民参与社区各项建设和管理,行使议事和决策的职责。百步亭居委会也是全国第一个不要政府出资的社区居委会,其人员工资及办公经费均由物业公司支付。居委会还和物业公司合作成立了"商业、市场治理办公室"、"禁毒工作领导小组"、"巾帼服务站"等,居委会真正成为集中精力为居民服务的居民自治组织。为了充分发动群众参与社区事务的管理,百步亭率先在全国创设楼栋栋长制度,即以楼栋为单位,每个楼栋设一位楼栋长,几个楼栋又按照片区设一名主管楼栋长。这样建立了全覆盖居民自治网络,3个居委会,461个楼栋长,233名小楼栋长,8000多名社区志愿者,积极参与社区管理。为了使居民达成"共识",社区组织定期召开居民恳谈会,交流思想,促进团结。为了充分发挥党员的作用,百步亭社区借鉴"党支部建在连上"的做法,将党小组建在楼栋。[1]

武汉百步亭是全国第一个"建设、管理、服务"三位一体的社区管理模式,全国第一个没有街道办事处的社区管委会,率先推行"党的领导、政府服务、居民自治、市场运作"社区运行机制,这使武汉市百步亭社区成为新时期探索和创新和谐社区发展的一种新模式。

---

[1] 唐卫彬、周梦榕:"以企业为主导的社区建设模式",新华网湖北频道:http://www.hb.xinhuanet.com,2007年5月21日。

3. 武汉社区治理的“883”计划

2000年，武汉市委、市政府提出了“全面推进社区建设，改革城市基层体制”的决定，着力建构“政府依法行政、社区依法自治”的城市基层管理格局，理顺居委会和政府的关系。按照现代社区建构的基本要素和有利于居民自治、有利于政府服务的原则，把全市19366个居委会逐步调整为883个社区居委会，成功搭建起为居民服务的社区平台。新的居委会社区工作人员由居民民主选举产生，使居委会由上级机关的“腿”真正成为了为居民办事的自治组织。以百步亭、常青花园等全国著名的文明社区为标准，2002年在《中国武汉市委、武汉市人民政府关于进一步加强社区建设的意见》中正式提出“社区建设883计划”，武汉市委、市政府决定用三年左右的时间，按照“市区共建、以区为主、社会联动、全民参与”的要求，全面推进7个中心城区883个社区的建设，把社区建设成为“管理有序、服务完善、环境优美、治安良好、生活便利、关系和谐”的现代化的科教人文型社区。市、区政府职能部门工作重心下移，做到城市管理、社会保障、社会治安、社会服务“四到”社区，为市民创造催人奋进的育人环境、整洁优美的生活环境、安定祥和的治安环境、功能齐全的服务环境。

概括地说，武汉市社区建设“883行动计划”就是用三年时间分三批对中心城区所有社区的市政、管理、服务等基础设施进行改造重建，对社区环境进行综合治理；以推进社会保障到社区、城市管理到社区、社会治安综合治理到社区、社会服务到社区为中心内容，进一步完善适应现代化城市发展需要的社区管理体制和工作运行机制；努力按照优美安全的社区环境、舒适方便的生活条件、民主参与的社会氛围、融洽和谐的人际关系目标，真正把每一个社区都建设成为居民群众的生活乐园、温馨家园。[1] 具体包括：

(1)目标任务。逐步实现社区人口的管理以居住地管理为主，社区的社会事务管理实行条块结合、以块为主，社区管理以在党的领导、政府指导下社区居民依法民主自治管理为主，社区资源利用以社区与所有单位共驻共建、资源共享为主，进一步完善适应现代化城市发展需要的社区管理体制和工作运行机制，提升城市功能，提高人民群众的生活质量，努力创造优美安全的社区环境、舒适方便的生活条件、民主参与的社会氛围、融洽和谐的人际关系，真正把社区

[1] 何晓玲：《社区建设模式与个案》，北京：中国社会出版社2003年版，第344页。

建设成为居民群众生活的乐园、温馨的家园。❶

(2)坚持以人为本、普惠原则。近年来,武汉市委市政府、市文明委坚持以人为本、惠及全体市民的原则,有计划、分阶段地进行文明社区建设,从总体上提升了社区文明的程度。“883计划行动”将全面构架社区文明创建工作,通过全面的创建达标,使广大人民群众得到实惠。在创建中坚持“人本”理念,着力构建面向特殊群体和困难群体的社会福利服务、面向全体居民的便民利民服务和行政事务服务、面向社区单位的社会化服务等四大体系,服务内容涉及百余项。将物业管理、扁平式管理、无街道层级等现代管理模式在社区中进行试点运用,实现社区服务的多元化、实效化,最终使社区群众能够得到及时有效的社区服务。大力兴办公益性事业,建立社区爱心救助基金会、教育助学基金会等群众性组织,积极倡导多样化服务方式,广泛开展志愿者社区服务活动等。“883”计划的实施让普通市民在社区得到文明创建带来的实惠。❷

(3)创新工作运行机制,搭建“四到社区”(社会保障、社会治安综合治理、城市管理、各项社会服务到社区)服务平台。武汉市委市政府积极创新工作的运行机制,搭建社区服务平台,通过“四到社区”工作,拓展了中央文明委提出的关于“四进社区”(科技、文体、卫生、法律进社区)的创建内容,密切了党群、干群关系。通过“883行动计划”,武汉10个城市社区积极开展面向社区成员的就业和社会保障工作,初步建立了比较完善的社区就业和社会保障体系,社区的就业和社会保障功能不断完善。

“883行动计划”在转变政府职能,理顺社区工作关系上所作出的努力和取得的成就尤其令人瞩目。在“883行动计划”中,武汉市委、市政府及几个部门和各社区组织将理顺关系、转变政府职能作为社区建设的重点和突破口,出台了一系列有关政策和法律文件,如《市委办公厅、市政府办公厅关于进一步推进政府职能转变加强社区建设的意见》、《关于落实市委、市政府决定,进一步做好社区建设中转变政府职能工作方案的通知》等,提出要充分认识社区建设中转变政府职能的重要意义,明确社区建设中转变政府职能的指导思想和原则,突出政府职能转变的重点,理顺政府及其职能部门与社区的关系等;另一方面通过加强领导,强化措施,力图将转变政府职能工作落实到位,比如江汉区公安、

---

❶ 童裴:“武汉‘883’与城市社区功能重构”,《中南民族大学学报(人文社会科学版)》,2004年第4期。

❷ 武汉市文明办:“‘883’计划是构建和谐武汉的基石”,中国城市社区网:http://www.cucc.org.cn,2005年11月22日。

计生、民政、环卫、市容、文化、卫生、司法、体委等九个部门结合各自工作性质和职能，明确地拿出了深化转变职能工作的实施方案，切实做到了“五个到社区”（工作重心到社区、工作经费到社区、人员配备到社区、服务承诺到社区、考评监督到社区），使转变政府职能工作有了新进展，取得了新成效。❶

（五）盐田模式

深圳盐田区2005年社区管理体制改革呈现出两个亮点：一是标志着“政社分离”的“一会（分）两站”的社区治理模式的创新；二是在全区范围内实行把提名权交给居民的真正的社区居民委员会直接选举。这两个亮点体现了“强国家—强社会”的理想追求。❷

1. 盐田模式的内涵与实践结构

“一会（分）两站”盐田模式的内涵是：根据“议行分设”理念，把原来长期由居委会承担的行政、自治和服务三种功能进行分化，把政府行政职能和公共服务功能从居委会中剥离出来，赋予社区工作站（与社区居委会平行的政府组织）；把自治职能交还给社区服务站，同时由居民直接选举产生宪法规定的基层群众自治组织——社区居委会来履行社区自治职能，以此来理顺政府与社区的关系。社区工作站隶属于街道办事处，属性是政府派出的工作机构，工作人员实行雇员制，享有编制和财政工资，承担所有原来由居委会承担的及任何政府随时下沉的行政职能。社区服务站隶属于社区居民委员会，是为社区居民提供各种社会服务的功能性的民办非企业组织。2005年5月盐田社区居委会的直接选举，不但体现出真实性、公平性、创造性、竞争性的特点，而且在程序和实质两个层面彻底还原了社区居民委员会的法定地位和功能。

“一会（分）两站”的社区治理模式的具体内涵，就是实行把社区居委会和社区工作站（也就是把社区自治组织和政府机构）从组织结构、职能、人员、经费、场地等方面相互分离。按照盐田区社区管理体制改革的设想，新一届社区居委会按照“议行分设”的原则，回归到其自治组织的法律原位，真正发挥“自我管理、自我服务、自我监督、自我教育”的功能，以实现“还权于社区、还利于社区、还位于社区”。社区工作站实行公开的雇员招聘制度，并从社区居委会剥离

---

❶ 周梦玲：“武汉‘883’与城市政府工作重心下移的功能设置研究”，《中南民族大学学报（人文社会科学版）》，2004年第4期。

❷ 汪大海等：《社区管理》，北京：中国人民大学出版社2009年版，第295页。

出去。社区居委会、社区工作站、社区服务站等社区组织,都要在社区党组织的领导下开展工作,社区居委会和社区工作站是平行、合作的工作关系。同时,社区居委会代表居民对社区工作站的工作进行检查、监督。社区服务站在社区居委会的指导下开展工作。

(1)社区居委会的性质和职责。社区居委会在性质上是由居民依法选举产生,实行民主选举、民主决策、民主管理、民主监督的社区居民的自治组织。社区居委会在社区党组织的领导下,充当居民权利的表达者和维护者,是居民权益保护性机构。其主要功能是充当政府组织、社会中介组织与居民间的桥梁,将居民的权利要求转达给政府组织和社会中介组织,并代表居民对政府组织、社会中介组织的行为进行监督。

社区居委会的主要职责包括如下七个方面:①协调社区有关组织和单位,通过开展各类活动,培育社区居民"团结、公平、互助、责任"的社区精神,逐渐在社区形成"关心、支持、参与"的良好风尚。②对社区各项重大事务进行调研、评议、决策和监督;③收集并反映社情民意,对居民权利进行表达和维护;④进行宣传教育,发动居民参与社区公共事务和公益事业,监督社区公共服务设施的使用情况;⑤就社区重大事项向政府组织和社区居民代表大会报告,协商并参与向居民提供社区服务的项目及其财政预算,接受居民及居民代表大会的监督;⑥按照"费随事转"或自愿原则,协助社区工作站做一些临时性、突发性、需要居民协助完成的有关工作;⑦组织残疾人、妇女、职工、青少年、业主、志愿者等各类专业委员会及其活动。

社区居委会的工作方式包括五方面内容:①社区居委会由居民依法选举产生,一般根据社区人口数量,由5~9人组成。逐步实行兼职化、属地化管理,主要工作是通过召开议事会议和开展各项活动来进行。②各社区居委会要制定各种有利于增强自治的规章制度,如居委会议,居民代表大会,居务、财务公开,调研、议事、决策、监督、公示、调动居民参与社区活动及与各方协调等方面的制度;约束和规范自身代表居民利益的行为,在上述规章制度报经居民代表大会同意后,依照各项国家法律、社区制度和居民同意的原则,独立自主地开展各项工作。③对社区工作站等政府组织和社会组织完成交办工作的情况进行监督。④每年至少召开一次社区居民代表大会,对社区居委会的工作情况进行考核。⑤探索建立社区"评议会、协调会、听证会"制度,即由社区居委会负责召开,街道办事处和各有关部门进行指导,对事关社区建设和居民群众利益的有关工作进行考核评议,对社区成员之间公益性、社会性事务和一般矛盾、利益冲突进行协商解决;对政府有关部门或社区居委会在社区实施的项目和涉及群众性、社会性、公益性的重大工作在决策前进行听证,提出具体意见,使社区居委会由"听命令做动作"转向"听民意做决策"。

(2)社区工作站的性质和职责。社区工作站在性质上是区政府社区建设委员会通过街道办事处设在社区的工作机构,是政府在社区的服务平台。它行政上由街道党工委(街道办事处)管理,业务上由区民政局及各相关部门指导。社区工作站的主要工作职责包括如下五个方面:①在街道党工委(街道办事处)领导下,协助完成政府各职能部门交办的各项需社区协助的行政事务,主要包括社区组织、社区卫生、社区环境、社区治安(社区安全)、社区文化和社区计生等6大项22小项工作及所有政府常规性和临时性及突击性的各类下沉到社区的工作;②实行"一门式"服务,为辖区居民提供政务服务;③结合本社区实际,开展创建特色社区活动,探索具有特色的社区发展道路;④对本社区公共事务进行日常管理;⑤协助社区居委会处理各项居民公共事务。社区工作站的运作方式是按照区政府相关职能部门的要求,参照事业单位和政府工作部门的工作模式,依法、规范运作。

(3)社区服务站的性质和职责。社区服务站在性质上属于民办非企业单位,是非营利机构,利润只能用于本社区的公益事业和事务。社区服务站的主要职责包括三个方面:①根据居民的需求和就近原则开展便民利民、提高居民生活质量的低偿服务;②按照政府购买服务项目的方式为群众提供社会福利、社会保障、社区残疾人服务、社区老人服务和其他社会公益性服务等无偿服务;③指导社区安老、助残、文体等各类社区服务组织和队伍开展活动。社区服务站的经营范围包括图书室、健身室、棋牌室、培训室、星光老人之家、家政服务、中介服务、治安保卫、卫生环境等各类满足社区居民需要的服务项目。

2. 盐田模式的成效

(1)政府层面的成效。"盐田模式"的社区治理机制,在政府层面的绩效具体表现为两个方面。

第一,政府提高了执行能力。盐田区创新社区治理体制是以政府主导和社会主导相结合,培育公民意识和组织,建立起从"政府一元管理"到"政府、社会组织、公民共同治理,构建和谐社会"的模式。新的社区工作站"拿政府的钱,做政府的事",统一管理和配置资源,解决政府下沉社区的工作、经费、人员的多头和不规范的问题,承接了政府下达到工作站的30多项工作任务,政府的各种职责、任务、资金、人员等一个口子向下到达工作站,这有利于政府政令畅通、责任到岗、任务到人,提高了工作效率。社区工作站人员参照事业单位雇员办法管理,实行公开招聘,由街道办事处三年一聘。社区工作站工作业绩由街道办事处参照公务员标准进行量化考核,工作站人员不像过去既要对政府负责,又要对居民负责,现在只需对政府负责,所以责任感明显增强。

第二,政府降低了行政成本。①降低了行政工作的财政支出。社区管理体制改革之前,行政化的社区居委会人员结构复杂:有成员、有委员、有各职能部门派到社区的工作专员,还有大批临聘人员,平均每个社区有近90人(包括治安员和保洁人员),他们的收入基本上都是区财政拨款,且多头和重复拨款并存,“明的”和“暗的”同时拨款,每年至少需市、区财政下拨经费大约1836万元。社区体制改革后,原社区居委会中属于行政工作的归并到社区工作站,并给社区工作站明确职责,每个社区工作站平均分配6个雇员编制、若干个临聘人员,规定不准工作站收取任何费用,经费纳入办事处的部门预算,由区财政一条管道统一拨款,工作人员数量大为减少,个人收入水平明显提高,但财政拨款整体水平仍然下降了。而且现在向社区工作站的各种经费拨款,一个口子向下,透明公开。更重要的是,这种体制运作牵引了街道办事处和各职能部门之间的工作关系和行政成本,行政管理及行政效能的评估方式改革,建立了新型的政府管理垂直链条,提高了同等成本标准下的行政效率。②社区居委会的工资成本明显降低。盐田区有关政策规定,被居民选为社区居委会成员的人,社区工作站不再聘用其为工作站雇员。当选的社区居民委员会成员,一般实行兼职化、属地化,各成员由于不直接完成政府交办的行政事务,也不再领取工资,只领取相当于原居委会成员工资标准1/5的补贴,仅这一项,一年社区居委会就降低行政成本344万元。③培育了新的社会组织,间接降低了行政成本。“盐田模式”社区治理体制的一大特点是使社区组织分化、社会事务细化,催生了新型社会组织——社区居民委员会和社区服务站。由于政府事务和社会事务有个分界,并由相应组织来进行专业管理,使政府能够逐渐地从市场机制和社会自治可以解决的事务中解脱出来,从而间接降低了行政成本。

(2)社区层面的成效。盐田模式的社区治理体制在社区层面的绩效体现在两个方面:

第一,社区居委会增强了自治能力。专门承担社区行政职能的社区工作站从社区居委会剥离出来后，社区居委会超负荷运作的抱怨没有了，转而担心被"边缘化"和"空心化"。为此，盐田区在制定"还位于社区"政策的基础上，制定了"还利于社区、还权于社区"的政策。从"还权于社区"的角度考察，盐田区通过2005年社区居委会换届海选和会站分离，将选举权和自主治理权还给了社区。从"还利于社区"的角度考察，盐田区2002年出台的政策规定，社区居委会作为法人组织可以举办社区服务站，并对其进行民办非企业单位登记、管理，根据居民需求开展低偿服务。

第二，居民民主意识增强与民间组织得到培育。"盐田模式"的制度设计注重培育社区参与意识，增强了社区居委会的自治功能。盐田区社区居委会充分利用民间组织，积极为辖区群众提供便民、利民服务和举办各种文体活动。目前，盐田区社区服务"三级网络"开设了向居民提供教育培训、保洁、物业管理、家政、中介、文体活动等100多项福利服务的公共产品，提高了全体居民特别是弱势群体的生活质量，近一半的失业人员通过"社区就业基地"实现了再就业。通过为辖区居民提供不同层次、丰富多样的社区服务，社区服务站基本实现了收支平衡、略有盈余，基本满足了居民日益增长的生活服务需求。

这一模式亦存在一定不足，即政府在社区仍然保留着行政末梢，由于政府组织的资源垄断，社区自治组织和中介组织相对比较薄弱，居委会过分依赖于街道办事处等政府组织，使得自治功能不能得到充分实现，不能真正体现居民的主体意识和参与意识。社区中的其他社会中介组织缺乏足够的资源和权威，没有足够能力代替政府部门组织居民管理公共事务。但制度设计者认为采取这一措施是一种比较稳妥的方式：在社会转型期，当社会组织的能力尚未达到较高水平时，仍然需要地方政府主导并强力推进改革。随着市场经济的完善与社会自治的增强，当社区管理通过实践逐步具备了成熟的治理能力时，国家权力自然得以逐渐退出。

（六）鲁谷模式和铜陵模式

社区建设实践探索的成果是丰富的，也为后来社区建设的实践提供了许多经验，但全国性城市社区建设发展的同时，社区建设逐渐暴露出一些深层次的问题，比如其间十分关键的问题即表现为社区管理体制方面。因此，就社区建设的一些实践探索来看，问题比较集中地体现在对社区管理体制的改革——具体做法就是"街道变社区"或撤销街道。就实践层面来说，一些地方在这方面的大胆尝试值得关注。比如：北京的鲁谷模式（一定程度上代表了特大城市在局部性的试验探索)、安徽的铜陵模式(一定程度上代表了地级城市全局性的试验探索)。

1.北京的鲁谷模式

从北京街道制到社区制的城市基层治理模式探索中,石景山鲁谷社区曾充当了先锋。“街道变社区”为核心的类“大部制”改革被推广到石景山多个街道。但历经了“七年之痒”后,就在2011年8月,石景山区委办向辖区内除鲁谷外的8个街道下发了通知,对街道职责、内设机构和人员编制进行调整。这意味着,沿袭“鲁谷模式”而来的基层治理改革遇到了麻烦。调查发现,鲁谷模式本身在运行中也出现了严重走样,几近搁浅[1]。

(1)鲁谷模式的实践结构。作为全市唯一一个“街道级”社区,鲁谷从成立之初便承担了北京市城市基层管理体制综合改革试水的重任。2003年7月18日,北京市石景山区鲁谷社区正式成立,遵循“小政府、大社区,小机构、大服务”的模式。鲁谷社区的元老级人物郑丽(化名)记得,当时的现实是,伴随城市化进程,石景山区原八宝山地区的人口急剧膨胀,八宝山街道办事处管理压力“爆棚”。为此,石景山区决定增设鲁谷街道办事处。

当时催生改革的现实难题是,街道承担了大量的责大权小甚至是有责无权的职责,致使政府部门与街道之间职责不清、条块关系混乱、运行机制不畅,政府错位、越位现象时有发生,政府的公共管理和社会服务职能难以到位。经过反复研究,石景山决定不再克隆老的街道办事处,而是下决心进行街道管理体制改革,建设全新模式的鲁谷社区。因此,“街道”变“社区”就成了进行社区行政管理体制改革的现实选择。

石景山鲁谷地区原为八宝山街道的一个部分。由于城市建设速度很快,辖区人口急剧膨胀,为了进一步加强该地区的城市管理,八宝山街道一分为二,在原八宝山鲁谷地区创建新型社区管理体制和工作机构。鲁谷辖区面积近7平方公里,常住人口2万户,56000多人,还有常住外来人口1万余人。鲁谷地区在地理上相对独立,设施和功能相对完善,客观上符合现代新社区所要求的基本要素,并有以下特点:一是驻社区单位多,有中央及市属、区属、部队等单位56家;二是商业服务发达,有商业服务网点300余家;三是物业公司数量多,20个

[1] 张然:石景山“基层政改”模式走样,《京华时报》,2011年9月5日。

社区居委会,有物业管理部门 23 个;四是各社区居委会比较健全,硬件设施有一定基础。

按照有利于弱化社会管理行政色彩、加强社区政治文明建设、加强社区综合治理、提高城市管理水平几个原则,构建"一个领导核心,两套工作体系"的鲁谷新社区。"一个领导核心"即社区党工委。社区党工委是区委的派出机构,其职责是加强对社区基层党组织的领导和指导,支持和保障行政部门依法行政、社区自治组织依法自治。内设办公室和党群工作部。其中办公室(原街道工委办和行政办合一),履行原街道工委办职能;党群工作部,集原街道纪检、统战、组织、宣传、工会、青年团、妇联、武装于一体,履行原街道工委办职能。"两套工作体系",即鲁谷社区委员会和社区行政事务管理中心。社区行政事务管理中心是政府性质的机构。原街道办事处在鲁谷社区改设为"北京市石景山区人民政府鲁谷社区行政事务管理中心",内设社区事务部、城市管理部和办公室。其中社区事务部主要承担原街道民政、计生和部分劳动、文教等社区行政职能;城市管理部,主要承担原街道办事处城建管理和综合治理等城市管理职能,办公室承担原街道行政办公室职能。社区委员会是自治性组织,由社区居委会、驻社区单位和社区居民代表构成,由社区代表会议选举产生,是社区代表会议的常设理事机构,每届任期 3 年。社区委员会设主任委员 1 名、副主任委员 4 名,其中社会招聘 1 名(专职)、公安、物业、居民代表各 1 名(兼职)、委员会由各居委会主任、驻社区单位代表、社区知名人士和居民代表若干名组成。社区委员会下设办公室,由 4 人组成,办公室主任由社会招聘的委员会专职副主任委员兼任,另配 3 名事业编干部组成,是社区委员会的办事机构,负责组织处理社区的日常事务。社区委员会的职责是,在社区党工委的领导下,负责承担原办事处负责的大部分地区性、社会性和群众性自治的日常事务,指导社区居委会和各中介组织的工作,代表社区内广大居民群众和社区单位的利益,发动居民群众和社区单位参与社区建设,指导培育和提高社区居民进行自我教育、自我服务和自我管理的能力,对社区内的行政工作实施有效监督。❶

鲁谷的机构设置模式,后来也被称为"三部一室"的改革:包括党群工作部——履行原街道党工委职能;社区事务部——履行原街道民政、计生职能及劳动、文教体卫的行政协调职能;城市管理部——承担原街道城建科和综合治

❶　何晓玲:《社区建设模式与个案》,北京:中国社会出版社 2003 年版,第 75 ~ 77 页。

理办公室的职能；综合办公室——为原街道工委办、行政办、财政科、监察科的综合机构，并履行其全部职能。[1]

鲁谷的改革可以概括为“瘦身、减负、自治”三项内容。通过改革，鲁谷将内设机构由传统街道的17个科室，改为“三部一室”，机构数量减少了73%；当时北京市同等规模的街道一般在90人左右，鲁谷在公务员编制人数上，减少为39人。“人员的精简，前提是街道这只‘筐’的减负。”根据最初的制度设计，鲁谷将劳动监察、居民私房翻建审批、殡葬管理执法等职能进行了剥离，归还给区有关职能部门。同时撤科设所，将专业性强又相对独立的统计科撤销，由区统计局垂直领导，向鲁谷派驻统计事务所。将城管分队原双重领导体制改为职能部门垂直领导；把社会人员高考工作归位于区教委，将过去由政府直接管理的文教体卫等部分社会事务交给社区民主自治组织和社团组织承接等。改革之初，鲁谷就要实行“条专到底”。在鲁谷改革中，独具特色的莫过于成立了全市首家“街道”层面的社区代表会议，当时选举产生了社区代表233名，并由驻区知名人士和居民代表37人组成了鲁谷社区委员会，下设执行机构——社区委员会办公室。居民自治组织在“街道”层次上进行民主自治，把过去由政府直接管理的部分社会事务交给了社区自治和社团组织，希望由此甩掉政府的部分职能，真正成为自治组织。当时有评论称此举仿佛“基层民主自治的春风拂过”。鲁谷的机构设置模式，在随后的2004年，开始逐步在石景山全区街道推广。

(2)鲁谷模式遇到的挑战。从石景山全区的改革看，“鲁谷模式”的尝试几经周折，出现了街道机构“合”了又“分”的新情况。2004年后其他街道向鲁谷学习以来，街道的机构设置仿效了鲁谷的“合”，但最近各街道的结构设置又改回原来的“分”。2011年以来，石景山几次召开会议，就全区所有街道办事处主要职责、内设机构和人员编制改革进行讨论。某街道人员透露的情况和记者了解的情况一样，单从机构设置上，改革的指向是从“鲁谷时代”的“合”，改回原来的“分”。召开会议时，曾经试水的鲁谷却未被要求参与上述会议。机构设置重新“拆分”的文件发放，也不包括鲁谷社区。原因是上级领导认为，作为北京唯一的一个街道级社区，鲁谷的大旗需要继续扛，改革需要继续摸索、探索。就鲁谷模式遇到的挑战而言，主要体现为“三大瓶颈”。

瓶颈之一是“减负”后任务翻番。曾经为“减负”而进行工作任务剥离，但

[1] 张然：石景山“基层政改”模式走样，《京华时报》，2011年9月5日。

鲁谷在八年间职能“翻番增加”,更多的业务工作派下来,让社区工作也只能“跟着任务跑,围着考核转”。2003 年,鲁谷承担的行政职能约 368 个小项,但在鲁谷体制改革中最初只剥离、转出、整合了其中的 28 个小项,仅占街道实际承担职能的极少数。即便是已调整的 28 项职能中仍有部分并未彻底剥离。转出的 18 项职能,只是从社区的行政机关转入了社区所属的事业单位,对外仍由鲁谷社区行政事务管理中心负全责,总体上的工作任务和上级考核并未实质减少,大部分的职能剥离只是“从左手换到右手”。即使在职能调整的项目中,实践中也发现很多调整在现实中根本无法达到预期效果。比如计划生育方面,改革时提出两项职能调整方案,要将“地区人口学校的指导工作由社区卫生服务中心负责”、“计划生育技术指导工作由区卫生局负责”,但实际上由于社区卫生服务中心没有相应机构,而区卫生局又没有计划生育技术指导职能,所以最后根本没有实现。如此,新体制运行以来,有的职能虽然按照改革方案进行了转出,但由于区有关职能部门现行体制并未相应与之衔接,导致部门职能翻番,使这些已经转出的职能又重新由社区事务部直接包揽承担。“当时单纯按照简单的工作对口、按‘块’划分进行职能调整归位,没有考虑到‘条’对‘块’的制约”,这是导致实际运行中一些职能剥离停滞或翻番的主要原因。

瓶颈之二是“瘦身”后身量反弹。除了转出职能复归、翻番,随着社会公共服务职能需求的增加,2008 年奥运会开始后对城市管理标准的提高,安全生产监督管理、流动人口管理、应急指挥等许多新的职能陆续进入街道层面。实际运行过程中,社区各部门职责大量增加。社区工作者一人兼数职,一人对数口。以文教体卫工作为例,最多的时候曾经 2 名工作人员上对文委、教委、科委、科协、卫生局、政府教育督导室、人大教科文办公室、农委、体育局、区文明办、区语委办、区校外办、区社区学院、区疾控中心、红十字会等 15 个局处单位。再加上鲁谷社区与小街道相比,辖区面积大、人口多,在这种情况下,实际上当初的瘦身出现了反弹。8 年间,虽然鲁谷的行政编制增加不明显,但事业编制则出现猛增,从当初的十几个人,增加到如今的 40 多人。改革初,即鲁谷社区刚成立的时候处级领导 6 人,现在 12 个,跟别的街道一样。尽管如此,鲁谷社区同其他同等规模的街道相比,行政编制还是少的,有消息说上级部门在考虑增加编制。

瓶颈之三是自治与行政难分。鲁谷社区独具特色的改革之一是鲁谷社区代表会议。在设计之初,定位既是一个“地区小人大”,又是一个自我管理、自我教育、自我服务、自我监督的自治组织。但在实践中发现,要做到“人大和自治”

兼顾在实践中困难重重。“当初的设想,这个自治组织要有决策权。”但实际上操作了大概一年时间左右,“决策”就再也不提了,改为“政府的辅助和帮手”。如果进行对比,人大代表的权力是人民赋予的,社区代表的权力是社区居民赋予的。尽管模式相仿,但能量根本无法同日而语。比如人大有对政府财政的审批权,社区则不能,社区的财政是靠上级批的,就连工作人员也是拿政府发放的工资。这与国外自治组织的资金独立有根本的不同。另外,限于目前代表的参政素质水平,会议中常常出现“自说自话”的现象。比如某小区门前有个蔬菜摊,该小区的人认为扰民,要求政府轰走。但稍远一点的小区居民认为轰走了买菜不方便。“如果不能基于大多数人的公共利益,而是从自身利益出发,决策在实际操作中很难实现平衡。”没有上级主管,也没有横向参考(谭华,化名,鲁谷社区的一位资深工作者)。当然,从最初的设计考量看,社区代表对社区各项工作的参与、对政府行政部门的监督,还有畅通民意的诉求渠道这些目的都已经实现了。最明显的是便民工程的选择上。“政府有时候是一厢情愿的。”谭华说,通过社区代表会议,政府能够知道居民生活中真正需要的是修路、装晾衣竿还是添石桌石凳。哪些呼声高,哪些比较急,政府的注意力就要往哪边倾斜。总结八年改革经验,郑丽认为改革瓶颈的症结所在是“下变上不变”。

2. 安徽铜陵模式

2010 年,安徽铜陵市主城区铜官山区率全国之先,试点撤销街道办事处,社区事务实行居民自我管理。目前,整个铜陵市已开始推行铜官山区的改革经验,在全市全面撤销街道办,铜陵市也因此成为我国第一个全部撤销“街道”的地级市。2011 年 7 月,铜官山区被民政部列为“全国社区管理和服务创新实验区”,其改革模式也被总结为“铜陵模式”。随着铜陵改革的被认可,“铜陵模式”也即将在安徽省全省范围内推广开来。以下是对铜陵改革的有关报道:

1. 撤销街道办建大社区

8 月 17 日上午 8 点半,铜陵市铜官山区金口岭社区党工委书记余良清巡查完社区的卫生保洁情况后,回到办公室开始一天的工作。9 点不到,他接到 3 个居民反映社区事务的电话,一个居民反映路灯不亮,2 名居民咨询志愿者上门为空巢老人和残疾人上门服务的事情。

路灯坏了,按照以前的做法,余良清需把情况汇报到街道,街道再联系区里相关主管部门来解决,维修人员来修要等几天,也可能不了了之。但现在,余良清已不用汇报,而是直接打电话给路灯的主管部门——区建设局。9点20分左右,余良清接到居民反馈说,已经有修理员到了现场,正在修理路灯。

这个改变得归因于2010年7月,这个月,铜陵市铜官山区走出了举国之先的一步——大胆撤销了全区6个街道办事处,将原49个社区合并为18个大社区。作为全国第一个吃螃蟹的城区,铜陵市铜官山区撤销街道办的社区管理体制改革一直默默无闻,但大刀阔斧,毫不迟疑。

从2010年7月召开全区动员大会,8月19日,铜官山区的6个街道办就已被18个新社区替代。当年9月初,新社区的人员全部到位,开始正式运作,区里的事务直接与社区对接,再无须经过街道。“为这个改革,我们从2009年就开始准备。”铜官山区区委书记王纲根说,原来社区居委会的人员构成多为下岗再就业人员、退休人员,他们确实为社区从无到有、从小到大发挥了作用,但过去单纯简单的服务已经不能适应老百姓日益增长的需要,“社区综合管理体制和机制必须不断创新”。

2. 层级减少办事效率提高

撤销街道,成立大社区,减少管理层级,加强基层力量和居民自治,这是铜陵改革的大体方向。

哪些是属于社区的职能,哪些是政府的职能,在这次改革中都得到了明确。王纲根说,原街道职能下放的一个原则是,“涉及为老百姓服务的职能全部下放到社区,社区层面现在的主要任务就是为社区居民服务”。改革后,街道原有的经济发展、城管执法等主体职能收归区级职能部门,而社会管理、服务事务等职能全部下放到社区,居民在社区就可直接办理民政社保、计划生育、综合治理等事务。

整合后的新社区,设置社区党工委、社区居委会、社区服务中心,前者主要承担社区范围内总揽全局、协调各方的职责,社区服务中心负责对居民的事项实行“一厅式”审批和“一站式”集中办理。居委会则还原自治功能,组织居民开展各类活动。

铜官山区政府要求,涉及居民服务的事情,社区可直接与区里相关职能部门联系,区里职能部门必须快速做出反馈。同时,为了不给社区增负,经铜官山区各职能部门组织的“联席会议”讨论后,一些事务才能下放到社区,不适合社区做的,区里职能部门自己来完成。

“少了街道这个层级,办事效率大大提高”,余良清说,社区有权直接与区里职能部门互动,对问题的处理解决快了不是一点点。铜官山区的居民感受尤为明显。“以前办个低保,跑完社区跑街道,中间审批要等20多天,”居民石俊才说，现在办低保到社区，社区直接把材料报给民政局，10天就可办完，办老龄证更是比以前省去将近20天。更重要的是，街道取消后，经费也得以向社区倾斜。在改革前，铜官山区每个小社区工作经费只有3万左右，改革后每个社区工作经费在30万~65万不等。“居委会有了为民服务的手段和措施，有资金、有人员可以直接支配，而这在过去仅靠居委会是很难执行的。”余良清说，这些经费使得社区可以放开手脚，组织居民开展自治、文体等各类活动。

3. 大事小事居民开会就能决定

在居民们看来，现在居民对社区的事能提意见了，“一有事社区经常开听证会，我们的意见还挺管事”，64岁的居民陈孝忠说，撤销街道办后，社区比以前民主多了。大到政府的项目建设，小到居民养鸡养狗，“社区都能保证让我们居民来决定”。一个显著的例子是，因为居民反对，铜陵市一个市级选矿厂项目被叫停。该项目是铜陵市政府通过招商引资近2个亿而来，拟在铜官山区螺蛳山社区辖区内扩建一个日产500吨的选矿厂。铜官山区社会建设办公室在螺蛳山社区召开了多次听证会，“居民们认为矿产项目对社区居民的生产生活有影响，所以反对建这个项目”。该办公室主任毕茂东说，在了解情况后，市里亲自召开了螺蛳山社区居民代表听证会，充分了解居民的意见后，最终铜陵市停掉了这个项目。

事实上，按照铜官山区区委书记王纲根的说法，突出居民自治也正是改革中力求突破的方向。此次改革中，社区居委会下设若干个专门委员会，比如调解委员会、文体委员会等，居委会下设居民小组，小组下设楼栋长，及时收集居民的意见，并向上反映。铜官山区区委书记王纲根说，按过去的习惯，社区有什么事，街道、居委会的领导坐在办公室开个会就决定了，“但现在只要是涉及老百姓利益的事情，社区都要最大限度地遵照老百姓的选择，让老百姓参与进来自主决定”，王纲根说，铜官山区居民自治的制度体系已经基本建设完成，现在最重要的是社区班子成员要转变思维方式，老百姓的自治理念也需要提高。“要完全达到自治还需要一个过程，但社区自治是基层社会管理改革的一个方向”，王纲根说，社会管理改革到了一定程度，必须要自治，这是必然的趋势。

4. 人员分流安置曾是最大阻力

在此次改革中被撤销的6个街道，共涉及196名工作人员，这些人中包含公务员、事业编制人员及聘用人员，这次改革，毫无疑问涉及这196名工作人员的切身利益。原来街道的这些人去哪？怎么去？“这是我们在改革中最关键的一个环节，可以说是改革最大的阻力，也是改革能否顺利推进的关键。”铜官山区区委书记王纲根说。

铜官山区最终给出的解决办法是，所有人身份不变、职级不变、待遇不变，全部一视同仁分流到基层。“要让人员和资源都下沉到社区”，王纲根说，没有一个人到区级部门，大家之间就不可能有攀比，心理压力也会小很多。

为妥善安置人员，原来的6个街道党工委专门负责人员分流。如何让人员分流到合适的单位？铜官山区社区建设办主任毕茂东介绍，每个人都实行双向选择，“自己想到哪个社区去，就填一个‘志愿’，再由各个社区来选择人员”，毕茂东说，填志愿一般鼓励就近原则，住在哪个地方，就鼓励填哪个社区，“或者你认为哪个社区主任比较有能力，也可以选择。”在分配中，会最大限度地满足个人意愿，“也有社区不愿意要的人员，原街道党工委就负责调配协调。”除此之外，铜官山区还在区级部门号召机关干部报名下社区，双向挑选了6名优秀干部，来加强基层社区的建设力量。“这样，分流人员下到社区后，心理上可能更能接受。”余良清正是区政府从区级机关挑选的6名优秀干部之一，此前他是铜官山区区委政法委副书记。在机关时，余良清每日的工作按部就班，平稳有序，“现在每天面对众多居民，每天的事情都不一样。”“下到基层，最重要的是转变观念”，王纲根说，原来是有事直接叫社区来开会，但现在要直接面对社区居民，除了改变观念，包括工作方法、方式都要进行调整。

安徽省铜陵市撤销街道办，试验城市基层管理扁平化改革，不仅对其他省区产生了影响，也获得了民政部有关方面的肯定。比如广东拟选择部分地级以上市城区开展城市基层管理扁平化改革试点，或撤销区，或撤销街道，以减少管理层级。操作路径有两种，第一是撤销街道，实行“市—区—社区”、“二级政府、三级管理”新体制；第二是撤销区，实行“市—街道—社区”、“一级政府、三级管理”新体制。除了地级以上市，还将选择部分县(市、区)开展城区基层管理扁平化改革试点，探索在县城区试行“县—社区”管理新模式，将宏观和协调监管职能上移到市、县直部门，将部分社会管理和公共服务等微观职能下移到街道(乡镇)或社区，相应优化组织结构和人力资源配置。[1]

民政部基层政权司副司长王金华在谈到铜陵的做法时指出，中国城市的管理层次比较多，一个市就有市、区、街道、社区四级，市、区里布置下来的任务，街道转

[1] 雷辉、张其明:“广东拟推社会管理体制改革试点或撤街道或撤区”，参见《南方日报.》2011年9月15日。

手开个会，再布置给社区，街道起的只是个“二传手”的作用。街道将大量的工作交给社区，直接导致居委会行政化严重。居委会成为政府的腿脚，自治的功能大大弱化。由于管理层次比较多，人、财、物到街道这个层级基本就下不去了，大都被截留在街道以上了。社区没有手段、没有服务资源、没有财力，很多工作难以开展，只能往上反映，上面重视了就能及时解决，不重视就可能一拖再拖，到最后不了了之。“看得见的管不着，管得着的看不见”，这是我国城市管理中长期存在的最大问题。同时，街道和社区的很多功能重合，街道也具备社区管理的职能，社区也具备社区管理的职能。但谁去做这件事呢？谁把这个事情做实了？这个问题在过去始终没有分清楚，即使分清楚了也没有落实。按照法律规定，居委会是一个居民自治组织，现在其大量精力却放在处理上级政府和街道办事处交给的各项任务上，没有时间去组织居民开展活动、了解基层民意、化解基层矛盾等。一个城市管理层次越多，信息失真的可能性就越大。

2011 年 4 月，民政部组织专家论证，对铜陵撤销街道办的这种做法非常肯定，认为这是城市管理中革命性的一种变革。铜陵减少了一个层次后，信息上下互动交流更快速了，对各方面的诉求可以及时反馈，提高社区管理服务的效率。同时，1954 年颁布的《街道办事处条例》在 2009 年由全国人大宣布废止，这个条例废止后，撤销街道办在法律上就没有问题了。铜陵的改革显示，居民的自我管理、自治能力通过强化社区以后，得到了很大的提升。社区是一个生活共同体，居委会主要的功能则是组织居民开展活动、开展自治等，居民自治事务就是要由居民居委会来组织落实。铜陵的探索符合社会发展趋势和要求，特别是目前社会矛盾凸显期，老百姓诉求多样化，让社区强大起来，把社区的功能和效用发挥起来，可以快速地对居民诉求做出回应和解决，把矛盾化解到基层。安徽铜陵铜官山区的改革刚刚实行一年多，全市也是在 2011 年 1 月开始全面跟进，有些改革措施还需要进一步完善，也需要民政部进一步评估，但取消街道办是一个趋势。“需要指出的是，这里说的只是一种发展趋势，并未形成政府的政策。街道办事处的弱化和消亡是一个循序渐进的过程，不是一朝一夕的事情，特别是大城市，街道办事处仍然发挥着重要而不可替代的作用。街道办事处的弱化首先是从条件率先具备的地方开始，由于各地情况的差异性，发展是不可能平衡的，因此它是一步步弱化进而走向消亡的。”[1]

---

[1] 何晓玲：《社区建设模式与个案》，北京：中国社会出版社 2003 年版，第 69 页。

第三节　社区建设中的主要问题和应对之策

一、社区建设存在的主要问题

社区建设是社会建设的重要组成部分,也是社会管理创新的基本场所。如果从20世纪80年代中后期开展的社区服务算起,到现在我国的社区建设也已走过了近30年的路程。但是,与已经走过城市化和工业化道路的国家和地区相比,我国社区建设只能是处于初级阶段。因此,就现实情况而言,社区建设的成效离真正的目标尚有很大距离,社区建设实践中自然存在诸多十分复杂的问题。比如在社区建设的理念与目标方面、体制与运行机制方面、形式与方法方面等,都还存在许多需要在实践中进一步探索解决的问题。学术界对社区建设中存在的问题进行了一些分析讨论。蔡崎认为当前的社区建设存在着以下一些问题:社区建设的组织管理体制不够健全;社区资源开发利用不足,存在资源闲置和供不应求的矛盾;社区建设投资机制不够健全,缺少充足的资金保证;社区工作者队伍比较薄弱,部分人员难以胜任工作专业化的要求;社区成员之间吸引力较弱;社区居民参与意识不强,社区建设工作主要停留在政府倡导和推动阶段;社区组织职责不清,承担过多的职能。❶ 万军认为,当前的我国社区建设尽管不断取得新的成绩,但还存在着一些体制性和实践中的难题需要进一步加以破解。就城市社区建设而言,这些问题主要有职能超载,职权有限,角色错位等。❷ 谢建社、朱明从构建和谐社区的角度分析了其问题:社区自治体制化加速与政府职能转变滞后不匹配;居委会角色与社区居民(认知的)角色不一致;市场经济的发展与社会诚信伦理建树不协调;社会的开放格局与社区的封闭管理不相称;贫富差距与社会保障不协调;社区工作非职业化与社区建设不适应等若干方面。❸ 综合学界的研究,笔者把社区建设中存在的主要问题概括为以下几个主要方面。

---

❶ 蔡崎:“城市社区建设存在的问题及解决对策”,《福建广播电视大学学报》,2007年第6期。

❷ 万军:《社会建设与社会管理创新》,北京:国家行政学院出版社2011年版,第94页。

❸ 谢建社、朱明:“构建和谐社区的社会学思考”,《广东行政学院学报》,2007年第2期。

1.管理体制中的主管部门难以协调

社区管理体制是社区组织结构、责权划分、管理方式、运行机制和工作制度等的总和,是为管理社区的公共事务和公益事业而建立的。我国的社区建设是为适应体制转轨和社会结构变迁的需要,解决由此导致的种种社会问题,由政府自上而下地推动而开展起来的。在这一背景下产生的社区管理体制的主要特征就是政府在社区建设中占据主导地位,发挥重要的领导作用;社区居民委员会(社区委员会)处于附属地位,负责协助政府及其派出机构实施社区发展规划,推进社区建设。2000 年中共中央办公厅和国务院办公厅联合下发的《中共中央办公厅国务院办公厅关于转发〈民政部关于在全国促进城市社区建设的意见〉的通知》指出,"大力推进城市社区建设,是新形势下坚持党的群众路线、做好群众工作和加强基层政权建设的重要内容,是面向新世纪我国城市现代化建设的重要途径"。各级党委和政府要高度重视城市社区建设,把社区建设工作摆上重要议事日程,切实帮助解决城市社区建设中的困难和问题。政府各有关部门各人民团体要充分发挥各自的作用,共同推进城市社区建设向前发展。该文件还对我国城市社区的基本概念,社区建设的内涵,推进社区建设的重要意义,社区建设的指导思想、基本原则和主要目标,社区建设的主要内容,社区组织和队伍的建设,社区建设的规划和领导等问题作了全面、系统的阐述,为社区建设的全面推进指明了方向。按照这些有关要求,各级党委和政府越来越高度重视社区建设,不断加强对社区建设工作的领导,逐渐把社区建设工作摆上了重要议事日程。从社区建设实践的现实情况看,我国现行的社区管理体制,以党委、政府为主导层层构建,形成了自上而下的等级结构网络。这一管理体制的基本架构是:党委政府主导、民政部门牵头、社区居委会主办,充分调动社会各界的积极性,共同推进社区建设。

为了切实加强对社区建设工作的领导,全国各市的各级党委、政府及其派出机构大都成立了社区建设领导协调机构,负责对辖区内的社区建设工作实行统一领导、组织协调。市一级均设有市社区建设工作领导小组,由市委、市政府领导担任正、副组长,成员一般由人大、政协、市委办公厅、市政府办公厅、政策研究、政法、组织、宣传、民政、财政、税务、计划、教育、文化、卫生、体育、公安、司法、法制、劳动、工商、建设、规划、房产、市容、环保、计生、工会、妇联、共青团等部门的领导组成。市辖区一线(县)大都设有社区建设指导委员会,由区委、区政府主要领导牵头，各有关部门负责人和驻区单位代表参加。街道一级一般设立社区建设工作委员会，由街道办事处党、政主要负责人担任正、副组长，辖区内有关部门、驻区单位、社会中介组织和居民代表参加。根据1998年国务院机构改革“三定”方案，明确了民政部门“指导社区服务管理工作，推动社区建设”的职能，各级民政部门成为各级政府推动和谐社区建设工作的主管部门。2000年中共中央办公厅和国务院办公厅联合下发的《中共中央办公厅国务院办公厅关于转发〈民政部关于在全国促进城市社区建设的意见〉的通知》中也明确规定，“各级民政部门要在同级党委和政府的领导下，积极发挥职能作用，当好参谋助手，主动履行职责，把社区建设作为城市民政工作的主要依托，作为今后五年城市民政工作的重点积极推进”。由这些规定可以看出，作为推动社区建设的主管职能部门，民政部门应该负责统一指导，组织推动社区建设工作。但由于社区建设工作内容复杂，涉及面广，需要协调的政府部门很多，诸如社区治安涉及公安部门，社区卫生涉及卫生、环保部门，社区服务涉及工商、税务等部门，社区文化教育涉及文化、教育部门，社区环境涉及城管、环保、规划部门等。多年来社区建设的实际说明，由于民政部门职权和经费所限，在实际工作中缺少其他职能部门的配合和支持，难以顺利开展工作，更无从发挥领导协调的作用，致使社区建设工作仍停留在原民政部门管辖范围内的社区服务，特别是福利服务的范围之中，社区建设与管理难有所突破。

2. 政府与居民自治组织角色不清

这方面的问题主要表现为社区居民自治的推进与政府职能转变滞后之间的不匹配。在社区中，许多行政工作仍是政府包办、包揽、控制，政府全能主义的体制性弊端突出，社区自治难以真正实现。这种传统的行政化社区管理模式脱胎于我国长期以来实行的计划经济管理体制，其主要特征是居委会成为城市基层政府、街道办事处的“腿”，直接对“上”负责，承担政府的一些行政职能或下达的工作任务，居委会实际上变成了编外的政府组织。从有关调查的信息来看，在承认社区自治的基础上，街道办工作人员认为自己与社区居委会是领导与被领导的关系，街道办不愿放弃对居委会高度行政化的管理模式，它期望居委会听从其指挥，完成其指派的任务，成为街道办的附属组织；而居委会工作人员认为街道办与居委会是指导与被指导的关系，作为群众性自治组织，社区居委会期望实现其合法利益的最大化，进行不受干涉的自主化管理。这样，政府的附属组织角色与群众性自治组织角色之间便发生不可避免的冲突。社区居委会主任普遍反映,《城市居民委员会组织法》规定"居委会有协助社区政府开展工作的职责",也列举了大量居委会必须协助承担的行政性任务,由于缺乏细节性约束,街道办等政府部门就有扩张公共权力的法律空间。加之,社区居委会办公人员一般是公开招考、统一编制而来,领的是政府发的工资,用的是政府提供的场地和钱物,所以为"上"效力就成了理所当然之事。[1] 由此可见,社区居委会对"上"的角色冲突在于,法律约束存在漏洞,街道办在实践中对社区居委会产生错位期望,社区居委会在权力、财力和人力资源等被截取的无奈之下只能固守于错位的角色。

从管理理论的角度分析,社区组织职责不清,承担过多的职能的主要原因,仍然可以认为是政治体制改革滞后造成的。在我国原有的高度集中的计划经济体制下,城市管理一直采取垂直型的专业管理,忽视了分级的多层次管理,在管理体制上存在着严重的条块分割。面对当前日益复杂和不断增加的社会事务,原有的"条块分割"体制已经越来越难以胜任强化城市管理的任务,一方面是采取条线方式管理的管理部门因力量有限而管不到底,另一方面是街道组织由于缺乏相应的职权而管不到边,使身处基层第一线的人财物资源极为有限的社区组织无法应付,其结果不是工作人员疲于奔命,就是工作效果大打折扣。居民委员会作为我国城市管理体系中最基层的单位,在计划经济体制所形成的政府调控模式下,由群众性自治组织向政府行政性组织转变,社区居委会几乎变成作为区政府派出机构的街道办事处的"派出机构"。受组织行政化倾向的影响,社区居委会的职能和工作内容严重膨胀,从事大量本来应由政府职能部门或社会中介组织承担的事务性工作。现有的居委会职责模糊,功能错位,难以发挥社区群众自治组织的作用,难以适应新时期社区发展需要。由此也造成了居委会角色与社区居民角色不一致的问题。

就社会角色理论而言,在所有的角度中,角色认知处于核心地位;根据责任主体的不同有两种角色:组织角色和个人角色。在城市社区中,居委会作为社会基层组织,是一个负有任务和职责的多重身份的组织角色。一方面它代表国家和政府,行使国家权力;另一方面它又代表社区居民行使社区自治权力。然而,在实际工作中,居委会只有上级政府明确的使命、价值观和目标,却忽略甚至无暇顾及社区居民的需要,于是产生角色冲突。居委会除了对上级政府部门

---

[1] 参见谢建社、朱明:"构建和谐社区的社会学思考",《广东行政学院学报》,2007 年第 2 期。

的角色冲突外,还面临着对社区居民的角色冲突。一方面,居委会的群众性自治组织角色得到居民的普遍认可。在现实中可以发现,有许多居民在遇到困难时都会首先想到向居委会求助,居民也认可社区居委会是在法律或国家规定及群众共同的需求下成立的。另一方面,由于广大的社区居民在实际观察中看到街道办与居委会是领导与被领导的关系,于是居民便把居委会当做街道办领导下的基层政府组织,把自己置身于被管理的角色,忽视了自身参与居民自治的权利。由此可知,居民对社区居委会的双重定位,以及社区居委会对居民参与社区自治意识淡化状况的忽视,是造成社区居委会对居民的角色冲突的重要原因。

3. 社区居民参与不足

由于社区建设中居民参与不强,导致我国的社区建设工作还停留在政府倡导和推动的初级阶段,离社区居民自治的目标要求相去甚远。社区建设和社区发展的一项重要原则就是社区居民的广泛自愿的参与和介入,包括社会参与、经济参与、政治参与和文化参与。在社区发展的初始阶段,居民对原工作单位仍存在一定程度的依赖,对社区的归属认同感较弱,社区既缺乏现成的社会自治组织可供组织群众,也缺乏一定的社会资源积累可供动员群众,不少居民因此认为社区工作是街道、居委会的事,与己无关,绝大多数中青年居民很少参与社区事务。可以说,现阶段的社区建设工作,主要仍是一种政府行为。在现实的社区建设过程中,城市社区成员之间虽然大量存在许多共同的地方或需要,比如,共同的物业、共同的环境、共同的公共服务提供和共同产品消费的需要等,但是,由于在市场经济运行中逐渐演化出来的事不关己、少管闲事等消极的价值观念的盛行,加之社区成员之间又缺乏沟通的客观环境,以及社区行政力过于强大等原因,使得社区成员并不对社区寄予厚望,同时也缺乏对社区的责任感。有研究认为,市场经济的发展与社会诚信伦理建树不协调是社区建设面临的问题之一,我们认为这也是导致社区居民参与出现问题的缘由之一。

市场经济是法治经济和诚信经济。我国社会转型时期的市场经济发展很快,但社会问题却很多,尤其是传统伦理道德受到冲击,新的诚信伦理又尚未建立起来,欺诈、假冒、伪劣产品等层出不穷,人与人之间的关系变成一种赤裸裸的金钱关系,社区居民之间、邻里之间的互信、互助、友爱、友情日渐淡薄。一个缺失道德伦理与诚信的社区,很难使社区居民参与有太大的建树。另外,社会的开放格局与社区封闭管理不相称也会影响社区居民参与。现代城市社会是一个高度开放的社会，人们应当无所顾忌、广泛交往，但随着城市规模急剧扩张、流动人口不断增加等，城市社区居民的安全感日趋下降，自我安全和防范意识随之增强，于是，社区实行封闭管理，个个小区是铁网围墙，保安站岗，家家户户是铁门铁窗。在一个居民普遍缺乏安全感的社区，相互提高警惕、老死不相往来，势必影响到社区居民的互动及对社区事务的参与。还有，尽管社区中各社会组织居于同一社区区域中，但由于彼此分属于不同的系统或行业，互不往来，彼此隔绝，这也导致社区整合难以实现，作为社区独特行动主体的社区内各种类型的组织参与社区建设的积极性难以调动，其参与社区建设的作用有限。

4. 非营利组织作用发挥不足

非营利组织一般是指除政府部门和以营利为目的的企业（市场部门）之外的一切社会组织，包括非政府组织、公民的志愿性社团、民间协会、利益团体等。这些组织的集合构成了"非营利部门"，亦称"第三部门"。非营利组织性质是致力于"在正式的国家机关之外追求公共目标"的组织。它们通常具有以下特点：①民间性，或非官方性——即这些组织是以民间形式出现的，它们在体制上独立于政府，既不是政府的一部分，也不代表国家或政府的立场。②非营利性——即这些组织不以获取利润作为其生存的主要目的，而是把提供公共产品和公益服务作为组织的主要目标。这并不表明它们不可以获取一定的利润，但它们所获得的利润必须用于组织宗旨规定的活动的再投入，而不得用于组织成员之间的分配或其他用途。③自治性——即这些组织具有相当程度的独立性，有独立的经济来源，其活动不受制于外部，而由自己控制。④组织性——即这些组织有合法的身份，有自己的组织机构和管理机制，能正常地开展组织宗旨所规定的活动，有组织群众参与服务的领导才能。⑤志愿性——即公民参与这些组织的活动是志愿的，而非强迫。非营利组织的这些特点决定了它们具有规模小、灵活机动、适应竞争、社会责任感强、更易于接近服务对象、能对服务对象的需求作出灵活反映、能够利用基层的活力和非营利性等优点，使它们可以在政府低效和市场无效的领域，如社区服务、公益事业等领域，发挥它们无可替代的重要作用，以填补由国家不足所带来的空白和市场在创造足够的集体产品时所具有的内在缺陷。[1]

---

[1] 莱斯特·萨拉蒙：非营利部门的兴起，载何增科主编《公民社会与第三部门》，北京：社科文献出版社2000年版，第224页。

非营利组织在社区具有广泛而深厚的基础，社区发展、社区服务是非营利组织大有可为的领域。由具有非营利组织性质的社会服务组织来承担部分社区公共事务和公益事业的管理，承接大量的社区服务工作，有利于降低成本，提高公共物品的供给效率；有利于最大限度地满足社区居民的多元化需求，为社区居民提供快捷、方便、优质、高效的服务；有利于政府选择最佳的服务提供者，对其运行实行有效的监督，保证高水平服务的提供，保证公共服务的方向性和有效性；有利于促进服务提供者在外在竞争压力和内在发展动力的推动下不断提高人员的素质和管理水平，以求不断提高服务质量，谋得生存和发展；有利于增加就业，保持社会稳定；有利于社区服务的资金来源多样化，社区服务运作方式的灵活机动，使社区服务充满活力；有利于扩大社会的自我管理，提高社会的自组织化程度，提高社会的运行质量；有利于扩大公民的社会参与，提高公民的民主意识，增强公民的社会责任心；有利于限制政府的权力，缓解政府的管理压力，使政府摆脱对具体服务的直接提供，促进“小政府、大社会”格局的实现。❶

改革开放后，我国的非营利组织虽然有了很大的发展，但非营利组织的缺乏仍是我国在社区发展中存在的主要问题之一。非营利组织的严重不足使得许多本应由非营利组织行使的职能不得不由社区居委会或政府来承担。同时，即便那些业已批准成立的非营利组织，也存在着职能与目标错位；对政府的依附性强，独立程度低；官办色彩浓，行政性强；内部管理不够规范等问题。因此，在推进社区发展过程中，政府应该采取积极有效的措施，为非营利组织的发展壮大营造环境，创造条件，使其成为社区公共服务的主要承担者和社区发展的促进者。

5. 资金投入和资源利用存在问题

首先，社区建设投资机制不够健全，缺少充足的资金保证。社区建设需要大量的资金，而目前社区建设缺乏资金，其来源不稳定，影响了社区建设的开展和社区生活环境的改善，主要表现在以下两个方面：一是社区建设资金的政府投入不足，资金使用分散，管理不规范，从筹资、使用到监督的各个环节制度化程度较低，综合效益不佳。二是筹资渠道狭窄，资金来源不足，除政府投入外，街道、居委会需要自筹社区建设资金，往往困难较大，且缺乏一套自筹资金的机

---

❶ 潘小娟：《中国基层社会重构——社区治理研究》，北京：中国法制出版社 2004 年版，第 217 页。

制与途径。而在社区氛围、社区自治尚未形成的情况下,驻区企事业单位、社会福利募捐和个人资助等社会性集资的数量,目前都十分有限,过度依赖政府投资搞社区建设,势必又导致行政全能主义的趋向,社区自治更加困难。其次,社区资源开发利用不足,存在资源闲置和供不应求的矛盾。社区资源既包括人力资源,也包括物质资源。社区所属辖区的机关、企事业单位、大专院校和科研机构中,各类人才济济,但这些人才优势在社区建设工作中并未得到充分发挥,并且由于宣传组织等方面的缺陷,社区志愿服务活动的开展也不够广泛深入,一定程度上造成人力资源的浪费。另一方面,随着人们生活水平的提高,社区居民对生活服务和文体活动的需求也在增加,但目前社会上提供的服务设施和活动场所数量有限,供不应求。与此同时,一些机关大院内在计划经济体制下由政府投入建成的设施却处于闲置或半闲置状态。由于体制的原因,条块分割、资源不能共享,势必造成资源浪费和市场供不应求状况共存的局面。

6. 人员队伍职业化发展滞后

社区工作者队伍比较薄弱,部分人员难以胜任工作专业化的要求,社区工作非职业化与社区建设不适应。社区工作者在我国还是一个全新的概念。目前在社区第一线工作的社区工作者队伍整体素质偏低,文化程度不高,专业能力不强,多数未经过社区工作的专门培训,许多人还是沿用政府行政管理的手段从事社区管理,难以胜任社区建设和发展的需要,影响着社区工作效率的提高,也使得社区工作的职能难以体现、社区工作者的社会地位难以表现。尤其是社区居委会的工作人员,普遍存在年龄偏大,学历、能力和工作效率偏低的情况,导致社区工作职业化程度较低,导致了社区工作的简单化、低水平、成效差的局面。尽管近年来政府主管部门已经认识到这一问题的严重性,已经开始采取措施,努力改变居委会工作者总体素质欠佳的状况,着手进行社区工作的职业化建设,但距离居委会作为群众自治组织,发挥实行自我管理、自我服务、自我教育的功能的要求,尚存在很大差距。

二、应对社区建设问题的对策探讨

社区建设与社区发展作为我国经济社会发展和改革开放的新生事物,实际工作中面临着许多问题和挑战。城市社区建设工作虽然起源于社区服务推广和深化的需要,但社区建设的许多基础工作可谓起步不久。随着城市改革的深入和现代化建设的发展,必须调整城市社区管理机构,建立适应现代化发展的新体制。社区建设工作千头万绪，但绝不能偏离在党和政府的领导下，加强基层政权建设的大方向。只有在理顺基层管理机构的内部关系、提高基层管理干部管理水平的基础上，才能更好地开展社区建设工作。由此，解决社区建设中的一些问题，可以采取如下对策：[1]

（1）建立具有权威性的市、区两级社区建设领导机构。民政部已正式确定为政府在中央一级负责社区建设和社区发展的工作的职能部门。民政部的主要职责是制定有关社区建设和发展的宏观规划和政策，而具体政策的执行和协调，则主要由市、区两级政府及有关的民政部门负责执行。一是根据党中央、国务院和民政部有关方针政策，因地制宜地制定或调整社区建设和发展的规划、政策和措施，引导社区建设工作健康发展；二是在当地党委和政府的领导下，组织协调督促各有关政府职能部门，与民政部门分工合作，相互配合，形成合力，共同推动社区建设和发展工作。

（2）逐步推进“街道体制”向“社区体制”转换。目前社区建设的操作层仍基本停留在街道办事处行政区域之内，从社区建设的长远发展来看，街道办事处作为政府的派出机构直接参与所辖社区的管理工作，只是一种过渡性措施，最终应将社区管理的权力归还居民自治组织，即通过建立社区管理委员会、社区事务协商制度及居民互助、志愿者、选举社区领导人等活动，培养居民的自治能力，提高居民的参与意识，逐步实现“街道体制”向“社区体制”的过渡。

（3）推进居委会组织重组，实现居民自治组织的再造。部分城市在完成对居委会辖区调整后，已将居委会正式更名为社区委员会。居民委员会作为我国城市管理体系中最基层的单位，在计划经济体制所形成的政府调控模式下，由群众性自治组织向政府行政性组织转变，几乎变成作为政府派出机构的街道办事处的“派出机构”。受组织行政化倾向的影响，居委会的职能和工作内容严重膨胀，从事大量本来应由政府职能部门或社会中介组织承担的事务性工作。现有的居委会职责模糊，功能错位，难以发挥社区群众自治组织的作用，难以适应新时期社区发展需要。应该根据城市居民委员会组织法的精神进行重组，形成以社区党支部为领导核心、社区居民代表会议决策、社区委员会议事、社区工作者办事的新型的居民自治组织。

（4）改革管理体制，打破条块分割，突出街道社区的地位和作用。为了从根

[1] 蔡崎：“城市社区建设存在的问题及解决对策”，《福建广播电视大学学报》，2007年第6期。

本上探索和形成城市现代化管理的新体制和新机制，要确立街道办事处对辖区管理总负责的地位，通过建立“条专块统”的运行机制，更好地加强和发挥街道组织的管理职能。对辖区内的城区管理、社会服务、社会治安综合治理、精神文明建设、街道经济组织等行使组织领导、综合协调、监督检查的行政管理职能，对地区性、社会性、群众性的工作负全面责任。街道办事处应牵头筹组社区委员会或召集社区会议，由街道干部、各职能部门派出机构、驻区单位和居委会的代表组成或参加，定期召开会议，作为条块之间沟通情况、协调关系、规划指导地区性城市管理事务的重要组织载体，以理顺条块关系为基础理顺街道社区工作中的政企关系、政事关系和政社关系。

(5)转变政府职能，下放管理权限，实行责权统一的良性运作机制。原有的城市管理体制中心偏上，市、区两级政府及职能部门的权力过于集中，而处于基层直接面对群众的街道社区管理机构，则往往缺职少权，难以顺利开展工作。要进一步理顺各方面的关系，充分发挥政府职能部门在社区建设中的主导、引导、组织、协调、服务作用。要根据“面向社区，工作重心下移，权随责走，费随事转，责权利配套”的工作思路，明确街道办事处、政府职能部门与社区居民委员会的关系是“指导与协调、服务与监督”关系，从根本上转变“权力在上，责任在下”的不合理状况，初步建立起新型的基层管理体制。

(6)加强街道社区领导班子和社区工作者队伍建设。巩固基层政权、推进社区建设的首要任务是加强街道社区领导班子和社区工作者队伍的建设。针对部分街道社区工作者中普遍存在的年龄老化、文化程度偏低、管理水平不高、工资待遇较差的情况，应注意以下几个方面的工作：一是按照有利于加强社区居委会建设、方便居民群众、便于管理和提高工作效率的原则，适当调整社区居委会的划分和规模；二是调整社区居委会工作者的结构，选拔招聘一批年龄较轻、文化程度较高、工作能力较强的工作者担任社区居委会主要领导，还应配备“街聘民选”的专职社区工作者，这样有利于提高社区居委会工作者的整体素质；三是改善社区居委会非专职工作者的待遇，提高他们的工作积极性；四是加强对社区居委会工作者的教育培训，开展岗前、岗中培训，包括理论和实务工作两方面内容，重在提高分析和解决问题的能力和管理水平，做到人尽其才、人尽其用。

(7)建立和完善社区组织体系，完善社区党建和基层民主工作。社区党的组织和社区居民自治组织的建设是社区建设的核心，对于如何做好党在新时期的基层组织建设工作、发挥党的领导核心作用要进行积极的探索。一是强化社区党建工作的目的,使脱离了原单位、进入各类新的经济组织和社会组织的党员,以及在职和离退休党员通过社区党组织联合起来,在社区工作中发挥先锋模范作用。二是通过宣传党的方针政策和开展健康有益的社区活动,增强党对社区工作的影响力和渗透力,维护和促进社会稳定。二是在社区确立由街道工委、社区党建工作协会和居民区党支部组成的社区党建体系,构筑"条块结合"的社区党建工作网络的工作目标,调动广大党员和社区居民参与社区建设的积极性。四是加强对无上级主管部门的党员的领导,如在外地民工较多的社区及时建立外来建设者党支部,发挥外来党员的作用,由此带动和加强对外来人员的管理工作等。

第三章　先发社会社区建设的经验借鉴

第一节　国外社区建设的理念与实践

借鉴国外社区建设(或社区治理——以下均以“社区治理”表述)的经验是我国社区建设客观需要。国外一些国家和地区在长期的实践中,形成了各有特色的社区治理的模式。比如美国、日本、新加坡的社区治理体系和机制就各具特色,从一定意义上说,它们分别代表社区自治型、混合型和政府主导型三种不同的社区治理理念与实践模式。

一、美国纽约的社区治理

纽约是美国最大最繁荣的城市,也是最著名的世界性大都市。它由中心区和周围多个卫星城市所组成,根据纽约市政府城市规划局的最新统计数据,纽约市区总面积为833.5平方公里,截止到2005年7月1日,纽约市的人口为821.4万。[1] 纽约市划分为5个相对独立的行政区,即曼哈顿区(Manhattan)、布鲁克林区(Brooklyn)、布朗克斯区(Bronx)、皇后区(Queens)及斯泰顿岛区(Staten Island)。纽约市设置60个社区(community districts)。60个社区在5个区的分布是:曼哈顿区有12个社区,布鲁克林区有18个社区,布朗克斯区有12个社区,皇后区有15个社区,斯泰顿岛区有3个社区,每个区的社区分别都按照数字编号命名。各社区的规模大小不一,面积小的不到900英亩,面积大的社区达到1.5万英亩,有的社区只有3.5万居民,有的社区居民超过20万。社区区域划分的原则是:社区的人口规模一般不超过25万人,与城市发展中的历史、地理及特征相吻合,适应管理机构提高工作效率的要求,有利于建立诸如社

[1] 纽约市政府城市规划局网站:http://www.nyc.gov/html/dcp/html/census。

区警务、社区服务、社区卫生等互联网络。[1]

(一)市区政府的社区行政职能

在当今时代,城市一体化程度和相关联度很高的大都市不太可能实行完全各自为政的社区自治,社区的治理客观上需要政府不同程度的行政介入。纽约的社区并不完全是实行自治,市、区两级政府都承担社区治理的行政职能,在政府系统中分别设有相应的社区行政机构,市长、区长以及政府内的相关行政机构承担特定的社区治理的行政职责。[2]

纽约市政府中,纽约市长、社区协助处、城市规划管理委员会等,对社区治理承担行政职责。纽约市长的社区职责包括:确保市政府部门在有关涉及社区事务和处理市民所反映问题时与社区委员会进行合作;在城市财政支出预算中,优先考虑社区的同时,对各社区的财政资助额度提出建议;为社区委员会解决问题提供一般的指导、协助和机制。社区协助处(Community Assistance Unit)设在市长办公厅内,其主要职能是为全市60个社区委员会在履行职责中提供帮助,加强市政府政策和市政部门的行政行为,以及为社区委员会主任或社区经理提供所需要的帮助。城市规划委员会(City Planning Commission)负责规划纽约市的发展问题。该委员会由13名委员组成,其中,7名委员由市长任命,1名委员由市议会议长任命,另外5名由5个区的区长分别任命1名。城市规划委员会主任由市长任命,城市规划委员会主任同时也是城市规划局的局长,城市规划局是市规划委员会的执行机构。城市规划委员会和市规划局的工作都涉及社区。例如:城市规划委员会负责制定有关土地使用和环境评估的规则及城市设施建造的标准;社区委员会提出的有关区域规划的议案,在市议会最后决议前,都先由城市规划委员会进行评估,区域规划的标准也由城市规划委员会制定;城市规划局在社区委员会制定社区规划时可以提供专业化的帮助。

纽约市各区政府中,区行政委员会、区服务委员会等,对社区治理承担相应的行政职责。区长(Borough President)与社区治理相关的行政职权是:任命两年一届的社区委员会成员;负责对社区委员会成员进行培训,为社区委员会工作提供技术帮助;担任区行政委员会主任和区服务委员会主任等。区行政委员

[1] 谢芳:《美国社区》,北京:中国社会出版社2004年版,第393页。

[2] Handbook for Community Board Members,见纽约市政府网站:http://www.nyc.gov/html/cau/downloads/pdf/handbook_2006.pdf。

会(Borough Board)由区长和在该区提供服务的市政府有关部门分支机构的官员组成,区长任区行政委员会主任。区行政委员会的社区行政职权包括:就跨社区区域的土地使用等问题进行磋商;提出和审议本区的整体发展规划或专项规划;根据本区的实际情况编制财政开支预算;对本区的基本建设和服务质量及数量进行评估;与社区合作并调节社区之间的矛盾和冲突。区服务委员会(Borough Service Cabinet)由区长和在该区提供服务的市政府有关部门分支机构的官员组成,区长任负责人,在大部分区,区经理(District Managers)也参加区服务委员会。区服务委员会的工作职责包括:在区一级层次协调在该区提供服务的机构的服务功能和项目;解决有碍于经济发展的问题和有效提供服务的问题;规划并开发满足本区居民需要的项目;就有关服务情况及问题听取本区居民和社区委员会的意见。

(二)社区委员会及其治理功能

纽约市各社区治理的主体组织是社区委员会(Community Board)。每一社区都成立一个社区委员会,社区委员会会员最多不超过50人,每届任期两年,50名委员交错换届,即每年换届25人。社区委员会委员由区长任命,其中,1/2委员先由本社区的市议会议员按照人口比例提名后再由区长任命,区长在任命社区委员会委员时必须考虑到其能够代表该社区不同区域和不同部分。社区委员会、公民团体、邻里协会以及其他社区团体可以向区长和市议会议员提出委员人选的建议。担任社区委员会委员的资格条件是居住在本社区、任职单位在本社区或在本社区开办实业者。社区的市议会议员是社区委员会的非正式委员(Ex-Officio Members),他们参与社区委员会的各种活动,但不享有投票权。社区委员会委员中市政府雇员不应超过1/4。社区委员会委员没有工资报酬,但诸如参加社区委员会的日常会议等可以得到一定的补贴。社区委员会除了每年的7月、8月外,每月至少举行一次委员会会议、一次听证会。社区委员会主任主持每月的委员会会议,任命各专业委员会主任,管理社区委员会办公室事务。社区委员会实行多数人决定制度,即只有通过表决方式获得多数人同意后才能给出决定或决策。[1]

《纽约城市宪章》规定了社区委员会的21项职责,其主要职责可以概括为

[1] About Community Boards-In the City Charter, Last updated: January 20, 2007. 见纽约皇后区第3社区委员会网站:http://www.community-boards.readyportal.net。

六个方面。一是关注社区的需求。根据社区需要确定工作方向,着重关注社会、经济、健康、安全等问题。二是沟通与协调。社区委员会是城市治理的最基层单位,它在社区、居民与市政府、区政府之间发挥上传下达的沟通作用,同时就有关社区和居民福利的问题与地方行政部门及区长进行协商和合作;充当政府对民众的发言人,社区委员会通过街区协会、宗教团体、商务组织及其他志愿者组织,协助市政府部门向本社区居民传达有关信息;社区委员会一个重要的角色是就社区关心的问题举行会议,就有关居民福利问题举行听证会或进行调查,涉及社区之间的问题,通过由各社区委员会主任参加的区委员会来协调解决;当涉及住宅开发、公园等有关土地使用中跨社区区域的问题时,可以建立联合委员会通过合作来共享利益。三是社区规划。社区委员会具有广泛的规划职责,包括制定社区的总体规划和专项规划,另外,社区委员会可以就整个城市规划中涉及本区域的问题提出意见或建议。四是提交报告。社区委员会需要提交若干报告,其中最主要的是要向市长、市议会、区长、区委员会提交年度报告及其他需要的报告,另外须向市长提交年度社区需求的报告。社区需求报告涉及社区情况介绍、对社区目前及未来需求进行评估、满足需求的项目及活动的建议等。五是编制预算。通过向有关机构咨询、评估政府部门的预算、举行公众听证会等,制订并向市长提交下一年度的社区资金需求和预算,社区委员会和许多市政府部门一起参加市政府的预算协商会;社区委员会通过向有关机构咨询、评估政府部门的预算、举行公正听证会等,制订并向市长提交下一年度的社区支出预算。六是评估和监督。所有本社区的资金项目,包括项目的规模和方案等,都由社区委员会评估,社区委员会与项目负责人保持联系,随时了解项目进展情况和实施中的问题,对政府机构在本社区提供服务的数量和质量进行评估。[1]

每一社区委员会主任在预算内雇用一位社区经理和 2 ~ 4 名专职人员,以协助履行社区委员会的各项职责,及时解决社区服务中的各种具体问题。社区经理(District Manager)的主要职能是通过发挥社区公共服务的组织者、调解人、促进者的作用,改进本社区的城市服务的质量。[2] 例如,曼哈顿区第 10 社区的

[1] About Community Boards-21 Areas of Responsibility ,Last updated：September 1,2006. 见纽约皇后区第三社区委员会网站：http://www.community-boards.readyportal.net。

[2] 纽约市政府网站：http://www.nyc.gov/html/cau/html/cb/cb_district.shtml。

社区经理承担的职责包括:负责社区委员会办公室的日常事务,包括管理办公室人员、办公室文档、督察委员会内部预算、受理居民对有关服务的申诉等;与议员、政府机构及本社区居民、企业、服务提供者合作,满足社区服务的需求;每月组织社区委员会和各专业委员会的会议;参加社区委员会会议,参加必要的专业委员会会议;主持社区服务委员会(District Service Cabinet)会议;在社区委员会会员、居民及其他有关人员之间进行沟通。❶

社区委员会建立了一些履行各种职能的专业委员会(Committee)。专业委员会委员及其主任由社区委员会主任任命。专业委员会委员有两种:一种由社区委员会委员兼任,每一位社区委员会委员可以兼任2~4个专业委员会的委员;另一种是居民委员,居民可以向社区委员会主任提出担任某一专业委员会委员的要求,经社区委员会主任征询该专业委员会主任意见后予以任命。❷ 各社区委员会建立的专业委员会名称和数量不完全一样。例如,纽约皇后区第13社区委员会有十多个专业委员会:公共关系委员会,教育和图书馆委员会,人事和道德委员会,社会服务、老年人和残疾人委员会,健康和医院委员会,街道和公共交通委员会,住房委员会,土地使用委员会,机场委员会,经济发展委员会,公园、环境委员会,文化事务委员会,青年项目委员会,公共安全委员会,预算和财政委员会和特别委员会。❸ 再如,纽约皇后区第3社区委员会有20个专业委员会(见下表)。

纽约皇后区第3社区委员会的专业委员会一览

名　称	职　责
机场委员会	检测机场周围的噪音、空气和水的污染情况
商务发展委员会	在社区委员会、商务社区与市政府之间提供中介服务
资金和支出预算委员会	为社区委员会拟定资金和支出预算的项目清单
教育委员会	聘雇教育需求和监督教育质量
行政委员会	安排每月的会议及议程等

❶ 纽约市政府网站:http://www.nyc.gov/html/cau/downloads/pdf/cd_10_district_manager_advert_1.pdf。

❷ About Committees & Committee Membership, Last updated: May 2,2007. 见纽约皇后区第3社区委员会网站:http://www.cb3qn.nyc.gov。

❸ Committees/Orgs,见纽约皇后区第3社区委员会网站:http://rchbrecht.pageaweb.com/id3.html。

续表

名　称	职　责
法拉盛海湾委员会	监督法拉盛海湾的环境卫生
健康与社会服务委员会	评估健康需求和监督健康服务项目的情况
住房委员会	评估住房需求和监督相关服务项目的情况
地界标委员会	监督地界标保护的情况
土地使用委员会	监督区域划分和变化的情况
新纽约人委员会	收集和分析人口及人口变化的统计信息
公园和娱乐委员会	评估公园需求和监督公园服务状况
人事和预算委员会	编制社区委员会的内部预算和监督办公室人员
公共安全委员会	评价和监督警察、消防部门的服务状况
卫生和环境委员会	评估和监督卫生设施服务、空气污染及噪音、下水道维护等情况
技术指导委员会	维护互联网和评估信息机构技术
反恐怖委员会	制订防范突发事件的预算
交通和运输委员会	评估和监督道路、公交车路线、地铁的服务质量
网络指导委员会	推荐网络的内容
青少年委员会	评估青少年需求和监督青少年项目

(三)社区非营利组织与志愿者

非营利组织(Non-Profit Organization, NPO)泛指不以营利为目的秉承社会性公共事务和提供某些公共服务的社会组织。在国外,非营利组织也称非政府组织(Non-Government Organization, NGO)、第三部门(the Third Sector)等,非营利组织包括基金会组织、慈善组织、志愿者组织。美国堪称拥有非营利组织最多、最发达的国家。据美国有关机构统计,20 世纪 90 年代末,美国约有 160 万个非营利组织,约占美国各类组织的 6%,平均每 12 个就业人员中就有 1 个人为非营利组织工作,这些非营利组织的财产总额达到两万亿美元,[1]美国非营利

[1] “美国的非营利组织及其税收政策”,见中国 NGO 互动论坛网:www.cfpa.org.cn;孙倩:“美国的非营利组织”,《社会》,2003 年第 7 期。

组织的规模大小不一,既有一些在全美范围开展非营利公益事业的大型非营利组织,也有不计其数的在社区进行公益服务的小型非营利组织。

纽约各社区活跃着许多为本社区提供互助性服务或专项服务的非营利组织。例如,在纽约皇后区第3社区就有115街社区委员会、37-75门牌号联盟、迪玛斯大道街区协会、杰克逊街区行动组、杰克逊街区花园城市协会、杰克逊街区邻里协会、北皇后区协会、美国小手工艺协会等非营利组织和社区组织。这些名称各异的社区非营利组织主要依靠志愿者的组织形式,为社区提供各种公益服务,形成了政府、社区委员会、非营利组织三位一体的社区治理格局。以纽约皇后区第3社区的"杰克逊街区行动组"和"杰克逊街区花园城市协会"为例。杰克逊街区行动组(Jackson Heights Action Group)成立于1978年,其目的是通过本区域的邻里居民、小企业主相互帮助的方式,为本区域需要帮助的居民提供免费的服务,该非营利组织的服务项目包括:移民服务——为居住在本区域的来自其他国家的移民提供相关指导和推荐,如协助办理移民许可和绿卡等;卫生保健——协助没有医疗保险的居民办理由联邦政府提供的健康卡;就业推荐——为失业者寻找就业机会或提供就业信息;体育培训——用英语和西班牙语为12~21岁的青少年人提供篮球、足球的技能培训;慈善救济——与本区域的教会一起为无家可归的人、病人、失业者及其他贫困的人提供生活帮助;清除涂鸦——募集高中和大学的学生,每周清除涂写在街道两旁和住宅外面的不文明字画;治安服务——为使本社区居民尤其是老人和儿童有一个安全的环境,募集志愿者组成公民巡逻队,在110街区、115街区等治安比较差的地段开展治安巡逻。杰克逊街区花园城市协会(Jackson Heights Garden City Society, Inc)由本区域的一些历史学者和社会活动者于1996年在纽约州注册成立,该专门性非营利组织以征求捐献的方式收集与杰克逊街区有关的文物、照片及其他物品,对杰克逊街区的历史进行研究和解读,并通过定期举办的"花园城市遗迹"展览和演讲,使社区公正形成社区历史感和认同感。[1]

庞大的志愿者队伍可以说是美国社区服务的主力军。从事志愿者活动是美国有史以来就形成的传统,美国政府也积极鼓励公民参与志愿者服务,每年10月的第四个星期日定为全国志愿者活动日,每年的四月有一个全国性的志愿

---

[1] About Committees & Committee Membership, Last updated: May 2, 2007. 见纽约皇后区第3社区委员会网站:http://www.cb3qn.nyc.gov。

者活动周。据有关统计，美国50%的成年人每周至少参加一次志愿者活动，全美国每年约有9000多万人次的志愿者从事社区服务工作。2002年美国时任总统布什在清华大学演讲时曾说，美国最值得骄傲的不是国防和经济上的成就，而是美国人以志愿者身份投入社区服务的“社区精神”。[1] 从纽约社区治理和服务的人力资源来源来看，各个社区委员会委员是不拿报酬的义务工作者，承担社区互助、公益性服务职能的非营利组织更是依靠志愿者的奉献，因此，纽约的社区层面的治理离不开志愿者，某种意义上说纽约的社区自治就是志愿者自治。社区的各种非营利组织成为本区域居民参与志愿者服务的基本组织形式，同时，在纽约每个社区的网站上或分发给居民的社区印刷品中都会定期公布临时需要招募志愿者的信息，社区居民也可以通过这种应征方式参加志愿者活动。

二、日本东京的社区治理

（一）东京的行政管理体制

日本的行政区划把全国划分为1都、1道、2府、43县，1都就是东京都，1道就是指北海道，2府就是指大阪府和东京府。日本的政府行政体制可以区分为中央政府、地方政府和基层政府三大层级，中央政府设府、省、厅等机构。目前在总理府下设14个省厅；地方政府设都、道、府、县，全国共有47个地方政府；基层政府分布市（区）、町、村，全国共有3200多个基层政府，分别从属于各都、道、府、县。有专家认为，日本的基层政府相当于我国的乡、镇、街道一级的政府，日本的社区可以界定在基层政府即市（区）、町、村区域范围。[2] 日本的城市社区又有行政社区和居民社区之分，行政社区即指基层政府的行政管理区域，居民社区则是指政府行政系统之外的居民自治地域概念。

东京作为日本的首都，既是本国政治、经济、文化、交通等各方面的中心，也是世界级的国际大都市。东京都的面积为2162平方公里，人口约1255万，其管辖范围包括23个区、26个市、7个町和8个村。区和市是平行行政区划单位，位于城市中心地带的为“区”，处于城市边缘地带的为“市”。

---

[1] 谢芳：《美国社区》，北京：中国社会出版社2004年版，第346～347页；陈泽水：“美国社会化社区管理模式探析与思考”，《江西行政学院学报》，2005年第3期。

[2] 马伊里：“日本的社区建设”，《社会》，1996年第1期。

区、市、町和村既是东京都的行政区划单位,同时也是行政自治单位。23 个区、26 个市、7 个町和 8 个村的基层政府分别称为区役所、市役所、町役所、村役所,其行政首长即区长、市长、町长和村长,由选民选举产生,而不是由上级政府任命,因此,各役所与东京都政府不存在领导与被领导的上下级隶属关系,区长、市长、町长和村长也不受东京都知事的直接领导。东京的行政体制具有"虚都实区"的特点。东京都的都政府,实际掌握的权力并不多,主要的职权是制定城市发展规划、协调跨区行政区域的事务,以及形式上代表东京这座城市。各役所可以依法全权自行处理本行政区划范围内的行政事务。区役所设有少数规模很小的派出机构——出张所,一个区市设置若干出张所,通常一个出张所只有一两位人员,办公用房 10 平方米左右,出张所的主要职能就是税收。

区市役所的行政职能范围比较宽泛。其行政工作事项包括:为居民办理纳税、养老金、医疗保险、结婚、离婚、户籍、营业执照等事项;办理社区内的环境保护、公害防治、土地使用、园林绿化等公共事务;对社区内第三产业的发展进行规划,监督和调控物价,保障居民的基本生活;对社区居民进行各种宣传教育,尤其是交通安全方面的宣传教育;解决社区各级学校中出现的问题,确保教学的正常秩序和教学质量的稳步提高;通过定期或不定期发放各类刊物或资料等途径向居民提供各种信息服务,包括居民收入、物价指数、人口、就业、交通、社会福利、社会治安等方面的信息服务。

区市役所的行政方式具有开放性。首先是实行开放式办公,办公场所无围墙、无门卫、无登记手续,居民可以自由进出;各科室集中在可以容纳 10 人的大厅中一起办公,一个科室,一个服务窗口。其次是实行行政首长"亲民"办公。行政首长常常深入居民中了解和解决问题,这种做法被称为"移动区长办公室";行政首长还经常召开恳谈会、地段会、调查会等,与居民就有关问题进行沟通和交换意见;另外,各役所都摆放有行政首长明信片,居民可以免费索取,随时把自己的建议、意见或问题写上后寄给行政首长,邮资由役所支付。[1]

(二)东京的地域中心体制

东京都从 1974 年以来在区行政区划内形成一种颇为独特的地域中心制。所谓地域中心制,就是在各区的行政区划内根据人口密度和管理半径划分成若

[1] 王文元:"东京社区:如何打造管理环节",《社区》,2001 年第 1 期。

干行政区域,这种行政区域相当于我国城市中的街道,其行政管理机构成为“地域中心”,该机构隶属于区役所的地域中心部。以下以东京都中野区为例对地域中心制进行概述。❶

中野区位于东京都市区西部。面积为 16 万平方公里,人口约 30 万,全区设有 15 个地域中心。地域中心内设有地域担当系、青少年担当系等机构,同时设有高龄者会馆和儿童馆等社会事业单位。地域中心一般有近 30 名行政人员,他们都属于公务员,其中包括所长、副所长各 1 人,高龄者会馆、儿童馆的馆长分别由两位系长兼任。区役所通过其内设机构地域中心对全区 15 个地域中心实施领导。地域中心部每月召开两次地域中心所长会议,以及时进行工作交流和沟通。区役所对地域中心行政人员每两年进行一次考核。

地域中心的主要行政职责包括:①代表区役所实施和调整本地域的发展计划,管理本地域的各项公共事业。②收集区民对地域管理的建议和意见。通常采用聚会解答的方式,即由居民根据自己的意愿或要求提出聚会的申请,然后由地域中心确定场所组织居民聚会,与会者就聚会议题展开讨论,参加聚会的地域中心所长代表区长对聚会上的区民提出问题和意见,当场进行解答或说明,并对一些具体问题给出处理意见。③支持与援助本地居民、民间公益团体开展活动。④为居民提供窗口服务和设施服务。如同区役所一样,地域中心办公楼的一层大厅全部为对外服务的窗口,通过区、地域中心办公楼两级办公互联网,为居民提供户籍、婚姻、缴税、福利金等各种行政服务。⑤为青少年、老年人等特殊群体提供设施及服务。中野区共建造了功能多样、设施齐全的高龄者会馆 17 所、儿童馆 28 所、养老院 6 所,以解决孩子和老人的社区活动问题。同时,针对残疾人员生活困难问题,对 70 岁以上卧床不起的病人提供经济补助、轮椅及升降床等设施的租赁、派人购物、巡回保洁及医疗服务等特殊服务。

地域中心的行政经费来源于区役所拨款。各地域中心每年根据行政事务需要编制出预算,上报给地域中心部和区役所,预算经区议会审议通过后下拨经费给各地域中心。区役所的各项规章和条例,对经费使用及各项费用标准都有明确规定,各项支出严格按照预算和规定的标准执行。预算经费支出主要涉及地域行政、民政福利、防灾防病等地域事务范围。在 20 世纪 90 年代末,中野

---

❶ 资料来源于李建国:“日本的城市社区管理模式——东京都中野区地域中心考察”,《城市问题》,2000 年第 3 期。

区15个地域中心每年预算经费约719亿日元,合人民币约5300万元。

地域中心与地域内自治组织和公益团体之间形成一种合作共治的关系。中野区最主要的自治组织是“住区协议会”,由该区域的居民自愿参加而组成,住区区域是在原有町片的基础上适当扩大或缩小而形成。住区协议会与地域中心被看做是一辆车的两个轮子,即政府行政轮子和居民自治轮子。住区协议会的主要职能是:对区役所拟定的本地域中长期发展计划进行讨论,居民的意见反馈给区役所;对本地域内一些共同性问题,比如设施建设、高龄者问题、街道改造等,进行讨论并提出解决的对策,等等。地域内也有一些公益性组织,如有关民生、青少年健康成长、交通安全、防灾防火等多种协会或委员会,地域中心与这些公益组织之间相互联系,并对他们的公益活动常常给予物质或非物质的支持。

(三)东京的社区自治组织

日本社区最主要的社区自治组织是町内会和自治会。在日本的行政社区与居民社区两元治理结构中,町内会及自治会等民间组织成为居民社区的组织载体。町内会是日本社区中最基本、最基层、最广泛的自治组织,它与自治会之间存在包含关系,自治会可以说是扩大的町内会。

(1)町内会。日本的市、区、町、村区域内的“町”,是一个地理上的名称,相当于我国的“街”。在日本的近现代都市化进程中,町内会经历了一个发展的过程。最初,在一定区域居住的居民,为了创造良好的生活环境自发组织成町内会这种自治组织。1940年,日本内务省颁布的训令《部落会町内会等整备要领》规定,町内会等是一定地域内住民的自治组织,它以“户”为构成成员,围绕住民的各种福祉事业,开展类似公共行政的活动,对住民事务进行自治管理。❶但在第二次世界大战期间,町内会演变成了战争体制下的国家末端行政机构,甚至是准军事机构。1947~1950年町内会曾被废止,1951年町内会被解禁,此后,各地町内会相继复活,并重新回归于社区基层的自治组织。町内会根据町的地域大小而组建,地域范围比较大的町可划分为若干个区,一般来讲,一个町内会就是一个独立的组织单位。目前,日本大约有30万个町内会,大部分町内会的规模都比较小,有67%的町内会不到100户。❷

一般情况下,居住在某一地域的居民自动成为该区域的町内会的会员,有

❶ 许耀桐:“基层自治:对社区公共事务和文化生活的管理”,《北京行政学院学报》,2001年第4期。

❷ [日]黑田由彦文、(上海)王佩军编译:“町内会——当代日本基层社区组织”,《社会》,2001年第8期。

些町内会规定,“居住在区域内并拥有住所的个人没有正当的理由不得拒绝加入本会”,参加町内会者必须缴纳规定的会费。住民区的企业、机关、团体等,也自动成为町内会的赞助会员,交纳一定的会费,参加町内会的活动。町内会设立会长、副会长及文体委员、消防委员、环境委员、妇女老幼委员等。町内会又分为若干各班,一个班的成员大约在15~20户左右,每户派一名代表参加,各班设有班长。会长、副会长由居民选举产生,各委员采用自愿与推荐相结合的方式选出,班长则是轮流坐庄,一年或半年一换。绝大多数町内会会制定《町内会章程》,对町内会的宗旨、会员、干部、组织、议事、活动内容、资产及会计等作出明确规定。町内会的宗旨或目的是:创建和维护良好的地域社会,建立和谐的地域生活环境,促成地域居民的和睦相处。町内会围绕宗旨或目的开展多方面的工作或活动,涉及治安防范、犯罪预防、交通安全、防止灾害、公众健康、居民教育、环境美化、信息服务、反映民意、联谊活动、文娱活动、募集资金等。町内会的议事和活动场所通常是公民馆。町内会每年年初定期举行一次全体会议,如需要时可召集临时会议。全体会议主要议题是审议上一年度工作报告及收支情况报告,提出本年度的工作设想,进行新一年度町内会选举等。❶

(2)自治会。自治会一般以户为会员,会员可以分为三种:居民住户为一般会员,单位职工宿舍住户为特别会员,当地的企业、商店、学校等以赞助会员的身份加入。自治会的规模大小不等,小的自治会只有几十户,大的自治会有数百户甚至数千户,规模大的自治会拥有许多町内会。自治会设会长1人,副会长1~3人,役员若干人,役员包括总务、秘书、会计、监事、顾问等。他们都由住民推举产生,可以他人提名、住民公推和自荐,任期通常为两年,可以连选连任。当选者往往是本居住区有声望、有能力和热心于公益事业的人士。自治会没有政府下拨的财政经费,其活动经费主要来自会费、活动收益及捐款。自治会的会长、副会长、役员等都是兼职的志愿工作者,他们通常只领取象征性的微薄报酬。自治会的自治功能可以概括为六大机能:亲和机能——通过举办文娱、庆典活动,如歌唱会、运动会、旅游会、敬老会、茶道会、插花会、打糕会、纳凉会及红白喜事等,在丰富居民社区生活的同时,促进邻里、住民之间的和睦与和谐;共同防卫机能——组织住民开展防火、防灾及治安防范活动;环境整治机能——通过开展清洁卫生和公共设施的修缮活动等美化社区环境;行政补充机

❶ 林和生:“日本社区的‘町内会’”,《社区》,2006年第3期。

能——做一些政府行政职能不及的事情;民意表达机能——代表住民向政府表达意愿和要求,向交通、水电燃气等公共事业部门反映情况,并联系有关事项;统筹协调机能——根据本地域的实际情况,通过协调,统筹安排有关社区资源和服务事项。[1]

三、新加坡的社区治理

新加坡是一个城市国家,由新加坡主岛和63个小岛屿组成。新加坡的陆地总面积,包括各小岛,共为697.1平方公里。新加坡的常住人口数,包括新加坡公民和永久居民,2006年6月的统计数为3608500人。新加坡是个拥有多元民族的社会,马来族占13.8%,华族占76.2%,印度族占8.3%,其他各族人民占1.7%。新加坡的官方语言是马来语、汉语(官方普通话)、泰米尔语和英语。马来语是国语,英语是行政管理语。宪法赋予每个人信奉宗教和传教的权利。新加坡的主要宗教有佛教、道教、伊斯兰教、基督教和印度教。新加坡实行的是一种英国式的议会共和制。总统为国家元首,由全民选举产生,任期6年,总统委任议会多数党领袖为总理。总统和议会共同行使立法权。议会称国会,实行一院制。议会由公民投票选举产生,任期5年,占国会议席多数的政党组建政府,国会目前有84名议员。总理和内阁部长从议员中任命。新加坡建国40多年来一直由人民行动党执政,因此,又被看做实行权威统治的国家。

(一)社区治理的组织体系

新加坡社区形成了一套三层次的完整的组织体系。在国家层面,主要有两个机构负责全国社区事务:一个是社区发展、青年和体育部,它是全国社区发展的领导机构,负责制定社区发展规划和政策;另一个是人民协会,它属于半官方的非政府组织,由执政党领导,从属于社区发展、青年和体育部,负责组织、领导和协调社区事务,被称为全国社区组织的总机构。在新加坡,约85%的居民住宅为政府组屋,若干栋组屋构成一个组屋区,多个组屋区划定为一个选区,目前全国共划分为84个选区。社区基本上等同于选区,标准社区一般在8000户左右。在社区或选区的层面,主要有公民咨询委员会、居民联络所、市镇理事会这三种社区组织,公民咨询委员会、居民联络所隶属于人民协会,市镇理事会接受

[1] 张文明:“日本自治会:真正的自治”,《社区》,2002年第3期。

政府部门“建屋发展局”的指导。在组屋区层面，有居民委员会、邻里委员会、民防委员会、种族委员会等基层的社区组织，其中，隶属于人民协会的居民委员会是最重要的基层社区组织。❶

（1）公民咨询委员会。公民咨询委员会也称居民顾问委员会。每一个选区设立一个公民咨询委员会，它在选区层次上组织、领导和协调社区事务，在各种社区组织中地位最高。公民咨询委员会的主要职责是：在政府与居民之间进行沟通，一方面把居民的需求及问题反映给政府部门，在涉及诸如公共交通线路的规划等社区重大问题时向政府提出建议，以维护社区居民的利益；另一方面把政府相关活动的工作安排和政策信息传达给居民；协调居民联络所、居民委员会和其他社区组织的工作；募集社区基金，用于增进贫困和残障人士的福利、提供奖学金和资助其他社区项目。目前，新加坡共有 80 多个公民咨询委员会，每个经办选区或跨区项目 1600 项，约有 130 万人参与这些项目。

（2）居民联络所。居民联络所也被称为居民联络所管理委员会。各居民联络所代表人民协会行使建设和管理社区居民俱乐部的职权，组织举办诸如文化、教育、娱乐、体育、社交等各种有益的活动，以增进种族和谐和社会团结。居民联络所对应于社区内相应服务群体，下设若干个专业委员会，如老龄执行委员会、青年执行委员会、妇女执行委员会、少年执行委员会、马来执行委员会、印度执行委员会等。目前，新加坡全国共有约 110 个居民联络所，每年举办各种活动 3 万多场次，参加人数约 330 万人次。

（3）市镇理事会。各个选区都成立了市镇理事会，市镇理事会主要由公民咨询委员会和居民联络所的成员组成。它在政府部门建屋发展局指导下开展工作，侧重于社区的硬件设施管理，其主要职能包括：管理和改善组屋居住环境；管理及治理公用事业；保养和维护物业；更新或更换公用物业内设施等。

（4）居民委员会。所有公共组屋区都设有居民委员会，其主要职能包括：组织本组屋区的居民开展各种有益于相互了解、建设和谐社区的活动，如邻里守望、民防演练、家政学习、公共教育、对话会、歌唱会、联欢会等；协助和配合公民咨询委员会、居民委员会开展工作，如提供人力资源、反馈居民需求信息等；协

---

❶ 王世军、于吉军：“新加坡的社区组织与社区管理”，《社会》，2002 年第 3 期；张大维、陈玉华：“新加坡的社区建设及其对中国社区建设的启示”，中国城市社区网：http://www.cucc.org.cn，2007 年 8 月 2 日。

助邻里委员会、种族委员会、民防委员会等,协调邻里关系、种族关系及做好小区的治安防范。目前,新加坡共有居委会近500个,每年举办各种项目和活动3万多项次,参与人数390多万人次。

(二)社区治理的内容及方式

(1)向社区居民提供各种服务。社区服务是社区最主要的事务,它涉及家事服务、医疗保健服务、治安服务及商业服务等。家事服务主要由家庭服务中心承担,这是一个以邻里为基础的居民服务组织,提供的服务包括与家庭生活有关的信息,如教育、培训及专业服务等。社区都设有医疗服务机构,如社区医院、综合诊所、私人诊所、老龄保健中心等,社区医院一般与区域医院为邻,并与区域医院共享医疗资源,病人康复科转入社区医院。社区内建立邻里警局或邻里警岗,实行一站式警务服务,邻里警局与社区基层组织密切合作,提供全面治安服务。社区商业服务主要由邻里中心和邻区商店提供。20世纪90年代新加坡政府推出了"新邻里中心"计划,兴建了一批新模式的邻里中心,同时对旧邻里中心进行了调整改造。邻里中心聚集了各类大、中型店铺,以满足社区居民就近购物的需要,此外,各组屋区内开设邻里商店。

(2)管理和维护社区公共设施。社区内公共生活设施配套都比较齐全,许多公寓大楼底层一般都不安排住户,而是用作社区公共活动场所,如邻里活动中心、社区俱乐部、老年活动中心、幼儿园、教育中心等,这些公共设施由社区组织进行管理和维护。如需要新建社区公共设施,也有社区组织向人民协会或政府有关部门提出申请,并列入社区规划。

(3)开展各种社区活动。社区公益活动包括:在社区内外募集资金,以便向老弱病残者和其他需要帮助的居民提供更多的福祉;组织居民开展各种保护和清洁公共环境的活动,如聚餐会、歌咏比赛、休闲旅游、音乐绘画班、健美舞蹈班等,以丰富居民的社区生活,同时也借此增强社区凝聚力和密切邻里关系。

(4)实现居民与政府之间双向沟通。一方面是把社区内的有关信息收集整理起来,反映给政府部门或有关法定机构,并催促其实施;另一方面是把政府有关机构的信息传达给居民,以取得居民的认同与协助。

四、国外社区建设的特点与启示❶

纽约、东京、新加坡的社区治理各有特色,并与各国历史传统、政治、经济、社会、文化等环境相关。纽约、东京、新加坡的社区治理又具有一些共性的特征,这些共性的特征反映了当今时代社区治理的一般法则和发展规律。纽约、东京、新加坡的社区治理的共性通过各自特色表现出来。

(一)纽约、东京和新加坡社区治理的各自特色

对于美国、日本和新加坡社区治理的各自特点或特色,国内学者和专家似乎形成了一种共识,即认为三国分别代表三种典型的社区治理或管理模式,美国所代表的是自治模式,新加坡代表的是政府主导模式,日本代表的是一种介于美国和新加坡之间的混合模式。❷ 其实,国外的社区治理情况各种各样,在多样化中又包含一些基本的共性特征,把国外的社区治理归并或区分为三种典型的模式,有些简单化、极端化,也忽视了它们之间的共性。但从另一角度说,这三种模式论的看法,却反映出了一种事实,即美国、日本和新加坡的社区治理各有特色。这一事实也反映在纽约、东京和新加坡的社区治理中。

纽约社区治理一大特色是形成了一种市区两级政府行政参与、社区委员会自治治理、社区居民广泛参与的完整而规范的制度,两级政府之间,按照政府、社会、公民的应有权利和功能进行合理的职权分工,社区治理的各方参与者职责明确,并以《纽约城市宪章》形式予以法制化。纽约社区治理的另一特色是社区治理中的非营利组织,它们作为志愿者的组织载体,吸纳社区居民广泛参与社区服务性、互助性、兴趣性的治理活动,使社区治理更具自治的色彩。另外,纽约的社区治理还有一些微观特色,如社区委员会委员的交错换届、社区治理相关方的相互制约性职权分工、社区居民参与的听证会制度等,这些都反映了美国政治制度的特点。

东京社区治理的最大特色是在地方自治政治环境中形成“行政—自治”两元结构。如前所述,东京都的行政区划单位是行政自治单位,形成了一种“虚都实区”的行政体制。作为基层区划的社区,又有行政社区和居民社区之分,行政社区为基层政府行政范围,居民社区属于居民自治领域。这种地方自治的两元

---

❶ 吴志华:《大都市社区治理研究:以上海为例》,上海:复旦大学出版社 2008 年版,第 140 ~ 143 页。

❷ 谢守红、谢双喜:国外城市社区管理模式的比较与借鉴,《社会科学家》,2004 年第 1 期。

结构,使社区治理的行政权和自治权划分得更为清晰,社区自治具有更多的自主权。东京的"地域中心"别具一格。地域中心相当于我国城市中的街道,因此,地域中心与区政府的关系、地域中心与地域内自治组织和公益团体的关系等,其合理、科学之处,对完善我国及上海街道体制有参考意义。

新加坡社区治理的显著特征是政府和执政党的党政介入。新加坡的社区治理具有浓厚的行政色彩。具体表现在三大方面:一是全国自上而下有一套完整的社区管理组织系统,包括国家层面的社区发展、青年和体育部和人民协会,地区层面的社区发展理事会,社区层面的公民咨询委员会、居民联络所及居民委员会或邻里委员会等,各级组织形式是直接或间接的上下隶属关系;二是有关社区建设发展的事务,由政府部门规划、组织、实施和协调;三是社区建设和治理的经费主要来自政府的财政拨款。据有关统计,政府负责90%的社区基础设施建设费用和50%的日常运作费用;[1]人民协会下辖的100多个居民联络所,500多个居民委员会活动中心、70多个邻里委员会,每年需开支的经费约15亿元人民币,其中93%由政府负担。[2] 新加坡建国以来一直由人民行动党一党执政,执政党为巩固执政的群众基础和合法性基础,以多种合法方式深度介入社区事务。例如,通过人民协会参与社区的领导和管理,由本党的国会议员委任或推荐社区组织的领导成员,通过本党的社区基金组织为社区建设一些基础设施、提供一些福利项目及有关服务等。

(二)纽约、东京和新加坡社区治理的共性特征

(1)形成了一种"政府行政介入、社区组织自治、社区公民参与"的三位一体的社区治理体制。也就是说,在社区治理中,社区自治组织不同程度地发挥自我管理和自我服务的主体功能,政府适度地参与社区治理。所不同的是:不同国家的政府、社区组织、社区公民三者,在社区治理中实际发挥的作用存在强弱差异。这一点明显地反映在纽约、东京和新加坡的社区体制中。

(2)社区治理的主要内容是社区服务。纽约、东京和新加坡社区治理事务的范围比较广泛,涉及政治诉求、经济发展、社会救助、医疗卫生、文娱活动、教育培训、环境保护等方方面面,但绝大部分的事务都可以归纳为服务性行为,尤

---

[1] 赵大生:"新加坡的社区治理经验",人民网:http://cpc.people.com.cn。

[2] 吴江市社区建设领导小组办公室:"新加坡社区建设考察报告",《社区建设简报》,2007年第3期;参见吴江市社区服务网:http://www.wjsp180.gov.cn/wjspreadRealImages.aspx。

其是面向更需要帮助的老弱病残者及失业者、贫困者等弱势群体的扶助性服务。

(3)非营利组织成为社区居民以志愿者身份参与社区服务的组织载体。纽约、东京和新加坡等三地,由于社会结构分化和社会组织发育比较成熟,整个社会及社区出现了许多大大小小的非营利组织,这些非营利组织依靠志愿者人力资源,在社区的公益性、区域性、互助性的社会服务领域发挥了主力军的作用。这一特征在纽约的社区治理中尤其突出。

(4)社区治理的资金来源多元化。这是发达国家或成熟国家的普遍现象,纽约、东京和新加坡社区发展同样如此。社区治理的资金来源,既有政府的财政拨款,又有慈善组织、基金会组织和公民个人的捐款,也有非营利组织适度的服务收费。不同之处在于,新加坡的社区经费更多来自政府财政,纽约的社区资金主要依靠民间捐款。

(三)国外社区建设的发展趋势与经验启示

当代国外社区建设的发展趋势主要体现在这样几个方面:社区发展的地区普及化;在社区发展的组织过程中,越是发达国家,非营利或非政府组织发挥的作用越大;对非政府组织的管理政策进行调整;志愿队伍的发展在社区发展过程中的作用越来越大,同时志愿者活动的发动、组织也受到政府的关注与干预;社区发展过程的方法越来越被重视;社区发展的自治程度越来越高,社区之间的相互联系越来越密切;社区企业与社区居民的就业关系越来越大,越来越多的居民在社区企业就业;为适应社区居民的要求,在社区的工作内容上开展相应变革;社区发展的整合,使社区发展从根本上发生转变。国外社区发展的历程及其产生的经验,对我国的社区建设在以下方面具有借鉴意义:社区发展模式的选择与政府角色的定位;转变居民自治与社区管理体制;鼓励居民自发参与社区发展;政府支持发展社区企业;大力发展社区教育、社区休闲和丰富居民生活;科学进行社区整合等。[1]

有研究概括了国外社区治理或社区建设的主要启示,主要有以下四点。[2]

(1)建构“行政、自治、社会”三位一体的社区治理结构。如上所述,纽约、东京和新加坡社区治理的一大共性特征,就是形成了一种“政府行政介入、社区

[1] 黎熙元等:《社区建设——理念、实践与模式比较》,北京:商务印书馆2006年版,第70~76页。

[2] 吴志华:《大都市社区治理研究:以上海为例》,上海:复旦大学出版社2008年版,第145~148页。

组织自治、社区公民参与”三位一体的社区治理体制。这种三位一体的社区治理体制并不是少数国家或城市社区治理的特色,而是体现了当今时代社区治理的一般法则,因此具有普遍适用性。纵观国外比较成熟的社区体制,无论是被称为行政主导模式、自治主导模式或混合模式,事实上都形成了行政、自治、社会三种因素或力量综合的治理结构。行政的组织载体是城市政府及其授权延伸机构,行政行为包括制度安排、制定法规及政策、拟定规划及项目、进行指导及协调等;自治的载体是社区自治组织,代表居民对社区内事务进行自主治理;社会的主体是非营利组织和社区居民,社区居民通过自治组织参与社区的治理,通过非营利组织为社区提供公益服务。我国社区的长远发展愿景应该是这种“行政、自治、社会”三位一体的体制模式,或者说应该从目前的行政强势主导体制逐步走向行政、自治、社会三方力量相对均衡的公共体制。因为,这种兼顾民主与效率的模式反映社区治理的一般规则和发展趋势。

(2)调整社区治理中行政组织与自治组织之间的角色关系。纽约、东京和新加坡等国外社区治理模式与现阶段我国社区治理体制相比较,一个突出区别或问题是:在我国的社区治理中,政府行政组织的角色及力量过于强大,体制性衍生治理越位现象;社区自治组织的角色及作用过于弱小,一定程度上处于自治缺位状态。这一问题的存在具有历史与现实的原因。从历史原因来看,现行社区治理体制由计划经济时期的行政化街居体制沿革而来,强大的行政惯性力量不可能在短期内减弱。同时,20 世纪 80 年代中期以来的社区建设又是由政府所推动。从现实原因分析,现阶段居委会自治组织、社会中介组织尚未发育成熟,在社区治理中还无法完全发挥应有功能,这势必导致行政功能部分替代,即行政组织直接或间接地充当自治组织、中介组织部分角色。尽管这一问题的存在具有一定的必然性或合理性,但这一问题本身毕竟是社区治理体制发展的一大瓶颈。因此,在我国社区治理体制的深化改革中,可以结合各地社区的实际情况,适度借鉴纽约、东京和新加坡等国外社区组织体制,调整行政组织与自治组织之间的角色关系,重心是调整行政组织的角色。首先,把社区各种事务按照性质不同区分为三大层次或类别,即政府行政事务、居委会自治事务和社会化服务事务,自治组织应该承担、能够承担的事务逐步由居委会进行自主管理,服务性事务由中介组织尽可能按照社会化、市场化方式提供。然后,在理清行政事务范围的基础上明确政府在社区管理中的角色。一般而言,政府的角色是承担自治组织及中介组织无法承担且政府有义务承担的社区公共事务,包括制定社区法规政策、拟定城市社区发展规划、协调社区组织间关系、整合社区资源、对社区治理及发展进行指导、为社区建设提供资金等。再后，在明确政府的社区角色后改革现行的社区行政体制，解决街道社区行政体制自身诸如“条”、“块”矛盾等问题。

(3)培育和开发中介组织在社区管理中的服务及参与功能。纽约、东京和新加坡社区治理的一大共性特征是非营利组织比较发达，在社区服务供给及接纳社区居民参与等方面发挥了政府和自治组织均无法替代的作用。而在现阶段我国城市，被称为中介组织或“民办非企业”组织的非营利组织还处在初级发育阶段，其组织规模小、未形成地区性及全国性网络、社会化市场化运作程度低、与政府之间存在一定的行政依附关系，在社区治理中未能发挥应有的功能。事实上，非营利组织力量弱小已经成为制约我国城市社区进一步发展的一大问题，也是导致政府越位或行政力量难以退缩的一大原因。因此，社区建设需要进一步促进非营利组织的快速发展。一是通过适度的行政行为及利用政府资源，如税收优惠政策、财政贷款、购买服务、事业单位转换、组织联姻等，进一步培育和扶持各种专业化中介组织或“民办非企业”组织，并对这一类组织进行跨社区的规模化、网络化整合；二是通过适当的服务收费、市场竞争等市场机制，提高中介组织或“民办非企业”组织的社会化、市场化运作程度，同时使它们逐步脱离政府的襁褓，成为具有规模效应的非营利服务市场的独立主体；三是鼓励和引导社会性这一类组织面向社区服务市场，承担提供社区服务的社会功能；四是通过各种志愿者服务项目，广泛吸纳社区居民以志愿者身份参与社区的公益性、互助性活动，扩大居民参与社区自治事务的渠道，进而充分开发出非营利组织或中介组织吸纳居民参与社区治理的功能。

(4)探索多元化的社区自治的资金筹措渠道。社区的治理及发展需要资金作为经济保障。纽约、东京和新加坡社区治理和建设的资金来源多样化，除了政府财政拨款之外，还包括社会捐助、服务收费、银行贷款等其他渠道，其中，基金会、慈善机构、企业等组织通过参与社区有关公益性项目和在社区开发中形成伙伴关系的方式向社区进行捐献，已经成为社区资金来源的常规渠道。在现阶段的我国，社区治理与发展的资金及居委会自治组织的各项经费(包括人头经费)，几乎完全依靠政府的财政拨款或资助。社区自治组织在经济上对政府存有依赖性，自治组织专职人员或社会工作者的任用制度上带有行政色彩，这就决定了居委会自治的“准行政化”特征，事实上也是社区居委会难以自主自治的症结所在。在促进社区发展和推进居委会自治过程中,可以借鉴纽约、东京和新加坡等国外社区多途径、多渠道募集资金的做法,积极探索筹措社区发展及居委会自治资金的新渠道。例如,鼓励慈善机构、社区企事业单位及居民家庭向社区的救助事业、公益事业捐款,以政策引导基金会、地方金融机构对社区的发展项目进行贷款,对有些社区服务及管理项目收取适当的成本费,按照自愿原则向社区居民募集居委会自治基金等。同时,对于社区居委会自治的经费,应该由市级财政设立专项资金进行定期贷款,而不应该由街道办事处直接拨款,以避免居委会自治组织对街道办事处形成行政依附关系。

第二节　香港社区建设的理念与实践

自1842年起英国对香港实施殖民管治,港英政府采取的政治管治形式基本上是封闭、集权的,对华人社区事务很少关注。东华三院和保良局是这个时期香港最重要的民间慈善组织。东华医院成立之初,港英政府一次性拨出捐款11万元资助,之后运行经费均由医院自己在华商中募集,东华医院的总理是华商行会推选出来的,医院的主要功能是为华人居民提供中医慈善医疗服务。作为19世纪香港最大的华人组织,东华医院逐渐承担了许多社会工作,例如举办义学、救助妇女、排解华人之间的纠纷等,还参与赈济内地在自然灾害中受困的居民。[1] 19世纪最后30年,救助被拐带、被虐待妇女的工作繁重,几位华商与东华医院联合组织保良局。其后,东华医院应本地需求扩展了两所分院。除了慈善组织,承担一定社会工作的华人组织还有行会和同乡会,行会成立地区保卫委员会,聘请私人警察维持地方治安,行会在孔圣诞时组织大型庆祝活动,行会也通过某些方式向政府反映地方意见;行会所举办的机构还有庙宇、义祠、同乡会、街坊会、义学和医院。同乡会的功能比行会更为庞杂,他向同乡人提供职业介绍、排解纠纷、信贷担保、信息传递和救济等服务,有些同乡会还有文化娱乐活动。直至20世纪中期,华人行会、同乡会和慈善组织一直是社会工作的主要承担者。而在新界乡村,宗亲组织也承担了相似的功能。

20世纪初期香港社会变迁比较缓慢,英国殖民政府与基层市民和团体联系甚少。1913年港英政府成立华民政务司署负责联络香港的民间组织,但港英政府并没有真正重视这项工作,而且二战以前香港大型民间团体不多,所以华民政务司署所联络的组织仅限于东华三院和保良局等。二战后,香港的外来移民骤然增加,社会救助工作压力大增,1950~1960年十年间国际慈善组织为香港提供了颇多国际援助。港英政府一直认为香港的行会、同乡会、工会等对政治的参与太多,因此拒绝与这些类型的组织联系,而在华人社区,这些组织在多方面具有慈善互助的功能,除东华三院和保良局之外,多数地方性的互助组织的发展都比较缓慢。[2] 直至20世纪50年代,港英政府开始鼓励和支持街坊福利

---

[1] 冼玉仪:“社会组织与社会转变”,见王赓武主编《香港史新编》,香港:三联书店有限公司1997年版,第169页。

[2] 冼玉仪:“社会组织与社会转变”,见王赓武主编《香港史新编》,香港:三联书店有限公司1997年版,第199页。

会,1960 年街坊福利会已有 60 个,他们的工作是举办义学、义诊及救济等。1966～1967 年,香港发生了两次大规模暴动,迫使港英政府认识到政府与居民之间存在的鸿沟,为了巩固其管治地位,港英政府推出了一系列基层建设措施。政府首先在市区设立了 10 个区民政署,新界设立新界民政署,经常和民间团体联系,答复询问、提供资料、补贴民间社团活动。[1]

20 世纪 70 年代上半期港英政府参考新加坡的民政架构,建立了民政区委员会、分区委员会和互助委员会三级架构。分区委员会设于 68 个市政分区(每区约 5 万人)内,由政府有关部门代表和居民领袖组成。互助委员会是形式较为简单的业主法团,由民政署的社区工作人员发信到大厦的每一户,若有 20% 住户赞成成立,便可以召开住户大会选出主席、秘书和财务,并在民政署登记,如果民政、警务署对当选者满意,便可成立互助委员会。该会成立的目的是鼓励居民通过自助解决多层大厦的管理问题。不过,民政分区委员会与互助委员会的成员,大多为传统的街坊领袖,而民政区委员会成员是委任的,所以这三级机构成立之后实质上成为政府的政治咨询架构,而不是真正意义上的居民自治组织。[2] 1976 年港督的施政报告提出“社区建设”目标,由多个相关部门组成的社区建设委员会负责推动的工作有三项:一是社区发展——支持社区发展行动及居民组织的成立,倡导互相关怀和负责任的社区精神;二是社区参与——鼓励居民参与社区文娱康体活动及政府举办的活动,提高居民对社区事务的兴趣及参与程度;三是树立社区意识,通过加深对切身问题的认识,以互助合作的方式促进社区福利事业的发展,树立社区精神和归属感。到了 20 世纪 80 年代初,港英政府推行地方行政改革,建立区议会,区议会下设多个事务委员会,有社区事务、文娱康乐事务、环境事务等。政府对每个区议会每年拨款数百万元,主要用于资助区内文娱康乐活动、公民教育、艺术节、地方文化节及环境改善等,这种制度设计在一定程度上为社区内各种组织活动的开展提供了资源支持。

香港回归以后,特区政府主张社区建设在原有的基础上继续发展,提出社区建设要注意社会资本的构建,即以发展邻舍服务,倡导自助、互助精神为方

---

[1] 梁祖彬:香港社区工作简介,载邓演超、梁祖彬主编《香港社区工作理论与实践》,广州:广东高等教育出版社 1990 年版,第 184 页。

[2] 梁祖彬:“香港社区工作简介”,见邓演超、梁祖彬主编《香港社区工作理论与实践》,广州:广东高等教育出版社 1990 年版,第 185 页。

向，通过建立和巩固社区内居民、组织之间的互动关系，更合理节省地运用社区资源，提高公民意识，弱化社会冲突。

一、香港社区建设的主要内容

从近三十年的实践来看，香港社区建设的内容可以分为三个部分：社区服务、社区组织和社区照顾。[1]

（一）社区服务

社区服务是为社区内居民提供的各种文化娱乐、体育、健康及卫生教育与服务、妇女儿童权益教育及婚姻辅导、福利服务等。这些服务是按照社会服务与人口成比例发展的标准来提供的，每10万人设立社区中心，每5万人成立社区福利大厦，每2万人建立社区会堂、老人中心和青少年中心。每个社区中心设有日间托儿所、图书馆、各年龄组的友谊会社、公用会堂及各种职业训练班。青少年指导是社区中心的重点工作，通过指导社区组织和青年团体，提供暑期活动计划等，提倡青少年塑造健康的人生。

香港人口稠密，城市规划中居住的空间形式是以屋邨为主，居住密度大，社区中心是为大型社区提供服务的主要场所，其服务项目力求全面照顾社区内的各种福利、社交、康乐及文化的需要。社区中心的目标是为了提供设施以举办有关福利服务的社区建设活动，通过这样一个聚集点来鼓励个人参与社区活动，自主解决社区问题，改善社区生活质量，从而在街道层面发展社区关系和社区精神。基于这个目标，社区中心的工作人员要不断地发现社区居民的需要，以设计不同类型的服务。例如，针对中下阶层家庭父母双方都要外出工作、小孩被迫独自留在家中的情况，社区中心设立了“儿童成长计划”——一种半日制的托管计划，除了提供午餐以外，还提供功课辅导及课余活动。又如，随着香港社会变化，离婚和夫妻分居两地的个案增加，社区中心相应设计了“单亲家庭互助组”，安排单亲父或母聚会，交流经验，分享感受，从而找到能够支撑他们继续抚育儿女的积极人生态度和生活方式。

社区教育的目标具有预防性和发展性，目的在于唤起大众关注某些生活上或社会政策上的问题。在香港，社区教育的推行方法多种多样，有巡回展览、嘉

---

[1] 黎熙元等：《社区建设——理念、实践与模式比较》，北京：商务印书馆2006年版，第81～89页。

年华会、街头剧、讲座、影音制作等短期性的方式,也有论坛、意见小组等定期举行的方式,就某项社会政策和社区问题进行深入的讨论。近期香港各社区曾经进行的教育活动有基本法、环境保护、预防传染病等。

(二)社区组织

社区组织在社会工作范畴当中不是指社区当中已有的机构,而是指组织工作的过程。社区组织的目标和策略与社区发展很接近,在西方国家这两个词很接近。在香港,社区组织的目标是联合社区内的组织为社区提供服务,推行社区教育,推进区内组织关心、发掘和培养社区领袖。社区中心设有多个小组工作部,分管不同的社区服务和社区组织工作,例如社会服务小组、教育小组、辅导小组、兴趣小组、功课辅导小组、技能学习小组。各小组的工作原则是小组类型和活动计划要符合社区的需要和兴趣,小组活动应具有多样性,以参与者的兴趣、经验和能力为起点,根据参与者经验、兴趣和能力的发展而逐步发展,达到激发参与者潜能的目的。各项活动应尽可能由参与者发起、计划和实施,参与者富有更大的责任,并从中找到参与的意义与热情。

香港社区中心的工作非常强调家庭的角色,认为家庭是满足个人的照顾、感情支持和社会教化需要最重要的社会单位。如果社区中心能创造更多的机会使家庭能够作为一个整体参与各种有意义的社区活动,会更具社会整体和谐意义。因此社区中心大多采用家庭会员制。

20 世纪中后期,香港社会伴随经济起飞发生了急剧变化,城市扩展和市区重建导致居民迁移,社会工作者及志愿组织在贫穷社区开展社区发展工作,发动居民关心自己的生活、争取自己的权益。20 世纪 70 年代末政府开始资助一些社区发展计划,称之为“邻舍层面的社区发展计划”。根据香港社会服务联会的资料,这一计划的目标与内容如下。

目标区域:

第一,邻舍层面社区发展计划由非政府机构在贫乏及过渡性的社区提供服务。那些地区普遍缺乏社会及福利设施。

第二,服务的社区位于临时房屋区、寮屋区、村屋、艇上寮屋及房委会重建计划影响之三至六型公共房屋。

目标:邻舍层面社区发展计划在选取之优先地区提供一系列服务。目的包括:

第一，提供在该地区应有但不足够或不具备之社会福利服务。

第二，协助及促进当地居民了解及认识社区的需要及共同面对之问题，通过鼓励他们参与问题的解决，增加他们解决问题的能力。

提供的服务中邻舍层面社区发展计划所提供的服务包括：

第一，一系列社会福利服务，以补足社区现存服务的不足。这包括：认定福利服务的需要；策划福利服务的提供；设立及维持满足需要的福利服务——例如辅导服务、社区教育、社交及康乐活动。

第二，支持及协助社区团体或个人，界定及解决社区之需要、问题及危机。这包括：进行社区需要的调查；接触居民、建立网络、就共同关心的问题联系居民；鼓励居民参与，组织和强化社会团体，共同解决社区问题；推动社区团体通过不同渠道解决问题；协助社区团体发挥潜质，变得更独立及自主；联系其他部门及组织，引入不同服务或改善现存服务模式，以满足新的社区需要。

第三，提供信息、建议及中介服务。

第四，为不同年龄组别，提供个人辅导、教育、训练及发展服务。

服务对象：

第一，邻舍层面社区发展计划服务贫乏、过渡性的社区，而这些地区通常缺乏社会福利服务。

第二，甄选有限地区的准则包括：人口介乎3000至15000之间；该地区在三年内不会清拆；地区人口属于低收入类别；地方偏远而难以接触其他福利服务；新的社区而缺乏福利服务；居民来自不同背景，如种族、阶级等，引致有利益的冲突；地区内长时间存在环境及社会问题。

在甄选优先区域时，必须符合前三项，及其余其中一项之条件。甄选地区后，会再界定优先地区内有哪些特别需要的居民。

服务之独特性：

第一，邻舍层面社区发展计划的服务具弹性而灵活，随时因应服务区域特殊对象的需要，而剪裁合适的服务，以补足或加强现存服务的不足。

第二，邻舍层面社区发展计划有助提升居民对社区的归属感，鼓励他们共同参与、解决社区问题，训练有潜质之地区领袖，从而推动社区建设的目标。

服务标准：

第一，每年每名社会工作者在社区小组、社区活动及居民接触方面所提供之服务达1193小时。

第二，每年每队在社区小组、社区活动出席人次及居民接触次数合共12000人次。

第三，每年每名社会工作者在推行社区小组的时间合共168小时。

第四，达成社区服务小组个案的目标达标率超过85％。

随着香港社区重建计划逐渐完成，社会环境的转变速度减慢，社会政策趋于稳定，社区组织和社区发展的工作内容和对象也发生了变化，逐渐从以某些特定区域的社区工作为主转向以某些特定群体社区工作为主，由此衍生出新的社区划分角度——把前者称为地域性社区而把后者称为功能性社区。至2004年，政府停止向邻舍层面的社区发展计划提供资助。目前，香港社区组织与社区发展所涉及的群体有：城市重建中的居民、临时房屋区的居民、妇女、劳工、边缘人士等。列入香港社会服务联会的社区及邻舍发展的项目有：

第一，社区及邻舍服务：家庭暴力及性暴力、家庭危机支援中心、被虐妇女庇护中心、性暴力受害人中心、少数族裔人士服务。

第二，无家者服务：日间援助服务、临时收容中心、市区单身人士宿舍、深宵外展服务、男士辅导服务。

第三，新来港定居人士服务：移居后服务、地区服务、艾滋病感染/病患者服务、误用药物者服务、单亲家庭电费优惠计划。

第四，妇女服务：驻房宇署支援服务队、社区中心、旧市区综合邻舍计划、邻舍层面社区发展计划、市区重建社会服务队。

第五，家庭服务：家庭教育、家庭生活教育、家庭调节服务、家庭服务中心、综合家庭服务中心、单亲家庭中心、家庭支援网络队。

（三）社区照顾

在香港，被界定为需要特殊关注或照顾的人有：接受政府综合援助的家庭、接受政府社会福利署援助家庭、独居人士、伤残人士（包括精神病、弱智、失聪或弱听、失明或弱视、情绪不适应儿童、学习迟缓、自闭症）、破碎家庭（离婚、分居、单亲家庭）、长期病患者（肺病、癌症、糖尿病、风湿性心脏病、长期肝病老年病、先天性肢体残缺、先天性筋骨肌肉畸形、长期肾病）被社会标签者（吸毒及酗酒、青少年罪犯），及其他特殊群体如新移民、失业者等。患有病患的人士固然可以通过医疗机构诊治或入住特定院舍，但实际上政府院舍远远不敷需求，因此社区照顾是社区建设的一项主要内容。对被社会标签的人群，在应用社会学中被称为社会失能者，香港的社区照顾方式主要是中途宿舍、个别辅导、职业训练、职业介绍、社会教育及政策倡议。社区照顾工作主要放在机体失能人士的康复服务方面。

（1）伤残照顾。它包括四方面的内容：①及早诊断及预防服务。在社区加强对各种疾病预防的教育及对交通安全、工业安全的教育。重视对儿童、老人的健康检查，及早发现疾病隐患并及早治疗。②教育及技能训练。所有残疾儿童都有受教育的权利，所有残疾人都有劳动、有尊严地生活的权利。社区照顾是为这些伤残人士提供一些基本技能的学习和训练，课程的设计需合乎学员的水平和能力。③医疗及康复服务。社区的康复设施能灵活地配合医院的治疗，为长期病患者设立日间医院，为严重伤残弱智者设立日间护理中心、门诊和物理治疗部，为精神病院出院病人设立中途宿舍和庇护工场。④伤残康复服务。香港的伤残康复服务主要是辅助性的。例如为伤残人士和失能人士而设的就业辅导和职业介绍；庇护工场为不能适应劳动市场的人士提供就业机会；住房方面的照顾体现为伤残人士可以通过抚恤安置的方式申请入住公共屋邨，房屋署会替他们安装屋内特别设施以适应不同伤残需要，康复及社交活动全部由志愿机构如伤残人士协会等举办；还有由政府部门统筹安排的交通服务和弱能人士技能训练导师的培养等。

（2）老人照顾。香港老年人口比例逐渐升高，老人照顾是社区照顾的主要内容。老人服务包括老人心理健康服务、医疗服务、居住服务、家居服务和康体服务。由于身体机能的退化，老年人容易出现心理和情绪的变化，老人社会照顾的目标是向老人及其家人提供帮助，以保障老人的健康生活及其家人的精神健康。老人的医疗照顾主要体现为社区日间医院提供非住宿的日间治疗和康复治疗，居住服务包括两方面，一是无子女老人或无家可归老人由政府安排入住政府公屋，对丧失自理能力的老人提供日常家居生活照顾，由志愿机构提供家务助理。香港政府规定拥有 3 万人人口的区域需设有老人活动中心，中心提供场所和活动计划为老人提供学习和活动的机会。

(3)儿童及青少年照顾。需要社区特别关注的儿童及青少年包括:孤儿、破碎家庭的孩子、受虐儿童及有行为问题或犯罪记录的青少年。香港社会福利署和社区服务志愿团体联合学校根据不同类别儿童和青少年的需要设立了不少援助项目,例如针对孤儿、破碎家庭中孩子的管教问题,社会工作人员要根据"保护妇孺条例",视儿童及其他家人的情况,就儿童管教权的归属向社会福利署或法庭提供意见。为孤儿和无家可归儿童设立儿童院,为双职工家庭孩子提供"寄宿学校"服务,资助愿意成为"助养家庭"的家庭,短期安置受社会福利署代管的孩子,社区组织提供"家庭生活教育",提供父母与子女关系处理、自我情绪控制训练等方面的指导,社区中心提供"半日托管计划"、"功课辅导"、"技能学习班"等。还有一些志愿机构配合医院提供"母婴健康"服务,为未婚妈妈或怀孕的未成年少女提供住宿、医疗服务和卫生教育。

二、香港社区建设的管理及资助制度

现在与社区建设直接相关的香港政府部门和政治组织有民政局、社会福利局和区议会[1]。

(一)社会福利局

1985年以前,香港政府把社区事务简单地视为福利性事务,划归社会福利署管理。社会福利署是最早管理和资助社区建设的政府机构,社区事务当中最主要、持久的工作——社区照顾——涉及整体福利制度和福利政策。1970年以后香港逐步建立了一套独特的社会保障体系,虽然直到2001年才开始推行退休保障计划、强制性公积金计划,但其医疗保障及综合援助计划已发展了近30年,具有比较完整、细致的资助和管理制度。这个制度由三个基本部分构成:第一,社会保障计划。包括综合社会保障计划、公共福利金计划、暴力及执法伤亡赔偿计划、交通意外伤亡援助计划和紧急救济计划。综合社会保障计划是使无经济收入的人士或家庭得到现金援助,从而能够维持最基本的生活水平,只要收入低于规定水平的香港居民都可以申请,目前援助的对象主要是高龄、伤残、疾病、失业等人士。公共福利金计划包括老、弱、伤残津贴,70岁以上老人及严

[1] 参见黎熙元等:《社区建设——理念、实践与模式比较》,北京:商务印书馆2006年版,第89~94页。

重伤残者不需要接受入户审查即可申请,60～69岁的老人,收入不超过规定者可享受每月高龄津贴。暴力及执法伤亡赔偿计划为暴力罪行的受害者、执法人员执行职务而意外受伤人士、死亡者遗属提供现金援助,不必审查收入。交通意外伤亡援助计划为交通意外伤、残者或其遗属提供经济援助而不必审查收入。紧急救济计划是向遭受自然灾害人士提供紧急援助。第二,直接福利服务。直接福利服务是由政府福利局资助志愿机构提供的,包括青少年服务、安老服务、家庭服务、伤残弱智康复服务、罪犯感化服务、戒毒和释囚服务、社会发展服务等。社会福利局订立了一整套有关资助主办服务项目的志愿机构的规定,包括承办服务必备的人力条件、服务经历和服务素质、招标方式和有关规定,对服务质量的考核规定等。局方每三年对志愿机构提供的服务进行考核,决定是否继续资助,服务机构则每年自评一次。第三,医疗卫生服务。香港的医疗体系自1970年以后逐渐完善,这个体系以英国的医疗卫生体系为蓝本,由公立医院、非营利机构兴办的补助医院和私营医疗机构组成。1987年政府成立医疗管理局,把三类医院全部划归医疗管理局管理。医疗体系的性质接近全民性免费医疗,按现行制度规定,居民到公立医院和补助医院求诊,除交纳挂号费和膳食费之外,其他费用全免。同时,医院还有责任提供家庭服务、社康服务、学生保健、戒毒服务等保健、康复性的服务。

香港政府一向强调家庭在安老、伤残康复方面的作用,医疗及社会保障计划主要表现为对有需要的个人进行直接的资助,使他们能够留在家中同时又相对减轻家庭的经济负担。但是,香港政府也为孤寡老人或独居老人、严重伤残或因疾病而失去自理能力的人提供老人院、康复院等院舍服务,政府开办的院舍各方面条件通常都比较好,而且价格相对低廉,许多老人或伤残人士都愿意入住政府院舍,但多年来政府院舍床位严重不足,不少符合资格人士等候多年仍未能安排,于是香港政府福利局每年拨款向符合政府所规定的卫生、服务素质要求的私营服务机构购买床位和服务,安排符合资格的老人或伤残人士入住。在九龙旺角、深水埗等旧城区,独居老人多,一些私营老人院中政府购买的床位达到四至五成。政府向私营机构购买福利服务的数量不是固定的,而是根据该地区符合资格申请人士的数量和轮候年限来决定的。除了处理直接救助事务、开办福利机构外,社会福利局也负责对申请开办社区照顾项目的志愿机构进行资格审查、招标、资助和服务素质监督等工作。近年,香港社会福利局尽量避免直接开办社会服务,而是外判给志愿机构承办。

2002—2003 年度康复服务公共开支

福利	住宿服务、就业及训练服务、社区支援服务、学前服务等	23.7 亿元
医疗	精神病患者及严重弱智人士病床、精神科日间医院及门诊服务、精神科社康护理等	53.2 亿元
卫生	儿童体能智力测验中心、	0.7 亿元
教育	特殊教育及融合教育	16.8 亿元
职业	职业评估服务及技能训练服务	1.5 亿元
就业	展能就业服务	0.2 亿元
交通	康复巴士服务	0.3 亿元
经援	社会保障援助及伤残津贴	63.1 亿元
总数	159.5 亿元	

资料来源:《香港政府二〇〇二至二〇〇三年度财政开支预算》

(二)民政事务局

1985 年以前,由政府建设的社区中心和社区相关设施,有不少是由当时的社会福利署管理的。为了加强政府与基层之间的沟通,香港政府决定于 1985 年以后把分布在 18 个区之内的 42 所社区会堂和 35 所社区中心划归民政事务署统一管理,社区中心内所有设施供地方团体租用以举办社区文娱康体活动,居民使用这些设施则采用会员制付费方式。民政事务局也管辖互助委员会和业主委员会的工作,至今全港有互助委员会 3800 多个,由业主组成,负责所在各种私人楼、公屋、工厂大厦、临时房屋区的公共治安、卫生环境等工作。民政事务局也统筹及协调社区发展工作,例如青年领袖训练计划、警民关系计划、少年警训、市政事务处的流动服务等涉及政府部门与社区之间关系的活动,都由民政事务局进行统筹协调工作。自 1978 年开始推行的"邻舍层面社区发展计划"也由民政事务局管理。

(三)区议会

香港行政区共分为 18 个分区,自 1982 年起由市民选举成立区议会,每届任期三年。区议会的职能是向政府提供意见及向民众宣传政府政策,还在获得拨款的情况下承担区内环境改善、康乐及文化活动、社区活动、社区福利等项目的组织、资助和统筹的责任。各个区议会都成立了若干专门的委员会,负责上述各项工作。

香港没有基层政权建制，地区民政专员就是政府派驻地区的代表，但其角色基本上是一个行政架构内的观察员，不行使行政权，这样，区议会和区议员在地区事务中就扮演着非常重要的角色。区议会作为特别的咨询团体，在立法会有一个固定的组别议席，所以重要的区议会的提案也能够作为提案提交立法会审议。区议会议员同时也是立法会议员，更加强了地方事务与中央政府行政或政治的关系。不少关于地方福利、社区环境的改善计划、政府城市规划和开发建设计划的修改，就是通过区议员把居民的意见向政府反映而形成的。同时，区议会也有地方大型活动的拨款审批权，这样它在社区文化活动中也具有重要的作用。因此，香港区议会的角色和功能有部分类似内地的街道办。

香港有关政治及政府部门对社区建设具有很大的影响，原因是政府的资助是社区建设最重要的资源来源，政府的每一次社会政策调整，志愿机构和基层组织都要做出相应的调整。但政府不是社区照顾和社区发展资源的唯一来源，其他来源还有香港公益金、本地及教会的基金拨款等。据香港社会服务联会统计，香港现有志愿机构335个，服务人口约200万，提供90%的社会福利服务，其收入的来源比例是：政府资助65%，非政府基金资助及市民捐献14%，收费和其他收入21%。

三、香港社区建设的运作者

在香港，具体从事社区发展和社区照顾工作的组织和个人是志愿机构和社会工作者。志愿机构指非政府的社会福利机构，社会工作者则是受过社会服务专业训练的职业人士。

（一）志愿机构

港英政府对东华医院的资助是政府资助民间团体提供社会福利服务的首个案例，作为殖民管制的执行者，港英政府一直对民间团体与政治的关系非常敏感，因此对民间团体的资助也非常谨慎。1968年以后，港英政府改变了回避民间团体的态度，开始有选择地资助一些志愿机构承办社区福利项目和社区照顾，同时，期望通过完善福利、加强与基层之间的联系来化解殖民政府与本地居民之间的政治矛盾。政府在各社区建设的社区中心，基本上都是由志愿机构来管理，而社区发展和社区照顾各种项目也是由志愿机构来推行。政府对志愿机构的资助制度经过了多次的修改，现行的资助制度是招标制。社会福利局资助制度的本质是向社会团体购买服务，由政府根据当地居民对该项服务的需求量规定服务项目和服务规模，并制订资格投标人的范围，资助由服务项目决定，有些项目的投标由志愿组织参与，有些项目只能让已承办了区内服务项目的组织参与，有些项目私营组织也能够参与。社会福利局每三年对服务项目的承办权进行重新投标，根据志愿机构来提供服务的规模和素质、服务收费水平来决定由哪一个机构继续承办。

香港政府采取这种服务项目投标的运作方式在一定程度上借助了行内竞争，迫使有关机构提高服务质量、降低成本，同时也使政府能够更有效运用有限资源、实现对经营机构的有效监督。根据香港志愿机构人士称，服务项目常常由于多种原因而出现亏损，但不少机构尤其是比较大型的志愿组织仍然努力争取中标，以实现其组织总体服务规模的扩展。以服务项目而不是服务机构为投标对象的方式使大机构能够同时对多个区域、多项服务进行投标，而对信誉和承担亏损能力的考虑也使政府往往把服务项目外判给大型志愿机构承办。因此，除老人院以外，社区照顾一般都是由大型志愿机构提供的，例如香港天主教明爱中心、香港圣公会圣雅各副群会、基督教女青年会、保良局等。以圣雅各副群会为例，它所承办的社区照顾项目有：①社区照顾服务。辅导服务、老人社区服务、发展及教育服务、长者支援服务、家务助理服务、护老者资源中心、改善家居照顾服务、家具维修服务、社区饭堂服务。②院舍及健康服务。长者日间护理中心、护老之家、老人心理健康辅导服务、康复治疗队健体中心、综合医疗保健中心、日间治疗中心。③康复服务。辅助就业服务（庇护工厂、就业服务、在职培训计划）、展能训练中心、住宿服务（暂住服务、辅助宿舍）、家居训练服务、社交及康乐中心、健乐会等。

许多志愿机构也参与社区发展工作，这些工作可分为政府资助的社区发展计划和非政府资助的社区发展计划，其工作计划包括：在社区中心推行各种兴趣活动、技能训练和居民领袖训练；邻舍层面的社区发展计划，这一计划是香港政府在 1978 年开始资助推行的，工作地点是市区内的贫困社区，如旧公屋村、临时房屋区、木屋区等，其工作内容是发动居民关注本区问题、成立居民小组推动各项活动等；其他社区计划，例如社区健康发展计划、劳工服务及工业社会工作、私人住宅区的社会发展工作和居民组织的协调服务。

香港社会服务联会是由香港志愿机构组成的法定团体，机构前身是“紧急救济联会”，1951 年机构正式成立，共有 260 多个会员机构，其宗旨是促进社会服务的协调与改善,倡导个人、家庭及社会的福祉,建立公平及关怀的社会,使所有市民都有平等机会实现自我、参与社会。社会服务联会最重要的功能是:综合志愿机构和社会工作者的意见向政府提出社会福利政策的建议,对新出现的社会问题和新发展项目进行调研,召开研讨会和社区工作经验交流会。2003年9~12月联会召开的专题会议有:可持续发展个案及经验分享会、社会凝聚与社会工作研讨会、香港社会服务基金简介会、“协助面对经济困境的家庭”研讨会、“企业社区投资——企业成功之道”研讨会、企业公益投资研讨会、“地区民生议题——区议会与地方团体协作”研讨会、“实践优质服务、拓展知识领域”研讨会。

(二)社会工作者

社会工作者是香港社区建设最重要的力量,现有注册社会工作者大约1.3万人。香港的大专院校大都设有社会工作专业,培养社会工作者。20世纪70年代,一些大专院校学生、教会组织和社会工作者在香港实践西方社会工作理念,期望参与社会改革、组织贫苦大众争取权益和社会公平与道义。20世纪70至80年代政府大量迁拆木屋区,进行市区重建,这段时间社会工作者在组织居民与发展商谈判、争取生活改善方面起了很大的作用,在他们的组织引导之下,香港市民越来越关注社会政策和社会事务及其与自身生活的关系,街头抗议行动也逐渐成为居民投诉或表达不满的一种常见方式。1978年香港政府社会福利署开始资助“邻舍层面的社区发展计划”,让社会工作者在贫穷社区开展社区发展工作,其目的是通过资源配置方式来引导社工工作的区域和主题,避免社会矛盾激化。1985年民政事务署接管了由社会福利署管理的社区中心,设在社区中心之内的社区发展工作组解散,继续保留由志愿机构管理的13个社区中心当中的社区发展小组;同时随着市区重建速度加快,贫穷社区越来越少,社会工作者能够发挥政治作用的空间减少。在志愿机构和社会服务联会的大力推动下,政府在1990年以后虽然保留了对一些社区发展项目的资助,但政府管理的社区中心和志愿机构都有越来越注重向社区照顾转变的倾向。社区工作一向依靠政府的支持,而香港政府对社区发展的福利性质和政治性质的看法,决定了资助社区发展的政策。近些年香港政府对地方事务的福利化趋向更加明显,为适应这种变化,部分社会工作者转向组织政治团体,专门从事政治参与工作,部分社会工作者则转向照顾相对弱势的群体并为其争取权益。社区工作不再以整个社区为对象,而是以社区中的特殊群体为对象。

香港政治制度的转变对社会工作者的活动空间也有较大影响。自港英政府开始推行代议政制度以来,在基层首先发生的改变是区议员直接选举,之后是部分立法会议席直接选举,香港回归之后立法会直选议席继续增加。这种政治制度的改变使所有政治团体为了争取选票而越来越重视地方事务,把基层社区工作视为政治团体的民众基础所在,每一位议员在自己的选区都设有办事处,负责收集市民的意见、处理投诉和查询、与选民保持联络等。每一个政治团体都有部分成员分别或同时当选为区议员、立法会议员。这样,在每一个政治团体内部,地方的意见能够较快地反映到决策小组,然后变成议案由议员在立法会提出。政治团体和各级议员的这些工作,在一定程度上代替了社会工作者一直从事的工作,这样就更加速了社会工作者的转化。

香港社会工作人员协会和社会工作者总工会是社会工作者的职业团体,与社会服务联会之间具有密切的关系,常常联合提出社区发展计划和社会政策建议。

四、香港社区建设的特点与启示

以上简单描述了香港社区建设的历史、制度设计和服务项目,从中可以看到香港的社区建设历史虽然不长,但无论是在制度设计方面,还是社会服务的发展方面都比较成熟并具有相当的专业性。香港社区建设的制度设计和运作方式是以英国的社会福利制度和社区发展方式为蓝本,结合了香港本土的社会实际和政治进程而形成的。内地社区建设的起点与香港不同,它不是从无到有,而是从政府主办转向社区主办,这个转变过程所遇到的常见问题是如何处理政府、社区组织和民众的关系,从这个角度出发,香港的社区建设具有三点比较重要的启示。❶

(1)资源集中配置与分散使用。政府资助是社区发展和社会服务最主要的资源来源,政府每年的拨款在整体财政支出中占有相当大的比重,而政府的资助与否往往决定了一个发展项目能否实施。所以,也可以说,香港的社区建设是政府主导的。这并不是香港的特色,在多数西方发达国家,政府都是社会福利的主要承担者。但政府是资源的主要供给者,不等于政府是社会服务的主要供给者。在香港,政府尽量不参与发展项目或服务项目的承办,而是注重对资

❶ 黎熙元等:《社区建设——理念、实践与模式比较》,北京:商务印书馆2006年版,第99~101页。

助制度、服务素质审查制度的完善。以人口和服务需求为依据、以项目为资助对象使福利制度具有相对大的可变性，政府能够根据社区的实际变化来调整服务的规模和项目的类型，而要求志愿机构通过投标方式争取资助。运用竞争机制在一定程度上能够保证服务素质，也避免资源滥用。除政府之外，社区建设的资源也来自大型基金的资助，例如教会基金、香港公益金等，这些基金每年都通过一定的方式向社会募集捐款，然后有选择地资助一些社区服务项目，而由社区自行募集捐款的情况比较少见。实际上，因个别项目的需要而发起的募捐效果通常都不理想。香港社区建设的这种资源集中配置和分散使用相结合的方式是一种行之有效的方式，既能够避免政府直接经营服务项目常会出现的低效率问题，也能够保证社区服务的发展具有资源的保证。

(2)志愿机构、社区组织的参与和服务的专业化。志愿机构和社区组织是香港社区建设的承担者，承办社会服务是这些组织的生存方式和发展方式，而志愿机构之间的竞争又增进了社会对弱势群体的关注，促进了社会服务的专业化和服务素质的提高。根据政治学原理，民间团体与政府之间的权利关系和活动空间是互相竞争的，内地缺乏适合参与社区建设的民间组织之原因就在于一向以来政府包办福利而使民间组织失去了生存的空间。如果政府期望民间团体在社区建设中能够担当必要的角色，首要条件就是提供一定的资源，引导民间团体的发展。但政府资源不能具有扶持的性质，它的获得方式应是通过竞争而取得。这样才有刺激、引导民间团体成长的效果。

(3)社区建设重视人权、公民教育、公民参与。应用了西方国家社区发展的理念，香港的社区发展也非常重视引导居民关注自己的权益及社会事务，并使之成为公民教育的重要内容。近年香港社区发展工作从地域社区转向弱势群体，其工作方法仍然是从合法权益方面入手，而这种对人权的关注，推动了社会服务和社区照顾的专业化。培训社区领袖也是公民教育的一项重要内容，当社会工作者退出社区，社区领袖就能够继续担当带领居民的角色。而关注自己的权益，进而关注社会事务、社会政策则是公民参与的重要前提。虽然与西方国家相比，香港的公民参与程度仍然较低，但与20世纪上半期相比较已经发生了很大的变化。社区发展的一项重要目标是居民自力更生以改善生活，这种自力更生必须以公民参与为基础，因此，香港社区建设在工作项目设计和推进过程中特别关注发动公民参与。

第四章　国家与社会理论视角的社区建设创新

第一节　国家与社会理论概述

一、国家、社会及其关系

(一)国家的本质及对国家概念的解读

1. 国家的构成

公共行政学的知识认为,国家(政府)并非“铁板一块”。在公共管理领域,人们普遍认为,“国家是一个庞大的、多样的、复杂的组织……国家内部的这些单位本身就是分离的、自治的组织。这些组织受到更高层单位的有效领导和监督,并且相互之间展开竞争,或者互相之间结成联盟以避免和抵制更高单位对他们实施的领导和监督活动”❶。麦格达尔提出“分解式的国家”概念,认为国家的标志确实是合法使用暴力的权力,但是,国家实际上还要面对“国家意象”(State Image)和“国家实际作为”(State Practice)这两种因素的影响。所谓国家意象就是在特定领域内可以行使统治职能的组织,它是国民的代表;所谓国家实际作为就是构成国家的不同机构和部门的日常例行性的管理作为……这些实际行动可以强化亦可以弱化国家的意象;可以突出国家和社会组织之间边界,也可以模糊和弱化两者之间的分野。所以说,“国家是一个矛盾的实体,有的时候,他们自己内部都会冲突不断。所以,我们就需要从两个方面来建构解释:第一,认识到国家的一致性,也就是国家意象的内容;第二,跳出这种一致的

❶ [美]贾恩弗朗哥·波齐:《国家:本质、发展与前景》,上海:世纪出版社 2007 年版,第 186 页。

意象来观察国家不同部分之间及其与社会组织之间的联盟和冲突关系"❶。不同国家(政府)部门所面对的政治、社会压力是不同的。总之,"国家是社会中一个具有功能分化的体系,国家又是由很多个功能分化的安排构成,这些安排分别行使着不同的政治权力……不管是大的政府部门还是小的机构,任何一个部门均为了自己的利益,围绕着增加的资源如何获得和分配而展开争夺"❷。所以,不同科层等级、不同职能的政府部门都力图扩张和确保自己的权力基础,提高自己在管理和动员社会资源方面的有效性和自主性,认为一个国家的决策和执行行为是单一而且同质的过程仅是一个粗糙的判断。不同的国家组成部分很难对某一项议题或者社会问题形成统一的见解。❸ 这不同于韦伯的国家观和官僚机构过度固结状态(Bureaucratic Over-conformity)的知识假设,因为在韦伯看来,"国家是用于统治的强制性组织……国家是统治者的关系集合,合法地使用暴力是国家存在的保证……国家就是在特定区域内,宣称可以合法地使用垄断暴力手段的实体。"❹王巍认为,通过对国家的分解,我们就得出了国家与社会组织零和博弈的单一互动行为结果,延伸了我们对国家(特别是基层政权单位)和社会组织在多元治事领域中发生不同互动关系的想象空间。❺

2. 国家的权力

米歇尔曼将国家权力划分为强制权力和基础性权力。强制权力指的是在国家精英之间进行分配的可以直接统驭社会的权能和力量,强制权力可以不经过与作用对象的协商直接落在社会之上;基础性权力则不同,它是国家渗透社会生活、切实有序落实自身政策的力量,基础权力可以被看做是具有合作内涵的权力,是一种通过社会建构起来的与社会生活共存的权力。也就是说,"国家能力不仅取决于其内部是怎样组织的,还取决于它与社会是怎么联系的,社会组织要求以正确的政策来解决问题,要有效地制定和推进政策,国家需要主要社会团体对国家的行动予以支持……如果社会冲突特别严重的话,国家会发现

---

❶ Jose S. Migdal: State in Society-studying how states and societies transform and constitute on another, Cambridge University Press 2006, p15-16, p22.

❷ [美]贾恩弗朗哥·波齐:《国家:本质、发展与前景》,上海:世纪出版社 2007 年版,第 121～122 页。

❸ 王巍:"国家一社会分析框架在社区治理结构变迁研究中的应用",《江苏社会科学》,2009 年第 4 期。

❹ Marx Weber: Essays in Sociology, New York: Oxford University Press 1958, p82, p78.

❺ 王巍:"国家—社会分析框架在社区治理结构变迁研究中的应用",《江苏社会科学》,2009 年第 4 期。

其在执行社会政策职能方面无能为力”❶。国家作为制度变迁的供给者，它的重要作用就在于如何配置自己的强制权和基础权。米歇尔曼进一步指出，虽然两种类型的权力相互关联，但是，基础权力和强制权力并不一定具有发展或者衰弱的正相关关系，恰恰相反，基础权力可以成为社会力量生存和发展的引导性工具。由此可以认为，国家与社会的零和博弈关系主要出现在国家使用强制性权力在统治区域内确立政策，而同时遭遇社会组织抵抗的过程之中。但是，基础权力却可以通过与社会组织共享的路径实现各方权力和利益的共同发展。“对国家权力进行类型上的划分是理解国家和社会互动关系的关键。归根到底，正是国家的基础权力决定着国家的社会、经济体制的变迁命运，也正是基础权力可以经由公民社会的发展得以提升。”❷换言之，国家与社会组织良性合作的根据，就在于国家基础权力与社会力量的相互补充。

3. 国家的行为目标

在城市社区管理中，国家的行为目标主要是保障政治、社会秩序的稳定，提供社会需求的公共服务。首先，秩序稳定涉及国家政权建设问题，“国家总是代表自己作为对社会进行全面管理的核心，超越地方主义，凝聚所有的个人，从社会中建构权力”❸。国家建设并不单纯是国家集权，更为实质的内容是，消解封建意义的障碍性组织和分散化的权力格局，在国家意志与公民利益、权利之间进行统合并相互承认彼此合理的权利和义务。国家建设的目标是取代其他统治替代者，最终成为辖区内所有公民利益和权利的归属中心。其次，公共服务涉及公民福利及国家统治的合法性增量问题，负责任的政府都会强调人口福利和保护性治理行为——正如福柯所谓政府的“牧养”(Pastoral)功能。从这个意义上来说，“国家不仅是一种新的、象征权力的组织，国家还必须完成一种面向公共组织的性质转变，使自己成为提供公共产品、管理公共财物并为公共社会服务的组织”❹。

---

❶ 迈克尔·豪利特，M·米什拉：《公共政策研究——政策循环与政策子系统》，上海：三联书店2006年版，第111页。

❷ 王巍：“国家—社会分析框架在社区治理结构变迁研究中的应用”，《江苏社会科学》，2009年第4期。

❸ [美]贾恩弗朗哥·波齐：《国家：本质、发展与前景》，上海：世纪出版社2007年版，第126页。

❹ [美]詹姆斯·汤普森：《行动中的组织——行政理论的社会学基础》，上海：上海人民出版社2007年版，第157页。

(二)社会的含义及其与国家的关系

社会有广义和狭义之分。广义的社会是指由一定的经济基础和上层建筑构成的总体,包括政治、经济、文化等由人来生活的全部领域;狭义的"社会"是"国家"的对称,是作为国家的对应物而存在的人类生活的特定领域。由狭义的社会的界定出发,国家和社会则是两个不同的结构系统。首先,社会是国家产生和赖以存在的基础,国家不是从来就有的。恩格斯在其名著《家庭、私有制和国家起源》明确指出,"国家是社会在一定发展阶段上的产物;国家是承认:这个社会陷入了不可解决的自我矛盾,分裂为不可调和的对立面而又无力摆脱这些对立面,而为了使这些对立面,这些经济利益互相冲突的阶级,不致在无谓的斗争中把自己和社会消灭,就需要有一种表面上驾于社会之上的力量,这种力量应该缓和冲突,把冲突保持在'秩序'的范围内;这种从社会中产生又自居于社会之上并且日益同社会脱离的力量,就是国家"❶。其次,社会是一个规律性领域,包括社会规律、文化规律等,它按其自身所固有的不以人的主观意志为转移的客观规律发展变化;国家是一个规范性领域,包括权力、制度、法制等。公共权力的建立是国家区别于其他社会组织最显著的特征。国家权力具有强制性、主权性和普遍的约束力。再次,社会是一个普遍性领域,各种主体、关系、行为都要在社会中表现出来;国家是一个特殊性领域,它只是社会大系统中一个具有公共权力和权威的特殊的子系统。它表现的是统治阶级的意志,维护的是有利于统治阶级的秩序。最后,社会和国家各自有其相对独立的活动范畴,承担着不同的职能。一般而言,社会管辖的是除政府法定管理范围和公民个人自主权限范围之外的公共部分,即既不应该由政府直接管理,也不应该是公民自主管理的部分;政府管辖的是社会公共部分之中的特定部分,即政府只行使统治职能和对社会公共事务的管理职能,如国家安全、社会治安、环境保护、社会保障等。由此可见,国家和社会是两个既相关联又相区别的不同的结构系统,它们之间既相互独立,又相互依存:国家源于社会又高于社会,国家凌驾于社会又离不开社会,国家管理社会又依赖于社会。"在国家和社会的关系中,社会应该是第一性的,国家是第二性的。社会是国家存在的基础和前提,如果没有社会,国家就失去了存在的理由。"❷

❶ 《马克思恩格斯选集》第四卷,北京:人民出版社1972年版,第166页。

❷ 李景鹏:"关于国家和社会关系的对话",《人民日报》,1998年10月17日。

从一般意义上来说,社会就是"国家与社会"常识分析框架下面的"存在于一定时空里的某种公共权力及此公共权力之下人们的日常生活世界"❶。王巍认为,从现实情景来看,在社区治理或社区建设过程中,"社会"的层面就是国家官僚系统以外的社会组织及社区精英群体,他们不完全与国家政权分享同一套价值逻辑,并且拥有与国家不同的利益内容。社会组织和社区精英不应该被理解为公共利益的代表者,他们是嵌入在特定社区利益中的行为者和代言人。从积极的方面来说,社会的力量可以成为国家政权维护社会秩序的帮手,例如,扮演社区保护型经纪人。在很多时候,社会力量也会异化成为国家和公民利益的掠夺者,营利型经纪人角色的成熟会使"公民社会分裂成一个个寻租的利益集团,这些利益集团的目标不是承担更多的责任,而是要求政府增加对公民社会补贴的范围"❷。需要指出的是,社区精英及其参与的社会组织有自身优先考虑的管理事项和目标追求,而且,这些考虑和追求有的时候会与国家的政策意志相异,甚至是相互对立和竞争。

国家和社会所固有的特征表明,国家和社会并不是相互分离、相互对立的,良性的国家与社会的关系应该是建立在合理分工基础上的相互合作、相互支持、相互协调。"公民社会和国家之间不存在零和对立。"一方面,"公民社会需要一个既强大又自制的国家——它必须是自制的,亦即它不垄断社会的权力,把所有关键的人事、服务和事业都集于一身。但是一个公民国家也必须强大,亦即它能够保障结社自由和自主权,使一种有活力的公共生活有所依靠。"另一方面,一个强大的、活跃的、参与式的公民社会将使国家更加负责任地行动并对公民的需要更快地作出反应,因此公民社会的成长壮大已经成为民主化的一个重要动力。同时,公民社会组织广泛参与到发展项目之中,可以极大地弥补国家能力的不足并促进以官民合作为特征的治理和善治。因此,应该在国家和社会之间建立起良性互动关系,这种良性互动关系可表述为一个双向的过程,即"社会型塑国家"的过程和"国家型塑社会"的过程。"社会型塑国家"的能力强

---

❶ 王亚新:《内在的理解和冷静的批判》,见张静主编《国家与社会》,杭州:浙江人民出版社 1998 年版,第 92 ~ 93 页。

❷ [美]佛朗西斯·福山:《国家构建——21 世纪的国家治理与世界秩序》,北京:中国社会科学出版社 2007 年版,第 30 页。

有助于限制国家的活动范围,防止国家权力的滥用;有助于社会各个阶层、各个方面的利益得到充分地表达。而"国家型塑社会"的能力强则能为社会提供强有力的法律保障,协调社会自身无法解决的矛盾和冲突,并通过各阶层之间反复不断地协商妥协,使利益分布逐渐向较为合理的方向发展,以保证社会任何一方的利益都不因其他方一味追求自己的特殊利益而受到侵害。

由是可知,良好的国家与社会互动关系是高度合作的,而不是冲突的;是互惠互利的,而不是相互对抗的。"社会与国家的良性互动关系越健全,也就越可能较好地抑制双方各自的内在弊病",越可能更好地发挥各自应有的功能,"使国家维护的普遍利益和社会捍卫的特殊利益得到符合社会总体发展趋势的平衡"。由此,国家与社会应该更多地"联手",相互支持,共同努力,协调一致地满足人类的各种需要。❶

二、国家、社会、市场的三元互动

"国家—社会—市场"的理论架构,一般又表述为"国家(或政府)、市民社会、市场经济"的关系。"市民社会"是一个产生于西方世界并随历史不断变化、内涵相当丰富的概念。在我国学术界有时又称做"文明社会"、"公民社会"、"民间社会"等,以区别于"自然状态"、"政治社会"、"官方社会"等。总的说来,市民社会概念在学术界经历了以下三个演变过程:①市民社会和国家相叠合的阶段;②市民社会和国家相分离的二分法时期;③国家、市场经济和市民社会相互互动的三分法时期。这一概念的历史演变也正好折射了人类社会的政治、经济的发展过程❷。

(一)市民社会、国家、市场的逐渐分离

1. 市民社会和国家相叠合的阶段

最初的市民社会指的就是古希腊时期的城邦社会。亚里士多德在其著作《政治学》的开篇就使用了这一概念,用来指城邦作为一种根据宪法建立起来的独立自主的社会团体的性质。后来该概念经过古罗马学者西塞罗在公元前1世纪的继续阐发,14世纪为欧洲人所采用。在这一阶段,市民社会不仅指单个

❶　潘小娟:《中国基层社会重构——社区治理研究》,北京:中国法制出版社2004年版,第197~200页。

❷　夏学銮:《社区管理概论》,北京:中共中央党校出版社2005年版,第129页。

国家,而且也指业已发达并出现城市文明的政治共同体的生活状况。这些共同体具备一些特征,即它们“有自己的法典、有一定程度的礼仪和都市特性(野蛮人和前城市文化不属于市民社会),市民合作并依据民法生活并受其调整,以及‘城市生活’和‘商业艺术’的优雅精致”❶。这一阶段以洛克发表《社会契约论》而标志着成熟,在洛克的著作中,市民社会与父系权威和自然状态成对照,它表现为一种人类社会的状态,这种状态“由货币经济在像自由市场一样的地方随时发生的交易活动给开化而聪颖的人带来舒适而体面的技术发展,以及尊重法律的政治秩序等要素构成”,并趋向于不断完善和日益进步。这种含义用以反映与“自然状态”相对应的社会状态。由此,我们可以看出在这样一个漫长的历史阶段中,市民社会从亚里士多德的“Poltike Kornonia”(指政治社会、政治共同体),经过古罗马西塞罗时期的拉丁译文“Civilis Societas”(指与野蛮社会相区别的文明社会),最后发展为“Civil Society”(泛指文明之邦,今指市民社会),都是在政治、道德意义上来界定的,其内涵都是指与自然状态或野蛮社会相对立的文明社会或政治文明。

在此概念使用的这一阶段,国家和市民社会是相叠合、浑然一体的,那时的市民社会就是国家,国家就是市民社会,没有出现市民社会与国家的对立。而出现这种状况的根本原因在于人类历史早期较低的社会生产力水平,社会分化的程度比较低,社会中不同结构和功能的单位是浑然一体的,并没有分化出一个具有相对独立地位的、现代意义上的市民社会。

2. 市民社会和国家相分离的二分法时期

随着社会的发展和社会分化程度的提高,作为国家的对立物的市民社会开始从国家中分离出来。在这一阶段,市民社会指的是17、18世纪在封建社会的政治经济关系之外发展出来的资本主义经济生活,它意味着一种经济的、私人的、与国家的政治领域相对立的社会活动领域。最先在这一意义上使用“市民社会”的是苏格兰思想家亚当·福格森。他看到近代国家对传统属于私人社会领域的不断扩张,深为“市民美德”被侵蚀担忧,也正是基于这样的出发点,他将“市民社会”与国家放在相对立的两极,从而使市民社会具有了现代意义。这一阶段最为著名的理论家有黑格尔和马克思,他们对市民社会都有较为经典的论述。黑格尔和马克思都从经济的角

❶ 米勒、伯格丹诺:《布莱克维尔政治学百科全书》,中国政法大学出版社2002年版,第132页。

度来看待市民社会,将其阐释为市场经济条件下人们进行的经济交往行为。在黑格尔看来,市民社会是众多个人、家庭聚集的团体,是物质生活条件的领域,是自然必然性的产物,它处于家庭与国家之间的中间阶段,但是黑格尔强调国家高于市民社会。马克思继承了黑格尔市民社会不同于国家的观点,但他从唯物主义的观点出发,认为市民社会和国家的关系相当于经济基础和上层建筑的关系,"在过去一切历史阶段上受生产力所制约同时也制约生产力的交往形式,就是市民社会",从而提出绝不是国家决定和制约市民社会,而是市民社会决定和制约国家的著名论断。

市民社会与国家相分离,是历史发展的必然要求,"随着近代市民阶级的兴起,经济关系及其设施逐渐摆脱了古代和中世纪的政治共同体而具有独立的意义"❶。市民社会就是"用以概括从物质生产和个人交往中产生和发展起来的一切社会关系和组织",所以这一阶段我们可以看做是经济因素在社会生活中逐渐彰显力量的过程,因为商品交换关系使得私人领域连接起来构成一个整体,从而要求摆脱原有的封建统治,与之划清界限,为经济进一步发展扫清障碍。市民社会与国家相分离也可以看做是市民社会对政治国家的反动,市民社会概念的演变也是理论界对社会现实的一种反思。

3. 市民社会、国家、市场三元互动的阶段

如果说,市民社会概念演变的第二个过程是政治视角向经济视角的转变,那么市民社会、国家、市场三分模式的出现则产生于对文化因素的关注。这一时期的理论家主要有葛兰西、哈贝马斯、柯亨、阿拉托等。在法国学者葛兰西的学说中,市民社会概念中包含的经济含量已经被文化含量所超过,可以说是由葛兰西开创了当代强调文化意义的市民社会理论传统。而哈贝马斯在客观上推动了市民社会、国家和市场三分模式的产生,虽然其市民社会的概念仍以国家与社会相互分离为基础,但是他也明确地指出:"今天称为市民社会的,不再像在马克思和马克思主义那里包括根据私法构成的、通过劳动力市场、资本市场和商品市场之导控的经济。相反,构成其建制核心的,是一些非政府的、非经济的联系和自愿联合,他们使公共领域的交往结构扎根于生活世界的社会成分之中。组成市民社会的是那些或多或少自发出现的社团、组织和运动,它们对私人生活领域中形成共鸣的那些问题加以感受、选择、浓缩,并加以放大以后引

❶ 《中国大百科全书·哲学卷》,北京:中国大百科全书出版社 1987 年版,第 294 页。

入公共领域。旨在讨论并解决公共普遍关切之问题的那些商谈,需要在有组织的公共领域的框架中加以建制化,而实现这种建制化的那些联合体,就构成了市民社会的核心。”❶很显然,哈贝马斯将市民社会概念前一阶段所包含的经济领域从市民社会中剔除,从而使市民社会成为独立于政治、经济领域的社会文化体系。1989年,美国政治学家柯亨和阿拉托在《市民社会与政治理论》一书中明确指出,市民社会是介于经济和国家之间的社会相互作用的一个领域,包括私人的领域(特别是家庭)、团体的领域(特别是自愿性的社团)、社会运动及大众沟通渠道形式四部分。由此可以看出,市民社会概念已经进入了国家、政府和市民社会三分模式时代,市民社会是相对独立于政治国家和市场经济组织的公民结社和活动领域,在这个意义上市民社会包括私人领域、非政府组织(志愿性社团、非营利社团)、非官方的公共领域和社会运动四个基本要素。

当代意义上市民社会概念的形成可以大致这样解释:晚期资本主义时代垄断的形成和国家干预主义的增强,使政治权力对私人经济领域的侵蚀和私人经济活动对政治的诉求这两种情况得以出现,而这些变化导致自由竞争市场经济带来的经济领域的问题逐渐消沉,而社会文化领域受到政治和经济领域的侵蚀,其问题开始逐渐突显。

(二)作为社区建设分析框架的国家、社会、市场的互动

从当代意义上注重文化因素的市民社会概念来说,市民社会是既独立于国家政治领域又独立于经济领域的具有自身运作机制的一个领域。它的构成要素包括非政府组织、公民志愿性社团、协会、社区组织、利益团体和公民自发组织起来的运动等,在这个意义上,它也可以被称为相对于政府和市场的“第三部门”。市民社会所具有的主要特征是非官方性、独立性、自愿性。在当代意义的市民社会概念中,我们可以看到更多对人性的关注和人文法则的张扬,社区作为一个具有地域特征的人类生活共同体,是当代市民社会的重要组成部分❷。

如上所述,当代意义上的市民社会理论呈现给我们的是国家、市民社会和市场的三分模式。因为政府往往是国家得以体现的主体,所以这种三分模式又可以看做是政府、市民社会和市场之间的划分。在现代社会,政府、市民社会和市场三者自身都具有相对明确的外延,它们在运行的时候都具有一些特定的机

❶ 哈贝马斯:《在事实与规范之间》,北京:三联出版社2003年版,第453~454页。
❷ 夏学銮:《社区管理概论》,北京:中共中央党校出版社2005年版,第133页。

制。整个社会也正是通过这三者之间的互动才得以运转,如果它们的互动是良性的,整个社会也就会和谐、平稳地发展。具体到对社区建设实践的理论分析,其体现的正是政府、市民社会和市场的三元互动。

三、四个板块的分析架构:政府、市场、社会、政党

如上所述,西方社会理论把整个社会分成三大板块:政府、市场和社会,亦即第一部门、第一部门和第二部门。在中国,由于中国共产党的性质与西方政党不同,中国共产党在社区中也扮演着重要的角色,因而形成了第四大板块[1]。四个板块如何在社区中运作,是关系到社区建设能否成功及社区持续发展的重要问题。有研究以为,社区领域内的四大板块应该遵循各自的原则,加强相互间的合作关系,相互支持,消除矛盾与冲突,共同推动社区建设与发展。

(1)政府的原则是追求公共利益最大化,维护社会公平。政府的权力属于公权,公权来自人民,政府必须为人民的福祉着想,建立自己的合法性,而不能谋求自身利益的最大化。政府不再担当"运动员"的角色后,必须做好"裁判员"的工作,构建社会公平的制度基础,这也是全面建设小康社会的必然要求,否则只能形成一个偏惠而非共享的社会,这样的社会基础是不稳固的,政府的权威也会受到影响。此外,政府应该认识到自己的能力是有限的,有所为,有所不为。过去全能主义的政府带来的结果是政府成本极高,但社会效率反而低下,政府要适应自身角色的转变,摆脱过去的惯习,处理好与其他领域主体的关系。

(2)市场领域的主体是企业,企业以追求经济效益最大化为原则。在我国计划经济时期,企业之间并非竞争的关系,而在建立社会主义市场经济之后,企业要按市场规律运作,在竞争中求得生存。没有经济效益,就没有竞争力,就没有生存的空间。市场经济优胜劣汰,毫不留情。政府不能再像以前干预企业的自主经营,但也不是说政府对市场撒手不管,而是从宏观的层面进行调控,因为市场存在着失灵的时候。

(3)社会的原则是以民为本,关怀至上。政府和市场不能解决经济发展过程中出现的所有问题,为了弥补政府缺陷和市场缺陷,需要社会的存在。在我国改革的过程中,出现了大量由下岗失业人员等构成的社会弱势群体,他们不能被社会排斥,需要社会的关怀。在急剧的社会变迁过程中,人们的社会价值观出现了

---

[1] 马仲良:"城市社区自治是社会主义新型民主的生长点",《北京行政学院学报》,2001年第1期。

嬗变,社会成员的疏离感加深人们对政府、对市场、对他人的信任丧失,而要重建社会资本和社会规范,需要社会通过各种社团组织加大社会成员的参与,形成互惠、信任、合作等规范。与此同时,随着生活水平的提高,社会成员对生活质量和内容提出了更高的要求,需要社会来提供。社会与政府、市场之间的关系不是对立的,但社会要保持一定的独立性和自主性,防止政府和市场的过度侵入。

(4)中国共产党在社区的地位是领导核心,应超脱于具体的行政、经济等事务,站在更高的角度思考全局性的问题。需要特别强调的是,党在社区的工作是全新的,不仅要保证党的理论、路线、方针、政策的落实,发挥政治核心的作用,还要做好群众的思想政治工作,发挥党员的先锋模范作用,密切党和群众的联系,加强党的社会基础。基层党组织工作的一个重要变化是要面向社会,在社会的舞台上活动,参与社会,服务社会,关怀社会。党在社区的功能从过去的以革命或生产的动员与组织为轴心,转变为以社会关怀与利益协调为轴心。[1]

---

[1] 何海兵:"社区制的理论、实践与思考",《华东理工大学学报(社会科学版)》,2003年第2期。

第二节　国家与社会理论视角下社区建设的问题与对策

一、社区建设存在的问题分析

（一）社区建设中政府的越位和缺位问题

从国家、社会、市场三者互动理论的角度审视社区建设实践，就政府的职责发挥和角色扮演而言，其间存在的最主要问题就是政府的职责倒置，即政府专力于实干和执行，而疏于决策和指导，管了许多不该管的事，同时又放弃了许多该管的事。换言之，就是政府在角色的扮演和权力的行使过程中存在着越位和缺位的双重问题。

一方面，政府超权限行使权力，大量介入应当由社区居委会或社区服务组织管理的事务。这方面的问题突出表现在以下方面：其一，政府包揽了许多应当由社区居委会或社区服务组织承担的事务，如组织社区志愿者活动、直接提供社区服务、承办社区内的文化活动等。其二，政府直接介入社区居民的自治事务和社区服务组织的业务，把指导关系变成了事实上的领导关系。社区居委会和社区服务组织的工作大部分都是按照政府的统一部署和安排开展的，应当由社区居民或社区服务组织自主决定的事务也大都要得到政府的批准和认可，如对社区居委会成员的审查和提名，甚至任命；招聘（通过考试或其他方式）干部，安排其到社区参选；用行政命令、检查评比等方式直接干预社区居委会的日常工作，社区服务组织按行政系统设立，由行政主管部门领导兼任负责人，服务项目由政府提出、批准、推动等。其三，对社区的财政投入不当增强了社区居委会和社区服务组织对政府的依附性，如将社区居委会的成员列为事业编制，工资由政府财政开支等。

另一方面，政府又放弃了对自己应承担事务的责任，没有行使好自己应有的职权，管住、管好自己的分内之事。政府的缺位具体表现在以下方面：①抓制度建设的力度不够。社区发展特别是社区居民自治方面的制度建设还很不健全，很不完善，存有许多法律空白，这是导致目前社区发展中诸多问题的关键。目前我国尚未制定有关社区的专门法律或法规，而现行的《中华人民共和国城市居民委员会组织法》已明显地滞后于社区发展实践，显然已不能适应现实的需要。不仅如此，原有的法律、法规还存在着诸多不规范，甚至自相矛盾之处，这大大增强了实际操作中的随意性和不规范性,有违社区居民自治的本意。法律制度不完善、不健全,一方面表现在社区居民自治制度的总体指导框架设计的不到位;另一方面表现在制度的程序性设计的不到位。②指导监督不力。主管社区发展工作的行政机关工作人员对社区发展和社区居民自治问题既缺乏足够理论准备,又缺乏必要行政指导经验,对社区居委会的性质、地位和作用的认识模糊甚至有失偏颇,对社区发展如何进行认识不清,心中无数。他们不习惯,也不善于对社区居委会和非营利组织进行政策上的指导,往往总是自觉或不自觉地直接插手社区和非营利组织的内部事务,对社区和非营利组织的监督检查也主要集中在协助政府部门完成任务方面,而忽视了对社区群众性自治组织和非营利组织自身运行的合法性和有效性的监督,忽视了对社区居民自治制度自身存在的缺陷及进一步完善的探究。③"资助性投入"不到位。社区福利性和公益性服务具有非营利性,因此它的资金供给在很大程度上应该来源于政府的财政补贴。但是,在我国,这方面的财政投资不仅规模小、数量少,而且多为临时性投入,缺乏专门的预算。再者,由于缺少制度上的保障,投入的随意性大,具盲目性,操作不规范。❶

(二)社区建设中居委会功能泛化和角色错位问题

社区建设中造成社区居委会功能泛化和角色错位的原因是多方面的,错综复杂的:既有认识方面的,也有体制方面的;既有传统文化方面的,也有制度设计方面的;既有外部的,也有内部的;既有直接的,也有间接的。这些原因相互关联,互为因果。综合起来分析,在诸多因素中,影响最大、最直接的主要有以下几个方面❷。

(1)传统体制惯性的束缚。我国行政管理体制的基本框架是在实施高度集权的计划经济体制条件下逐步形成和发展起来的。贯穿这一体制的基本思路就是对社会实施"一竿子插到底"的全方位管制。为此,政府一方面以单位为中介来对人们的社会生活进行全面管理和控制,另一方面,对于单位覆盖不到的地方和人群,则通过居委会来拾遗补阙,进行控制。在这样一种思路下,居委会不可避免地被抹上了很浓的行政色彩,它实际上更多的是被当做街道办事处的下属机构来设计的,在实践中赋予了它很强的政治动员功能和社会事务管理功

❶ 潘小娟:《中国基层社会重构——社区治理研究》,北京:中国法制出版社2004年版,第209~210页。
❷ 潘小娟:《中国基层社会重构——社区治理研究》,北京:中国法制出版社2004年版,第93~105页。

能,其真正的自治管理功能却极其有限。由此可见,居委会从一开始就偏离了自身的轨道,被纳入到国家政权体系之内,成了政府的“腿”。虽然改革开放以来,我国经济和政治体制发生的巨大变化为社区居民自治的发展提供了契机,创造了条件,但是,新体制的建立和旧体制的消亡不是一朝一夕可以实现的,需要有一个过程。在新体制尚未完全建立起来时,旧体制仍会以其固有的巨大惯性顽强地发挥作用。如是,在政府倡导和推动的社区建设中,政府便不可能轻易改变其长期形成的管理模式和它与居委会之间的耦合关系,放弃它实际拥有的领导地位,因而社区居委会作用的发挥和实际运行在很大程度上仍将受制于传统体制。

(2)行政职能泛化的影响。在传统的计划经济体制下,我国所有的社会组织(企事业单位、社会团体等)都具有行政化特征,即它们都是国家组织的延伸,是泛化的行政科层组织,都或多或少地承担一定的行政职能。居委会也不例外。由于制度设计上的先天不足,居委会自然就成为了政府的附属物,承担起许多应当由政府行使的职能。特别是在城市管理体制改革过程中,随着“管理重心下移”、“权力下放”、“资随事转”等原则的提出,一些政府部门开始名正言顺地任意向社区居委会转移职权,下派任务,进一步加重了社区居委会的行政化色彩,政府的许多行政命令都下达到社区居委会,许多行政考核指标也都落实到社区居委会,致使社区居委会担负的协管事务大大超过了其所承担的自治事务。社区居委会所承担的职能与其法定性质错位,严重影响了社区居委会本位功能的有效发挥和社区居民自治的健康发展。

(3)非营利组织发育不足的限制。我国社会的基本格局是“强政府、弱社会”,政府权力的无限延伸导致了非营利组织发育不全,社会的自治程度十分低下。一方面,非营利组织的数量严重不足,我国每万人所拥有的非营利组织数量与发达国家相距甚远。另一方面,非营利组织的整体结构不合理。从功能上分析,承担公益服务的组织在非营利组织中所占比例很小;从服务对象上分析,为弱势群体提供服务的组织在非营利组织中所占比例很小。再者,非营利组织的自治程度低,自主性差,不论在政治上、管理上,还是在财政上都对政府有相当程度的依赖。非营利组织的发育不良和社会自我调控体系的脆弱,使得社区居委会不得不担负起大量的由政府转移出来的、本应由非营利组织承担的职能。这就在客观上导致了社区居委会的功能混乱和角色错位。

(4)法律制度不健全的制约。目前我国尚未制定有关社区的专门法律或法规,而原有的居委会组织法显然已不能适应社区发展的需要,社区发展中出现的许多新问题急需用法律形式加以说明和规定。不仅如此,原有的法律、法规还存在着诸多不规范,甚至自相矛盾之处,这大大增强了实际操作中的随意性和不规范性,有违居民自治的本意。法律制度不完善、不健全,一方面表现了居民自治制度的总体框架设计的不到位,居民在社区居民自治中的主体没有得到应有的体现,社区自治组织之间的关系及其作用没有得到明确的规定。另一方面表现在制度的程序性设计严重不足,如民主选举、民主决策的程序,居民大会或居民代表会议制度等都不完善,有效的社区居民自治的运行机制没有建立起来。第三方面表现在法律保障无力,有法不依现象普遍存在。有些政府部门违背有关法律规定,任意向居委会下派任务,变指导关系为实际上的领导关系。同时,居委会也缺乏自我保护意识,不能很好地利用法律武器来维护自己的合法权益。法律制度不健全、不完善就很难从根本上保证社区沿着居民自治的正确方向发展。

(5)思维惯性的局限。由于人们长期活动于传统的管理模式中,形成了从思维定势到行为模式的路径依赖,因而对新的制度很陌生,表现出极大的不适应性。其一,对社区的理解还停留在传统的观念上,社区自治组织仍按原有的方式运行。不论是政府还是社区自治组织都仍习惯于运用行政命令和政治动促手段,采取"运动化"方式来进行管理,政府离开了对具体事务的管理就不知道如何扮演自己的角色,发挥自己的作用;居委会干部离开了政府的指挥棒也不知道该如何开展工作。其二,人们自觉或不自觉地仍将社区居委会视为替街道办事处分担具体事务的下属机构,而非代表和维护全体居民利益的群众性自治组织。一些基层政府仍将自己的权力延伸到社区居委会,通过行政部门和街道办事处层层向社区居委会布置工作,甚至设立派出机构,在社区形成自己的"腿",使社区居委会陷于繁忙的行政事务之中。其三,社区组织结构"克隆"了基层政权的组织架构,社区组织表现出明显的行政化特征。其四,社区居委会管辖的对象仍以不在职的"三无"人员为主,在职人员很难融入社区活动。在将招聘社区居委会干部作为解决就业的门路之后,有些地方甚至形成了不成文的规定,即在职人员不得入选社区居委会成员。这种思维惯性在很大程度上抑制了社区的发展。

二、社区建设的创新对策

在中国,20 世纪 50 年代以后的一段时期内,国家对城市基层社会的整合和控制基本上是通过单位制度实现的，相互独立的单位组织分别掌握着城市就业群体的政治、经济、福利权利，就业人口乃至其家庭成员的生存和发展权利，基本上都掌控在代表着国家身份的单位组织中，个人生存和发展的主要资源必须通过单位来获取，城市居民由此形成了对单位组织或单位体制的依赖或依附关系，作为个体的城市人在一定意义上被迫生成了对单位（严格意义上说是国家）某种程度的依附性。经由国家政权对单位的控制，一张看似由不同类别单位组成的严密管理网络就此成型。这种单元隔离的城市社会治理的制度安排，不仅有利于实施对特定职业群体的管理，还遏制了城市中不同人群的交往和联系，社会生活因而变得简单化，社会公共事务和公共问题的发生几率也保持在低度水平。此时，街居制度管理体制发挥的职能，仅仅是管理单位控制体制覆盖之外的闲散人群和老弱病残人士，单位制与街居制相互交叉配合的管理模式，使国家的力量很完整地嵌入基层社会的方方面面。经济体制改革启动后，国家和社会开始步入一个不自愿的结构分化进程。但是，国家的退出并不必然意味着社会自主性发展空间的拓展，恰恰相反，国家消极退却的社会管理空白没有得到社会力量的及时弥补，国家掌控的总体性社会的解体缓解了国家的财政和公共服务压力，却把大量的治事压力抛向一个孱弱的社会。对于某些城市化进程很快的新兴城市来说，外来人口给城市带来廉价人力资源的同时，也给城市政府创造了大量的管理任务，城市综合治理力量严重不足的状况更为明显。建构国家、社会、市场和公民共同参与的基层社会管理制度显然是一种完美的体制设计。但是，激发社会和市场的力量，培育公民的公共参与意识，特别是重新建构一套可以整合基层社会的管理体制依然是一项沉重的国家任务。国家权力的再度延伸是城市基层政权建设的需要，也是基层民主发展的前提条件。但是，国家对基层社会的整合路径却不可能再度遵循全能国家的建设思路，这意味着，国家特别是基层政权必然要使用多元的弹性方法和政策工具再度为基层社会提供公共秩序。[1]

（一）政府、社区居委会、非营利组织的职责定位

根据国家与社会理论，社区建设中所涉及的关系主体主要可以区分为政府、社区居委会、非营利组织等。这三者在社区建设中的职责和作用是各不相

[1] 王巍："国家—社会分析框架在社区治理结构变迁研究中的应用"，《江苏社会科学》，2009 年第 4 期。

同的,但是它们之间的关系绝非相互割裂的。因此,在实践中必须理顺它们之间的关系,明确各自的分工,充分发挥这三个方面的积极性,建立起它们三者联动合作的良性互动模式。首先,政府一方面要大力培育和扶持非营利组织的发展,通过法律、财政、税收等手段为其营造良好的环境,提供必要支持和保障,建立起稳定的保障机制;另一方面应对其实施严格的监督,规范其行为,明确规定从事社区服务产生的利润必须全部用于社区发展的再投入,不得挪作他用,以保证社区服务的提供和社区服务的质量。对于社区居委会,政府应将实际存在着的领导与被领导关系归位为指导和协助关系,改变以往"婆婆式"、"保姆式"无所不包的管理方式,充分调动社区居委会的自主性和创造性,充分发挥社区居民的参与积极性。同时,要给予其必要的物质支持和帮助,以保证社区的整体均衡发展。其次,社区居委会要随时向政府和非营利组织反映社区居民的需求,表达社区居民的愿望,代表社区居民对所提供的社区服务项目实施监督和评估,并及时反馈社区居民意见。同时要及时向社区居民传达国家的法律法规和党的各项方针政策,特别是关涉本社区居民利益的重大决定,告知社区居民非营利组织开办的服务项目、服务内容等。再次,非营利组织负责具体承担名目繁多的各种社区服务项目。它们一方面要以自己优质高效的服务来获得社区居民的认可和政府的信任,以便从政府那里获得更多的政策支持和资金投入;另一方面要与社区居民和社区居委会保持密切的联系,进行良好的合作,以适时调整和改进自己的服务项目,提高服务质量和服务效率,不断发现新的需求,开拓新的服务项目,扩大自身生存和发展的空间。[1]

(二)创新和完善社区运行机制体系

创新和完善社区运行机制,是社区建设的基本任务,也是社区进一步发展的基本条件。依照国家与社会的理论主张,社区运行机制创新的核心应该是按照经济和社区发展新形势的要求,重构政府与社区的关系;重构社区党组织、群众自治组织与社区各成员单位、社区中介组织及社区居民的关系;重构社区建设中行政手段、市场手段与社区互助手段之间的关系。当前,社区运行的机制不健全,因此,建立或健全社区运行机制是当前社区建设的当务之急。社区机制建设的内容应包括以下方面:一是在转变政府职能的基础上完善政府主导机

[1] 潘小娟:《中国基层社会重构——社区治理研究》,北京:中国法制出版社 2004 年版,第 220 ~ 221 页。

制。二是在赋予自治权力的基础上完善社区民主自治机制、财力保障机制、社区化参与机制和资源整合共享机制。三是在增强社区服务能力的基础上完善市场运作机制。这三种运作机制分为三个层次：第一层为政府主导机制，其功能主要是围绕推进社区建设的动力而形成，政府与社区居民的目标越一致、越协调，运行的推动力就越大。第二层为民主自治机制、财力保障机制、社区化参与机制和资源整合共享机制，其功能主要是围绕社区的聚合力和社区的发展而形成，促进社区运行的规范有序。第三层为市场运作机制，其功能主要是围绕增强社区服务的活力而形成，保障社区运行的可持续性。三个层次之间互为联系、互为制约。[1]

(1)完善政府主导机制。也就是要明确和强化政府在社区建设中的责任和作用，使政府在社区建设中不“越位”、不“缺位”。社区建设还刚起步，居民的社区意识比较淡薄，因此，政府的主导作用必不可少。政府的主导作用主要体现在：制定发展规划和提出建设思路、提供政策扶持和财力保障。如果没有政府的规划指导，科学合理的社区不可能形成；没有政府的政策扶持，很多问题不容易协调解决，社区整体合力也难以形成；没有政府的财力支持，靠基本上没有资源积累的社区和并不十分强大的社区力量，社区的服务设施很难完善，社区也不可能很好地发育成熟。政府的主导作用还体现在及时总结和推广社区建设的经验，指导、促进社区建设的健康发展等方面。强调政府的主导作用，不是让政府干预社区生活和社区居委会的工作，更不是要政府来完全代替社区，而是让政府承担起指导和支持的责任。

(2)社区民主自治机制。政府组织，主要运用行政手段对本行政区域进行管理。社区自治组织属于群众自治组织，主要通过群众民主自治的方式对本区域的自治性事务进行管理。培育社区民主自治机制，既要广泛宣传培养社区成员的自治意识，赋予社区一定的自治权力，又要不断创新方式方法，吸引社区成员广泛参与社区民主自治的活动中。首先，要把社区范围内公益事业的决策管理权、居民活动组织权、监督权等归还给社区自治组织，增强社区自治组织管理社区公共事务、解决社区问题的能力。其次，要让社区自治组织能够代表社区居民，依法行使拒绝权，对各种不合理摊派等表示拒绝接受和办理。第三，要健

[1] 参见：“积极探索、大胆实践、推进社区管理体制和运行机制的改革和创新”，北京市民政局网站，2002年12月12日。

全和落实民主选举、民主协商议事决策、民主管理社区内部事务和公益事业等社区自治制度,逐步实现社区内依法民主选举、民主决策、民主管理和民主监督。

(3)财力保障机制。国外社区活动的经费来源大致有以下几种渠道:一是政府拨款。社区内部公共设施的日常经费由政府提供。二是捐款与税收。社区募捐是社区资金来源的一个重要渠道。在日本,居民除了缴纳所得税外,还要缴纳与居住区相关的一个税种:住民税。这一部分税收就直接用于社区。三是自筹经费。目前,我国社区建设与发展资金来源极不规范,尚未形成固定的投资方式,很多是通过街居经济来实现的,缺乏政府资助和社区赞助的良性机制,自身缺乏造血功能,以至于社区建设与发展缺乏稳定可靠的财力支持。根据中国国情,应积极探索建立稳定的政府主导投入机制。社区建设的公共性、公益性,决定了政府的投入在社区建设中具有主导作用。国内外实践经验表明,由政府托底的稳定充足的资金供给机制,是保持社区建设持续发展的关键。要将社区建设纳入政府财政预算,形成与本地区财力同步增长的社区建设投入机制,以改变当前政府财政投入不稳定、不规范的局面,确保资金的落实和政府投入能够逐年增加。

(4)社区化参与机制。社区单位和社区居民的参与是社区发展的生命力所在。社区化参与包括两层意思:一是参与主体的广泛性。社区建设的参与主体不仅包括社区志愿者、社区居民,而且包括社区内的企事业单位、机关、团体、社区中介组织等。二是参与活动的广泛性。虽然社区参与目前还只能以服务为主,以此来换取人们对社区的认同,但人们对社区真正的认同则必须建立在政治参与的基础上。社区的政治参与主要包括两个方面:一是社区内的自治,即以民主选举、民主决策、民主管理、民主监督为基础所进行的自我服务、自我管理、自我教育。二是社区居民以社区为依托对政府的制约,即社区居民基于自身的利益和权利,运用社区内各层组织的力量,对政府进行制约,包括对政府的工作提出意见和建议,对政府的工作提出批评,与政府之间就某些问题进行协商,针对某项具体政策对政府施加压力,等等。只有在社区服务的基础上,把社区的政治参与也充分地开展起来,才算是完全意义上的社区建设。

(5)资源整合共享机制。社区建设是一项庞大的系统工程,需要大量人力、物力、财力、智力的投入和场地支持。目前,社区资源尚处于分割和未充分开发状态。如,属于单位的资源得不到充分的开发和利用,单位与居民之间缺乏密切的沟通和联系等。为了促进社区资源共享，要对可利用的设施资源、优惠政策、相应的管理与责任等问题作出规定，逐步探索形成包括设施资源在内的各类社区资源合理配置、充分共享的机制。尤其是在单位体制还没有被完全打破的情况下，建立有效的资源整合利用机制更为重要。

(6)市场运作机制。引入市场机制、实行产业化经营，是增强社区服务活力，促进社区服务良性发展的重要途径。社区服务的很多发面都可以引入市场机制，比如，社区内服务项目的实施，除一些面向困难群体和特殊群体的福利服务项目外，还可以而且应当引入市场机制。一方面，让企事业单位或社区中介组织开办社区服务，可以减轻政府负担，弥补社区居委会无力承担或无力办好的不足；另一方面，通过引入竞争机制，有助于承办单位改进服务，提高质量，更好地满足社区居民的服务需求。但由于社区服务的宗旨是便民、利民，因此，社区内的市场不能完全等同于社区外的市场，多数服务项目只能微利，靠规模经营求得生存和发展。又如，社区服务网络的运转可以引入市场机制。政府的支持主要是社区服务设施建设的一次性投入，日常运行费用可以逐步靠社区服务设施的自我积累、自我发展来进行。但在引用市场机制的过程中，要处理好体现社区服务宗旨与推进市场化的关系。

(三)社区党组织角色功能的发挥

从国家与社会理论角度看，中国的社区建设实践所涉及之“国家”层面的分析，不可能离开对执政党的考虑与讨论。社区建设过程中，社区党组织是居委会的领导机构，十六大通过的《中国共产党党章》中规定“街道、乡、镇党的基层委员会和村、社区党组织领导本区的工作，支持和保证行政组织、经济组织和群众自治组织充分行使职权。”这是对城市社区党组织与社区自治组织之间权利关系的原则性规定。社区建设中党组织领导作用的创新需要从以下若干方面着手。

(1)转变观念，明确定位。党在社区的领导不是直接的干预，而是宏观的调控，具体来讲：第一，思想上的导向作用。我国城市社区多是在原单位家属院的基础上建成的，不同阶层、不同文化背景的人混住在一起，社区的异质性较强，居民的思想多元复杂。为此就要求社区党组织加强对居民及社区组织的思想政治教育，发挥政治上的导向作用。要做到这一点，社区党组织必须具备：及时掌握、了解一定时期群众思想的能力，确定该时期思想工作的重点；转变说教式或运动式的教育方式，有针对性地、实实在在地抱着释疑解惑的态度化解群众思想中存在的问题；建立一支具有一定文化、一定专业技能、一定政策水准的工作队伍。第二，决策上的把关作用。从理论上讲，社区党组织在地区性、社区性、群众性的工作中处于统揽全局、协调八方的地位，因此，社区党组织必须从居民的共同利益出发，指导和推进社区的民主决策，从对党负责和对人民负责的一致原则出发，把贯彻党的路线、方针、政策与维护社区居民的民主权利和共同利益有机地结合起来，把好决策的内容关和程序关。要做到这一点，社区党组织必须抓住三个环节：议论大事，抓住全局，及时提出工作方向和努力重点，这就要求社区党组织既要了解党的政策和上级领导的意图，又要深入调查，切实掌握社情民意；涉及群众性、社区性、地区性的重大事务必须坚持集体决策的组织制度；在对外关系处理上要切实负起政治责任。第三，组织上的保障作用。组织上的保障作用就是以党的组织资源凝聚人心，协调各方利益，增强党组织的渗透力。要做到这一点，社区党组织必须在两方面下工夫：选配好干部，提高干部的素质和能力；把社区内各类社区组织纳入社区党建的主体。第四，生活中的表率作用。党的先进性主要是通过党员的先锋模范作用来体现的。随着党的群众工作和基层组织活动空间重点的转移，党的先锋模范作用将越来越多地从社区生活中体现出来。要做到这一点，社区党组织必须积极参与社区治理，通过自己的参与活动去扩大党的影响，引导社区生活；设计各种活动载体，为党员在生活中起模范带头作用提供舞台。

(2)创新基层党建体制，实现单位整合到社区整合的转变。将单位离退休党员纳入社区党组织的管理之中，使之成为社区党组织的一员，使社区事务、社区党建更贴近他们，从日常生活中感受到社区的发展与他们息息相关。第一，可以建立在职党员的双重管理制度。在职党员所在单位积极号召在职党员积极参与社区党组织的社区公益活动，在居民“自我管理、自我服务、自我教育”中发挥作用。社区党组织将在职党员在社区活动中的表现及时反馈给在职党员所在的单位党委，单位党委将在职党员在社区活动的表现作为考核其职务晋升、晋级的重要依据。这种双重管理的机制将会极大地调动在职党员参与社区建设的积极性。第二，加强街道党工委与社区空间中各类基层党组织的网络化横向联系，解决“条块分割”带来的问题。在明确社区党建工作指导思想、目标任务和工作思路的前提下，以街道党工委为核心建立一个多方参与、横向互动、具有权威的组织结构来协商、制订社区党建工作的规划、计划，甚至是负责具体运作。第三，实行社区党支部专职化，提高党组织成员素质。社区党支部专职化可使社区党支部书记纳入党的科层体系之中，既可获得较高的薪金，又有升迁的机会，并接受统一的绩效考核，这样有利于激励社区党支部书记努力工作，扩大社区党组织的影响。党支部书记的素质直接决定着社区党组织在社区治理中的作用，其协调、沟通、驾驭全局的能力是社区党组织成为社区真正领导核心的关键因素。

（3）理顺党组织与居委会的关系。社区、社区领域的政党组织的运作逻辑不同于国家领域的政党组织的运作逻辑，前者是水平式的平等合作、民主协商，后者是垂直式的领导与被领导。按照《中华人民共和国宪法》规定和长期形成的历史惯例，中国共产党是执政党，是中国社区主义现代化事业的领导核心。这种领导主要是通过两种方式来实现的。一是在国家和地方与各级政权机关相对应，设立常设性的党组织，如各级党委及其组织部门、宣传部门，通过这些部门职能的行使，向人大、政府、法院、检察院等各级国家政权机关进行重大的政治决策、方针、路线、重要人事任命等方面的建议，并通过各种行之有效的思想宣传、组织动员等手段保证贯彻实施。在计划经济时期，国有企业事业单位也是这种设置。因此，党在政权机关和国有企事业单位中对同级行政机构的领导是一种领导与被领导的关系，是体制化、结构化的。二是对各种民营企事业单位、自治组织、社区团体等的领导。这种领导主要是通过思想宣传、决策咨询起到一种指导作用，其目的是支持和保证这些部门依法开展各类活动，并通过思想政治工作和党员先锋模范作用，来使党的路线方针政策得到贯彻，使国家的法律法规得到遵守。这种领导实际上是指导，不是体制化、结构化的领导与被领导的关系。

社区是独立于国家领域、市场领域的第三领域或公共领域。社区居委会是社区群众自治性组织，不属于行政系统，也不是街道办事处的派出机构。社区居委会将不再是机械地贯彻执行党和政府意志的手脚，而是沟通政府与居民间的桥梁和纽带。社区建设的核心问题就是从体制上完成国家领域和社区领域的功能分化，重组社区内部的组织机构和关系模式，建立横向式组织结构和民主协商的权力关系，这是发育社区自治所必不可少的组织基础和制度基础。社区党组织作为社区组织的一种，既不是城区党委的派出机构，也不是街道党委的派出机构，它对社区的领导主要是通过直接参与社区公共事务的决策与管理，并在参与中从政治上保证和支持社区依法自治，防止各种自治网络脱离法律轨道和有悖社区公德。社区党建就是以社区为单位横向整合地区社区，其手段不是行政性的命令或资源的调配，而是一种互动竞争，党的治理能力的强弱，取决于能否有效地整合和动员社区资源，成为权力秩序的建构者。社区中每种力量都是互动过程中的对话者、合作者、协商者，甚至是竞争者，各方都试图扩增自己的自主性，相互间的关系带有很多的不确定性。为了在这种情况下能够占据有利的方位，并能够支配关系局面和重整社区资源，基层社区各个组织往往会成为行动者，并且会与其他行动者结成一种权利关系，进而建构新的权利秩序。因此社区党组织与社区居委会不是行政意义上的领导与被领导的上下级关系，而是一种相互支持、民主协商、平等合作、竞争博弈的关系。

第五章　治理理论视角的社区建设创新

第一节　治理理论概述

一、治理概念的涵义

1989年，世界银行发表的一篇题为《撒哈拉以南非洲：从危机到可持续增长》的报告中，首先使用了“治理危机”一词。它虽然延续了早期报告特征的对正确经济政策的关心，但新的中心议题更明显是政治性的，它关注合法性、参与、多元主义、新闻自由和人权，它宣称这些问题已经成为解释非洲目前危机的关键因素。此后，“治理”概念便被广泛地用于政治发展研究中，特别是被用来描述后殖民地和发展中国家的政治状况。美国新制度经济学派代表人物奥利弗·E.威廉姆森在《治理机制》一书中，从经济学意义上阐述了自己关于治理的观点，他认为，“经济学的首要关怀是手段——目标关系中的手段方面，治理也是一项评估各种备择组织模式(手段)的功效的作业，目标是通过治理机制实现良好秩序。因此，治理结构可以被有益地视为制度框架，一次交易或一次相关交易的完整性就是在这个框架中被决定的”❶。治理理论的主要创始人之一詹姆斯·罗斯诺则从公共管理学的视角来界定治理概念。在其代表作《没有政府统治的治理》和《21世纪的治理》中，他将治理定义为一系列活动领域里的管理机制，它们虽未得到正式授权，却能有效发挥作用。与统治不同，治理指的是一种由共同的目标支持的活动，这些管理活动的主体未必是政府，也无须依靠国家的强制力量来实现。瑞士学者皮埃尔·德·塞纳克伦斯则从政治学及国际关系和秩序的角度来阐释治理概念，他在“治理与国际调节机制的危机”一文中指出：“治理这个概念比政府一词含义更广泛。它往往用于有关国际秩序的

❶ 奥利弗·E.威廉姆森：《治理机制》，北京：中国社会科学出版社2001年版，第13页。

计划项目，作为有助于和平与发展的规章及惯例等含义的用语。它反映这样一种观念：各国政府并不完全垄断一切合法的权力，除政府外，社会上还有一些其他机构和单位负责维持秩序，参加经济和社会调节。这种管理和控制公共事务的机制，在地方、全国和区域的层次上，包括一套复杂的科层结构，具有不同程度等级制的政治权力，企业单位、私人压力集团及各种社会运动。各国政府不再垄断指挥和仲裁的政治职能。现在行使这些职能的是多种多样的政府性和非政府性组织、私人企业和社会运动，它们合在一起构成本国和国际的某种政治、经济和社会调节形式。”❶在关于治理的各种界定中，全球治理委员会的定义颇具代表性和权威性。该委员会在1995年发表题为《我们的全球伙伴关系》的研究报告，其间所提供的治理定义非常宽泛：把集体和个人行为的层面及政治决策的纵横模式都包罗在内。该委员会将治理定义为：个人与公私机构管理其自身事务的各种不同方式之总和，是使相互冲突或不同利益得以调和并且采取联合行动的持续的过程。该委员会列举了许多治理的实例，如：邻居之间设立维护供水系统的合作；管理废品回收系统的地方委员会；开发城市间运输系统的用户集团；在政府监督下按照自身规律工作的股票交易所；由区域性政府组织、工业集团和居民联合以控制森林采伐等。该委员会认为，在世界范围内，一些非政府组织、群众运动、跨国公司和统一的资本市场的种种活动都属于治理的范畴。皮埃尔·德·塞纳克伦斯根据该委员会的解释认为，治理意指由许多不具备明确的等级关系的个人和组织进行合作以解决冲突的工作方式，灵活地反映着非常多样化的规章制度甚至个人态度。它有四个规定性特征：治理不是一整套规则条例，也不是一种活动，而是一个过程；治理过程的基础不是控制和支配，而是协调；治理既涉及公共部门，也包括私人部门；治理不意味着一种正式的制度，而是持续的互动。❷

(一)治理概念的不同用法

英国学者罗伯特·罗茨在对学界的不同说法进行了梳理后，提出有关治理概念的六种不同用法：①作为“最小国家”的治理。这是关于“重新界定公共干

---

❶ ① 皮埃尔·德·塞纳克伦斯：“治理与国际调节机制的危机”，见俞可平主编：《治理与善治》，北京：社会科学文献出版社2000年版，第240～241页，第242页。

❷ 罗伯特·罗茨：新的治理，载俞可平主编：《治理与善治》，北京：社会科学文献出版社2000年版，第87～96页。

预的范围和形式,以及利用市场或准市场的方法来提供公共服务”的主张,即通过削减公共开支和私有化的途径来缩小政府的规模,以最小国家的形式谋求效益的最大化。②作为公司治理的治理。它指的是指导、控制和监督企业运行的组织体制。③作为新公共管理的治理。它是指将私人部门的管理手段和市场的激励机制引入公共部门及公共服务中。强调削减官僚机构、通过承包和准市场的运作方式实现更有效的竞争以及消费者选择。④作为“善治”的治理。它指的是强调效率、鼓励竞争、遵从法治、尊重人权、敢于负责的公共服务体系。⑤作为社会控制系统的治理。它指的是政府与民间、公共部门与私人部门之间的合作与互动。强调政策结果不再是中央政府行为的产物,而是中央政府与地方政府、保健机构、自愿部门、私人部门的产物。⑥作为自组织网络的治理。它指的是建立在信任和互利基础上的社会协调网络。❶

(二)“治理”与“统治”的区别

以 governance(治理)为题材的理论著作的涌现,反映了社会科学界对统治以不同方式体现出来的模式产生的兴趣。无论传统用法或辞书上的解释,都认为“治理”为“统治”的同义词。但在越来越多的讨论治理的著作中,它的用法和内涵都转移了方向。治理意味着“统治的含义有了变化,意味着一种新的统治过程,意味着统治的条件已经不同于前,或是以新的方法来统治社会”(罗德斯,1992)。治理作为一种政治管理过程,也像政府统治一样需要权威和权力,最终目的也是为了维持正常的社会秩序,推动社会发展,这是“治理”与“统治”的共同之处。但是,两者之间更多的是区别和差异。“治理”和“统治”的本质区别如下。❷

(1)治理与统治的主体不尽相同。统治的权威中心一定是政府机关,而治理的权威中心包括政府机关但又不限于政府机关。统治的主体一定是社会的公共机构,而治理的主体强调多元性和多样性,既可以是公共机构,也可以是私人机构,还可以是公私合办的机构。统治是由政府单独行使公共事务的管理权限,而治理是公共事务管理过程中政治国家与公民社会的合作、政府与非政府

---

❶ 罗伯特·罗茨:新的治理,见俞可平主编:《治理与善治》,北京:社会科学文献出版社 2000 年版,第 87 ~96 页。

❷ 俞可平:全球治理引论,载俞可平主编:《全球化:全球治理》,北京:社会科学文献出版社 2003 年版,第 6 ~9 页;吴志成:《治理创新——欧洲治理的历史、理论与实践》,天津:天津人民出版社 2003 年版,第 18 ~21 页。

的合作、公共机构与私人机构的合作、强制与自愿的合作。治理的主要特征"不再是监督,而是合同包工;不再是中央集权,而是权力分散;不再是由国家进行再分配,而是国家只负责管理;不再是行政部门进行管理,而是根据市场原则进行管理;不再是由国家'指导',而是由国家和私营部门合作"。❶ 所以,治理是一个比统治更宽泛的概念,从现代的公司到大学及基层的社区,如果要高效而有序地运行,可以没有政府的统治,但是不可以没有治理。

(2)管理过程中权力运行的向度不同。政府统治的权力运行依循自上而下的方向,它运用政府的政治权威,通过发号施令、制定政策和行政手段,对社会公共事务进行单一向度的管理。而治理则是一个自上而下、自下而上的互动管理过程,它主要通过谈判协商、对话合作、沟通交流、相互认同和确立目标等方式对公共事务实施管理。治理的实质在于建立在市场原则、公共利益和认同基础之上的合作,它所拥有的管理机制不依赖政府的权威,更多的是依靠合作网络的权威。其权力运行的向度是多元的、相互的,而不是单一的和自上而下的。

(3)管理的范围不同。政府统治所涉及的范围就是以领土为界的民族国家。一个国家的政府统治如果超越了自己领土范围,而延伸到其他国家,那就是对其他国家主权的侵犯,这是国际法和各国关系准则所不允许的。人类迄今还没有产生凌驾于主权国家之上并对各国政府和公民具有强制性约束力的世界政府,因而也没有世界范围内的政府统治。与此不同,治理所涉及的范围要宽泛得多。即:由于治理的权威主体既可以是政府,也可以是非政府或国界的公司、民间组织等,所以,治理的范围既可以是特定领土界限内的民族国家,也可以是超越国家领土界限的国际领域。法国学者玛丽-克劳德·斯莫茨阐述国际关系中的治理问题时也明确表示,治理可能是国际性的,治理问题易于从公共政策移位而进入国际政策领域。在某些方面,实际上存在着建立在一定程度上超越国界控制的机制,❷比如,在反贫困、艾滋病防治、环境保护等领域,通过跨国网络以处理国际性问题的途径正在急剧增加,全球治理作为一种值得追求的美好理想本身就反映了给超出国家独立解决能力范围的社会和政治问题带来更有秩序和更可靠的解决办法的努力。

---

❶ 弗朗索瓦-格扎维尔·梅里安:"治理问题与现代福利国家",见俞可平主编:《治理与善治》,北京:社会科学文献出版社 2000 年版,第 111 页。

❷ 玛丽-克劳德·斯莫茨:"治理在国际关系中的正确运用",见俞可平主编:《治理与善治》,北京:社会科学文献出版社 2000 年版,第 277 页。

(4)权威的基础和性质不同。统治的权威主要源自政府的法规命令,治理的权威则主要源于公民的认同和共识。前者以强制为主,在极端情形下,还可能使用暴力手段;后者以自愿为主,靠的是体现着共同目标的主动精神。即使在现代市场经济国家,统治也有可能导致中央集权甚至专制。而治理概念排除任何中央集权组织和控制的思想,主张具有多种组织、多个层次和决策当局的模式。纵然没有多数人的认可,政府统治照样可以实施。但治理必须建立在多数人的共识和认同的基础之上。没有多数人的同意,治理就很难发挥真正的效用。罗斯诺特别强调治理与政府统治的这一区别,他说:“更明确地说,治理是只有被多数人接受(或者至少被它所影响的那些最有权势的人接受)才会生效的规则体系。然而,政府的政策即使受到普遍的反对,仍然能够付诸实施。……因此,没有政府的治理是可能的,即我们可以设想这样一种规章机制:尽管它们未被赋予正式的权力,但在其活动领域内也能够有效地发挥功能。”❶

二、治理与善治理论

(一)治理理论的含义

关于治理理论的含义学术界认为有如下几点:①在治理的主体上,超越企业治理的局限,也突破一国治理的范围,存在着一个由来自不同领域、不同层级的公私行为主体(如个人、组织、公私机构、次国家、国家、超国家,权力机关、非权力机构,社会、市场等)、力量和运动构成的复杂网络结构。②在治理的基础上,超越国家权力中心论,国家对内已不再享有唯一的、独占性的统治权威,国家仍然发挥主要作用,但必须和其他行为文体合作。对外,国家主权或自主性观念也逐渐受到各类超国家体制概念的挑战和削弱。③在治理的方式上,既实行正式的强制管理,又有行为文体之间的民主协商谈判妥协;既采取正统的法规制度,有时所有行为文体都自愿接受并享有共同利益的非正式的措施、约束也同样发挥作用。④在治理的目的上,各行为文体在互信、互利、相互依存的基础上进行持续不断的协调谈判,参与合作,求同存异,化解冲突与矛盾,维持社会秩序,在满足各参与行为主体利益的同时,最终实现社会发展和公共利益的最大化。❷

---

❶ 詹姆斯·N·罗斯诺:《没有政府的治理》,南昌:江西人民出版社 2001 年版,第 5 页。

❷ 吴志成:《治理创新——欧洲治理的历史、理论与实践》,天津:天津人民出版社 2003 年版,第 17 ~ 18 页。

(二)治理理论的主要论点

英国学者格里·斯托克在“作为理论的治理:五个论点”一文中指出,作为一种理论的治理包括五种主要的论点。它们分别是:①治理是指出自政府但又不限于政府的一套社会公共机构和行为者。它对传统的国家和政府权威提出挑战,它认为政府并不是国家唯一的权力中心。各种公共的和私人的机构只要其行使的权力得到了公众的认可,就都可能成为在各个不同层面上的权力中心。②治理明确指出在为社会和经济问题寻求解答的过程中存在的界线和责任方面的模糊之点。它表明,在现代社会,国家正在把原先由它独自承担的责任转移给公民社会,即各种私人部门和公民自愿性团体,后者正在承担越来越多的原先由国家承担的责任。这样,国家与社会之间、公共部门与私人部门之间的界限和责任便日益变得模糊不清。③治理理论明确肯定涉及集体行为的各个社会公共机构之间存在着权力依赖。所谓权力依赖,指的是:致力于集体行动的组织必须依赖其他组织;为达到目的,各个组织必须交换资源、谈判公共的目标;交换的结果不仅取决于各个参与者的资源,而且也取决于游戏规则及进行交换的环境。④治理之行为者最终将形成一个自主自治的网络。这一网络在某个特定的领域中行使着权威,它一方面分担着政府的某些管理责任,另一方面又与政府在特定的领域进行合作。⑤治理理论认定:办好事情的能力并不在于政府的权力,不在于政府下命令或运用其权威。政府可以动用新的方法和技术来控制和指引,这些妥善管理国家的新的方法和技术包括:赋予能力,催化反应,授权等。政府在治理中的任务是:构建(解构)与协调,施加影响和规定取向,整合与管理。❶

(三)关于“善治”的讨论是治理理论的重要内容

对“善治”进行讨论是因为治理存在着有可能失败的风险。西方的政治学家和管理学家之所以提出治理概念,主张用治理替代统治,是他们在社会资源的配置中既看到了市场的失灵,又看到了国家(政府)的失灵。所谓市场失灵,指的是仅运用市场的手段(如竞争、效率等)无法实现资源的最佳配置,即无法达到经济学中的帕累托最优。这是因为市场在限制垄

❶ 格里·斯托克:《作为理论的治理:五个论点》,载俞可平主编:《治理与善治》,北京:社会科学文献出版社2000年版,第35~47页。

断、提供公共物品、约束个人的极端自私行为、克服生产的无政府状态、保障社会成员共同利益等方面存在着内在的局限。所谓国家(政府)的失灵,指的是仅仅依靠政府的行政手段(如计划、命令等)也无法实现社会资源的最优配置。这是因为政府在制约自身权力、满足社会多元化需求、培养公民民主的生活方式等方面,也存在着内在的局限。相比较而言,治理可以弥补市场和国家(政府)在调控和协调过程中的某些不足。但是,治理也不是万能的,治理也有其内在的局限及"失效"的风险。格里·斯托克在对作为一种理论的治理的五种主要论点进行阐述的同时,进一步指出:这五个论点之间的关系是互补而不是竞争,更不是冲突。其中每一论点都涉及某种困难或关键问题:与治理相关的制定政策过程这一复杂现实,与据以解说政府而为之辩护的规范性相脱离;各方面的责任趋于模糊,易于导致逃避责任或寻找替罪羊;由于对权力的依赖,以致并非原来所求而导致产生了政府影响不良的结果,这样的问题愈加恶化;既然有了自治网络,政府对社会应负什么责任这一条便难以明确;即便在政府以灵活方式控制和引导集体行为之处,治理仍然有可能失败。英国学者鲍勃·杰索普则更直接地谈论治理失败的风险。他说:"虽然有越来越多的人热衷于以治理机制对付市场和国家协调的失败,我们仍不应当忽视一种可能:以治理取代市场和等级统治是会失败的。"他认为,尽管判断治理成败的标准不像判断市场和国家失效的标准"那么直截了当,那么显而易见",但是从治理的要点出发,还是可以对治理失败给出一个界定。"治理的要点在于:目标定于谈判和反思过程之中,要通过谈判和反思加以调整。就这个意义而言,治理的失败可以理解为由于有关各方对原定目标是否仍然有效发生争议而又未能重新界定目标所致。"❶

(四)如何规避治理失效风险

既然存在着治理失败的可能性,那么,如何规避治理失效风险,如何达到治理的目标等问题就摆在了面前。于是,不少学者和国际组织纷纷提出了"元治理"(即自组织的组织)、"健全的治理"、"有效的治理"和"善治"等概念。其中,"善治"概念和理论最有影响。纵观古今中外,"善政"一直是人们期望和追

---

❶ 鲍勃·杰索普:"治理的兴起及其失败的风险:以经济发展为例的论述",漆芜编译,见俞可平主编:《治理与善治》,北京:社会科学文献出版社 2000 年版,第 71 ~ 72 页。

求的理想的政治管理模式。在中国传统政治文化中,善政最主要的意义,就是能给官员带来清明和威严的公道和廉洁。但是,善政在政治理想中独受青睐的地位,从 20 世纪 90 年代以后却受到了严峻的挑战,与善政构成挑战的是"善治"。善治的口号是世界银行最先提出来的,现在已成为世界银行向第三世界国家贷款政策的主导思想。对于世界银行来说,治理就是"使用政治权力管理国家事务",而"善治"涉及:一种有效率的公共服务、一种独立的司法体制及履行合同的法律框架;对公共资金进行负责的管理;一个独立的、向代议制的立法机构负责的公共审计机关;所有层次的政府都要遵守法律、尊重人权;多元化的制度结构及出版自由。❶

(五)善治就是使公共利益最大化的社会管理过程

善治的本质特征,就在于它是政府与公民对公共生活的合作管理,是政治国家与市民社会的一种新颖关系,是两者的最佳状态。

法国学者玛丽-克劳德·斯莫茨提出,"善治"或"有效治理"的构成有以下四个要素:①公民安全得到保障,法律得到尊重,特别是这一切都通过司法独立,亦即法治来实现;②公共机构正确而公正地管理公共开支,亦即进行有效的行政管理;③政治领导人对其行为向人民负责,亦即实行职责和责任制;④信息灵通,便于全体公民了解情况,亦即具有政治透明性。

俞可平主编的《全球化:全球治理》一书中提出了"善治"的十个基本要素:①合法性。它指的是社会秩序和权威被自觉认可和服从的性质和状态。它与法律规范没有直接的关系,从法律的角度看是合法的东西,并不必然具有合法性。只有那些被一定范围内的人们内心所体认的权威和秩序,才具有政治学意义上的合法性。合法性越大,善治的程度就越高。取得和增大合法性的主要途径,是尽可能增加公民的共识和政治认同感。②法治。法治的基本意义是,法律是公共政治管理的最高准则,任何政府官员和公民都必须依法行事,在法律面前人人平等。法治的直接目标是规范公民的行为,管理社会事务,维持正常的社会秩序,但最终目标在于保护公民的自由、平等及其他基本政治权利。从这个意义上说,法治与人治相对立,它既规范公民的行为,又制约政府的行为,它是政治专制的死敌。法治是善治的基本要求,没有健全的法制,没有对法律

---

❶ 罗伯特·罗茨:"新的治理",见俞可平主编:《治理与善治》,北京:社会科学文献出版社 2000 年版,第 90 ~ 91 页。

的充分尊重，没有建立在法律之上的社会秩序，就没有善治。③透明性。它指的是政治信息的公开性。每一个公民都有权获得与自己的利益相关的政府政策的信息，包括立法活动、法律条款、政策制定、政策实施、行政预算、公共开支及其他有关的政治信息。透明性要求上述信息能够及时通过各种传媒为公民所知，以便公民能够有效地参与公共决策过程，并且对公共管理过程实施有效的监督。透明程度越高，善治的程度也越高。④责任性。它是指人们应当对自己的行为负责。在公共管理中，责任性特指与某一特定职位或机构相连的职责及相应的义务。没有履行或不适当地履行其应当履行的职责和义务，就是失职，或者说缺乏责任性。公众，尤其是公职人员和管理机构的责任性越大，表明善治的程度就越高。在这方面，善治要求运用法律和道义的双重手段，以增大机构及个人的责任性。⑤回应。这一点与上述责任性密切相关，从某种意义上说是责任性的延伸。他指的是公共管理人员和管理机构必须对公民的要求作出及时和负责任的反应，不得无故拖延和推诿。在必要的时候还应该定期地、主动地向公民征询意见、解释政策和解答问题。回应性越大，善治的程度就越高。⑥有效。它主要指管理的效率。有两方面的意义：一是管理机构设置合理，管理程序科学，管理活动灵活；二是最大限度地降低管理成本。善治概念与无效或低效的管理活动格格不入。管理的有效性越高，善治的程度就越高。⑦参与。它是指公民对政治生活及其他社会生活的参与。善治实际上是国家的权力向社会的回归，善治的过程就是一个还政于民的过程。善治表示国家与社会或者说政府与公民之间的良好合作，从全社会的范围看，善治离不开政府，更离不开公民。公民的参与程度越高，善治的程度就越高。⑧稳定。稳定意味着国家的和平、生活的有序、居民的安全、公民的团结、公共政策的连贯等。社会稳定对于公民基本人权、民主政治和经济发展都具有重要的意义。对于发展中国家而言，稳定更具有特别重要的意义。没有稳定的环境，就不可能有有效的治理，所以说，稳定是善治的重要衡量指标。⑨廉洁。它主要是指政府官员奉公守法，清明廉洁，不以权谋私，公职人员不以自己的职权“寻租”。严重的腐败不仅会增加交易成本，增大公共开支，打击投资者的信心，而且会破坏法治，败坏社会风气，损坏社会公正，削弱公共权威和合法性。所以，廉洁直接关系到治理的状况。⑩公正。它是指不同年龄、性别、阶层、种族、文化程度、宗教和政治信仰的公民在政治权利和经济权利上的平等。在当代，作为善治要素的公正特别要求有效地消除和降低富人与穷人、富国与穷国之间的两极分化，维护妇

女儿童、少数群体、穷人等弱势人群的基本权利。❶

三、全球治理、民族国家治理和地方治理

夏建中认为有三种主要的治理理论，即全球治理、民族国家治理和地方治理理论❷。

（一）全球治理

（1）治理的界定。即正式的制度和组织——国家机构、政府间合作等——制定（或不制定）和维持管理世界秩序的规则和规范，而且所有其他组织和压力团体——从多国公司、跨国社会运动到众多的非政府组织——都追求对跨国规则和权威体系产生影响的目标和对象。其中，联合国体系世界贸易组织及各国政府的活动是全球治理的核心因素，而社会运动、非政府组织、区域性的政治组织等也都参与全球治理。

（2）治理的主体。主要有三类：各国政府、政府部门及亚国家的政府当局；正式的国际组织，如联合国、世界银行、世界贸易组织、国际货币基金组织等；非正式的全球公民社会组织。

（3）治理的对象。包括已经影响或者将要影响全人类的国际安全、国际经济、基本人权、跨国犯罪、生态环境等跨国性问题。

（4）治理的目的。从总体上更大地推进人类事务的改善，并力主通过更为积极的行动实现全球治理的价值诉求与设计，这些价值诉求就是共同信守全人类都接受的核心价值，包括对生命、自由、正义和公平的尊重，相互的尊重、爱心和正直。这些普世价值分为如下的权利与责任观念。权利包括安全的生活；公平的对待；谋生和为自己谋福利的机会；通过和平的手段界定、维持人们之间的争端；为摆脱非正义而自由、公平申诉的权利；平等的知情权；平等地分享人类共同利益的权利。义务包括推动共同利益；考虑自己的行为对他人安全和福利的影响；促进平等，包括性别平等；追求可持续发展，保护人类共同资源，以此保证未来世代的利益；保护人类的文化和知识遗产；努力消除腐败。

（5）治理的方式。不同于传统的统治，全球治理从形式和内容上极大地改

---

❶ 俞可平：全球治理引论，见俞可平主编：《全球化：全球治理》，北京：社会科学文献出版社 2003 年版，第 10 ~ 13 页。

❷ 夏建中："治理理论的特点与社区治理研究"，《黑龙江社会科学》，2010 年第 2 期。

变了治理所依靠的方式。全球治理主要通过全球规制来进行,全球规制是维护国际社会正常的秩序,实现人类普世价值的规则体系,包括用以调节国际关系和规范国际秩序的所有跨国性的原则、规范、标准、政策、协议、程序。

(二)国家治理

在国家治理层面主张用治理替代传统的统治。这是因为人们在社会资源的配置中既看到了市场的失效,又看到了国家的失效。

(1)治理的界定。一种新公共管理,包括如下特征:强调效率、结果和服务质量;分权式管理环境取代了高度集中的等级组织结构;可以更为灵活地探索代替直接供应公共产品的方法,从而提供成本节约的政策结果;关注权利与责任的对应;在公共部门之间和内部创造一个竞争性的环境;加强中央战略决策能力,使其能够迅速、灵活和低成本地驾驭政府对外部变化和多元利益做出反应;通过要求提供有关结果和全面成本的报告来提高责任度和透明度等。

(2)治理的主体。国家与公民社会、非政府组织、私人机构等多种主体的互动与合作。

(3)治理的原因。市场与国家的失效,市场在限制垄断、提供公共品、约束个人的极端自私行为、克服生产的无政府状态、降低统计成本等方面存在着内在的局限,单一的市场手段不可能实现社会资源的最佳配置。同样,仅仅依靠国家的计划和命令等手段,也无法达到资源配置的最优化,最终不能促进和保障公民的政治利益和经济利益。正是鉴于国家的失效和市场的失效,愈来愈多的人倡导治理机制。

(4)治理的目的。目的是为了更好地向公民提供公共服务。政府演变成为服务提供者的角色,公民成为公共服务的对象。

(5)治理的方式。国家放弃单一的统治角色,成为与公民社会、非政府组织、私人机构等多种主体合作的合作伙伴关系。

(三)地方治理

(1)治理的界定。地方治理被认为是这样一种体系:"在一定的接近公民生活的多层次复合的地理空间内,依托于政府组织、民营组织、社会组织和民间公民组织等各种组织化的网络体系,应对地方的公共问题,共同完成和实现公共服务和会事务管理的改革与发展过程。"

(2)治理的主体。除了占主导地位的政府之外,还包括公民社会、NGO(nongover a ment orga nization 缩写,指非政府组织)、私人机构、公司、区域性治理机构法人等。

(3)治理的目的。要求地方政府更多地代表公共利益、承担公共责任;为居民提供公共服务。建立多种机制来表达和汇集地方居民的愿望和要求,做他们利益的代表者;在此基础上决定应该提供哪些服务、服务数量和质量标准的类型;根据财政公平的原则,决定政府的公共收支;制定规则,用以约束公共产品和服务消费中的个人行为;选择公共产品和公共服务的产品类型并对生产者加以监督;建立监督机制,使政府官员能够在公共事务的处理中向地方居民利益共同体负责。

(4)治理的方式。现代意义上的治理所要创造的结构或秩序不能由外部强加,它发挥作用是要依靠多种进行统治的及互相影响的行为者的互动。在这样一种互动中,参与治理的行为主体在此不再形成一种等级隶属关系,而是结成一种平等的合作关系或伙伴关系,它们通过多元互动,找到共同的利益和目标。

以上三种理论之间既有相同之处,也有不同之处。不同的是,全球治理因为面对全球性的问题,所以治理对象更多的是安全、资源和价值观一类各国都感兴趣且比较抽象的问题;而且,全球性机构相比各国政府来讲,其权力和约束力都较弱。而国家和地方政府的治理,因为在一个中央政府的权威内,所以关注的是比较具体的问题,最主要的是公共物品的提供。三种治理理论的共同点:①小政府。伯温·沃桑在"新民主治理范式"中指出,在 21 世纪,由于社会经济、政治和技术的迅速变化已使得现代政府的管理模式已经过时。这种政府管理模式过于庞大,花费巨额的财政费用,占用过多资源,从而剩不下多少资源用于满足社会其他的活动,而且也不能有效地提供公共需求,所以必须向小政府模式改革。②合作性治理。政府已经不是治理的唯一主体,治理主体呈现多元化趋势,政府与各种非政府组织、企业及个人结成伙伴关系共同进行合作性治理。③善治。联合国在 1997 年所作的题为《分权的治理:强化以人民为中心的发展能力》报告中,概括了善治的五条原则:合法性、方向、能力、责任、公正。不少学者认为,善治的重要评价标准是参与、公开、透明、回应、公平、责任、合法性等重要原则。俞可平将善治的基本要素概括为合法性、透明性、责任性、法治、回应、有效和稳定。国际行动援助则认为善治的基本要素包括:法治、公信力、透明性、参与和民众制约,而且指出,"透明性和公信力是政府必须接受的要求",而"最脆弱的群体在决策中占主导地位是参与的基石","参与是善治的基础”。由此可见,善治非常强调民众参与的作用。④自组织网络。罗伯特·罗茨认为,治理就是自组织网络的合作,这种自组织网络就是公共、私人和自愿者组织的复杂混合。由于统治向治理的变化,以上三种组织之间的界限正在消失。由于对资源的需要,自组织网络因此产生,通过资源的交换,这些网络因而得以继续存在和发展。也由于资源在网络中的交换,参与者能够实现自己的目标,使自己的影响最大化,而且避免对其他主体的依赖。这样,它们也可以对国家有一定程度的自主权。这种网络是市场和等级制政府机构的一种替代。罗茨认为,自组织网络最重要的是其自治性质和自我管理。

四、社区治理:治理理论在社区建设中的运用

治理理论包含的许多宝贵思想和理念:自下而上的公民参与;公民社会是治理的基础;自组织的多中心治理;社会合作网络体系的构建;社会资本是治理的手段和目的。[1] 这些思想和理念对我国的社区建设有特定的借鉴意义和价值。夏建中认为,把治理理论的理念运用于社区建设实践中,亦即社区治理。虽然治理理论已经遍布全球、国家和地方的不同层次,正在逐步形成一个蔚为壮观的治理理论体系和实践系统,但是,社区治理在整个治理理论中所得到的关注还很小,相应的论述也不多。社区治理与全球、国家治理一样,都是十分重要的工作。根据胡钦森的观点,社区治理“是治理的灵魂工作,是在地方与全球区域之间建立支持和联系,而由于后者的原因,这些地带正在越来越缺少安全性和碎裂化”。库依曼认为,“21 世纪,治理可以被理解为政府、私人部门、志愿者组织和社区彼此关系的变化,以应对越来越复杂、不断变化和多样化的世界”。社区是每一个人从家庭走向社会的第一个空间,所以,社区治理应当是全部治理系统的基础。正因为如此,普特南非常关注社区的社会资本培育,他认为,人们面对面的交往有利于规范和网络的形成,从而使得参与者能够集体行动,有效地实现共同的目的。在不断进行这种交往和集体行动中,互惠、相互之间的信任和居民参与的能力得到发展,而这正是当代民主制度运行的基础。社区治理应当是更接近于地方治理,但是,两者还是有所不同的。最主要的区别是两者治理的基础或者背景不同,因为无论是国家治理还是地方治理,其基础在行政管理体制上,它们都是政府的权力在发挥主导作用,都是一级政府,不管

[1] 夏建中:“治理理论的特点与社区治理研究”,《黑龙江社会科学》,2010 年第 2 期。

是中央政府还是地方政府。而社区,本质上应当是居民自治的,不应当存在一级政府,所以,政府的权力不应当起主导作用。根据以上对全球治理、国家治理、地方治理的理论,可以对我国城市社区治理进行如下分析。❶

(1)社区治理的必要性。与国家治理的原因一样,社区治理首先根源于市场失灵和国家失灵,但是,社区能够做到市场和政府不能做到的事情。因为,社区拥有社区成员行为、能力和需求的信息,社区治理利用这些分散的私人信息,(这些信息对国家、雇主等用处不大),并根据其成员是否遵守社会规范进行奖励和惩罚。正如研究社区问题的著名学者萨谬尔·伯勒斯和赫尔伯特·基提斯在“社会资本与社区治理”一文中指出:“与国家和市场相比,社区能更有效地培育和利用人们传统上形成的规范自己共同行为的激励机制:信任、团结、互惠、名誉、傲慢、尊敬、复仇和报应,等等。”萨谬尔·伯勒斯和赫尔伯特·基提斯进一步指出了作为治理结构,社区所具有的独特优势:①社区中互动的成员未来相互之间影响的可能性很大,因此,存在一种强力推动人们采取一种有益于社会的方式行为而避免未来遭受报复的激励机制,实际上,这就是人们长期互动过程中的互惠链的机制。②社区成员相互作用越频繁,也就是社区居民参与社区的活动越多,愈可以降低成本,增加收益;而且还可以发现其他成员的特点、近期行为和远期的可能行为。这种信息越易于获得和广泛传播,社区成员就越有动力以促进集体效益后果的方式行动。③社区通过成员之间惩罚“反社会”的行为而克服“搭便车”的问题。

(2)社区治理的涵义。参考以上各种治理的定义,社区治理就是在接近居民生活的多层次复合的社区内,依托于政府组织、民营组织、社会组织和居民自治组织及个人等各种网络体系,应对社区内的公共问题,共同完成和实现社区社会事务管理和公共服务的过程。这里讲的“多层次复合”的社区,在我国主要指的是居民委员会的辖区和商品房小区等多种层次复合的居民社区,而不是某种单一的社区,因为这些社区目前都是城市居民居住的社区。进一步细分的话,居委会辖区包括单位型的居委会社区、传统型居民社区等;而商品房小区属于新型社区,由于其有居民自治组织——业主委员会,所以与居委会管辖的社区已有所不同。

(3)社区治理的主体。主体是指政府的派出机构、居民自治组织、公民社会、自愿者组织、私人机构、公司及个人等。在国外的社区内,基本上已经没有正式的

❶ 夏建中:“治理理论的特点与社区治理研究”,《黑龙江社会科学》,2010 年第 2 期。

政府机构;在我们国家,社区仍然有党和政府的派出机构——党的组织和居民委员会,所以,社区治理的主体包括这些准政府组织和各种非政府组织,具体地讲,治理主体应当包括党的组织政府在社区的派出组织——居民委员会、居民社团或者兴趣团体组织、业主委员会、物业服务公司、自愿者组织及居民个人等。

(4)社区治理目的。为居民提供公共产品,这些公共产品包括物资的和非物资的两方面,前者指的是满足社区居民的基本设施建设等,而后者更重要,主要是社会资本。萨谬尔·伯勒斯和赫尔伯特·基提斯认为,社会资本也是善治的基本组成部分,他们指出,社区的社会资本主要包括信任、对自己所属团体的关心,以及遵守社区规则。伯明翰大学研究地方治理的学者海伦·苏利文指出,社区治理有三大核心主题,即"社区领导力、促进公共服务的供给与管理、培育社会资本"。青木昌彦进一步指出:社区中产生的自愿组织,最主要的意义不在于提供公共产品本身,而是社会资本。具体到我们国家现阶段,主要就是社区就业、社区社会保障、社区救助、社区卫生和计划生育、社区文化、教育、体育、社区安全服务及社区流动人口的管理和服务等多方面内容。不过,在非物质特别是社会资本的培育和提供方面,今后应当特别加以重视。

(5)社区治理的方式。合作、自治、参与及建立更多的横向结构居民组织。普特南及很多学者的研究都证明,社会信任源于公民参与的网络联系和互惠规范,尤其指那些由各种不同社团"水平"构成的居民结社活动。而垂直网络的组织结构,因其强调下对上的职责且信息不对称,很难产生这种信任关系。从水平网络的观点来看,居民自发建立或者社区提供社团参与渠道,不仅能够减轻政府介入公共事务的负担,而且可以培养社区自治的能力,亦为建构公民社会的基础。我国城市社区更多的是垂直型的网络,更多的是领导与被领导的关系。那种各种组织之间平等合作、平等参与社区各种事务决策的局面,虽然已有萌芽,但还是相当微弱。2000 年开始的城市社区建设,已经基本上完成了当初设定的目标,即在 5 ~ 10 年的时间里,建立起以地域性为特征的新型社区,构建新的社区组织体系;正在进行社区服务向社区公共服务的转变;建立与社会主义市场经济体制相适应的社区管理体制和运行机制等。但是,在政府指导与社会共同参与相结合,充分发挥社区力量方面,尚存在较大发展空间。目前,社区内存在着居委会、社区工作站、民间组织、驻社区单位、企业和个人等多种参与主体,如何坚持共同参与和充分发挥社区各方面的力量,是我们下一步也是较长的时期内需要思考和应对的重要问题。

第二节　社区治理的策略

随着城市管理职能的社区化,在社区内将形成多元治理主体,因此,从治理的视角来看,当前的社区建设实际上是一种治理过程,这个治理过程的参与者有党组织、行政组织和其他社区组织。如何构建这些多元治理主体之间的关系,治理理论提供了有益的借鉴:其一,治理理论认为,无论是公共行动者还是私人行动者,都不可能获得所有的资源,他们没有能力独自解决复杂多样、不断变动的社区问题,所以,治理结构体现为政府和社区组织间相互依赖的资源结构。这就出现了如何"资源共享"的问题。对于需要"资源共享"的单个组织来说,不能用自身组织的行政命令来要求其他组织无条件地提供资助,于是,出现了一种协商机制,而这种协商机制的实质其实是"交易"。为了实现"资源共享",每个组织都试图成为"交易"规则的主要构建者,并不断运用自身的权力与规则去影响对方的决策,最终尽可能使对方资源为己所用,借以实现其组织目标,这个互动实践的过程,才是权力的真实形成过程。其二,由于解决各种问题所必需的基础性资源不是由某个单一组织掌握的,每个组织在实际运作中总会感到自身既定的功能是非自足的,在独自解决具体问题时,也会感到自身资源的不足,为实现共同目标,治理往往体现为主体间多样化的行动、干预和控制,可以是契约性合作,也可以是国家让渡部分管理权给社区其他组织,因此,治理往往是社区政治体系中所有被涉及的行为者互动式参与的共同结果。其三,不同的治理模式与不同的资源配置方式息息相关。当政府力量相当强大、拥有全部国家资源的时候,公共权力配置的核心是政府,非营利组织和营利组织完全处于政府权力范围内。这时的治理体制为统治模式。而非营利组织和营利组织规模相对发展的时候,就可能形成部分或全部自治,从而在政府、营利组织和非营利组织之间实现协调合作。具体策略可考虑如下。

一、确立多元中心治理模式

根据上述分析,社区治理的主体包括社区行政组织、社区党组织、驻街企事业单位、社区非政府组织等,从单位制结构到社区治理结构转化的过程中,随着它们的资源力量发生了变化,其地位和作用也都有一定程度的变化。

(1)社区行政组织。社区行政组织在社区治理结构中的地位不断加强。在单位家属区结构中，社区管理的是“剩余体制”——单位制以外的人员和事务，起到的仅仅是辅助的作用。20 世纪 90 年代以后，“社区人”和社区事务突然增加，很多城市的街道办在这一时期几乎要承担起一个城区基层政府的全部职能。由于缺乏制度性资源和配置性资源，街道办“责”、“权”无法统一，形成“上头千条线，下边一根针”的条块冲突。所以政府很快调整了街道办、居委会在社区治理中的主体角色，通过“责、权、利”的统一，赋予街道办以人、财、物及制度等资源，加强街道办自身能力建设。由于社区行政组织控制了社区的绝大多数资源，在政策引导等方面也扮演着不可替代的角色，因此，它在社区管理过程中继续发挥着主导作用。

(2)社区党组织。社区党组织在社区中的权力不断增强。虽然按中办发[2000]23 号文件的要求，街道党工委在社区建设中不再干预行政的具体事务，但事实上，街道党工委经区委授权仍然在其辖区享有重大事项的决策权、干部任免权、党风政纪监督权、基层党组织和党员的管理权。这意味着党工委能够领导和监督街区行政，在社区建设中始终处于政治领导地位。此外，街道党工委在居委会辖区内设置的基层党支部，也成为居委会辖区内各种组织和各项工作的领导核心，其权力实际是增强的。

(3)驻街企事业单位。目前由于社区中绝大多数最具活力的社区成员仍然集中于各种各样的单位之中，单位所管理的人口往往也占社区人口比重的多数，因此，驻街企事业单位在社区管理中依然具有十分重要的作用。它们既向社区释放责任，将原本属于单位职工的生活服务及退休职工的管理等交给社区，也要承担对社区的责任，特别在环境改善及外来人员管理方面加大对社区的投入，最大限度地实现社区资源的共有共享。

(4)社区非政府组织。社区非政府组织目前主要可以分为以下三类：一是社区自治性组织，其中最具代表性的就是社区居委会和业主委员会。二是各种社区中介组织，主要是承载部分街道不需要也没有必要承担的“社区性、服务性和事务性工作”，转移部分政府职能。三是外界进入社区的非营利组织，政府对它们的进入许可是看其能否在社区中发挥作用。随着它们承担的社区职能越来越多，它们将不依靠政府手中的资源，而靠自身的力量为集体关切的问题作出贡献并得到承认，成为社区中的自治力量。在和谐社区建设的进程中，有必要使这些多元主体各自都能在特定的领域中发挥“治理中心“的功能，由此发展出社区治理的多元中心模式。

二、协调社区网状治理结构

各治理主体在城市社区治理结构中,形成一个个“节点”。通过各个“节点”的联系和互动,社区内的四大网络系统:行政网络、市场网络、社区网络和党的网络的脉络便逐渐清晰起来。前三个网络是按照现代社区的市场—政府—社区三分构架对应而生的,而党的网络是独具中国特色的组织网络,由于它具有独特的政治优势和行动能力,能在前三个网络中起到统筹协调、领导各方的作用。四大网络系统构成了社区建设内容中可以分辨的四大结构——行政管理、社区服务、自治参与、党的工作。在对社区提供公共服务方面,行政网络、市场网络、社区网络因组织目标、提供物品的社区属性不同和组织运作体制不同,发挥着不同的作用。从现实最佳治理的角度来说,在社区建设中,应当通过对不同组织系统的网络建设,形成政府、市场、社区具有不同组织功能的体系,一旦社区出现某种公共需求,不同的组织便以各自的机制做出反应,发挥作用,一起合作解决问题。由于社区管理中主体的多元化必然带来利益分配的不均衡。在这种多中心治理模式下,社区中各个治理主体拥有自己的组织机制和管理机制,独立的经济来源,保持着一定程度上的独立性,因此,它们只有在长期的合作和互动中,才能真正找准自己在社区网状治理结构中的位置,这个过程需要通过协调来实现,协调的过程取决于各类组织的资源,也取决于游戏规则及交换环境,资源互补是各组织间合作的关键动力。在这个过程中,各类组织为了实现共同的目标,必须相互交换资源,并通过持续不断的对话以确定治理的边界。由于我国改革的渐进性,改革过程中,协调就显得更加重要了。其中,政府所应有的重要作用,应是以一种符合社区公正标准的方式,去协助各方解决它们之间的利益冲突,制止其中的不公正协作行为,并制定各种政策,充分利用各类组织的优势,实现它们之间的合作,而不是过分干预社区各类组织,使其在关心自身利益时,必须兼顾其他各方的利益,并逐渐找到相互对应的角色,调整自己在社区管理中的权限和范围。

三、充分发挥非政府组织的功能

市场经济的发展和社会结构的变革,客观上导致了中国社会面临着公共治理模式的转变和治理结构的转型。“政府失灵”和“市场失灵”的窘境呼唤着治理主体的多元化,NGO 作为治理主体之一,越来越扮演着日益重要的角色。尤其是在社区治理中,NGO 所起的作用越来越得到重视,地位日益凸显。众所周知，中国的社区治理是在全能政府失灵及“单位制”解体的背景下开展的。随着政府职能的转变，企业社会职能的剥离，“单位人”逐渐转变为“社会人”或“社区人”。社区从单纯的生活居住区，逐步演变为具有多种功能、提供多种服务的社会共同体。就治理理论的基本主张而言，社区治理不仅是政府治理的范畴，包括 NGO 在内的一系列公共行为主体必须承担起对社区治理的责任。

（一）NGO 的优势

依据 NGO 与政府的关系可以把它区分为自上而下型和自下而上型两类。前者主要指那些由政府扶植成立并直接或间接受到政府支持、控制的 NGO；后者主要指那些由民间人士自发成立并自主开展活动的草根型 NGO。在社区治理中，NGO 主要致力于社区服务和管理，其基本宗旨是满足社区公民的需要。NGO 的力量就在于它扮演着把家庭和社区与广阔社会联系在一起的中介和催化剂角色。美国学者莱斯特·萨拉蒙认为，NGO 通常具有 5 个特性，即组织性、非政府性、非营利性、自治性和志愿性。这些特性反映了 NGO 的根本特质，由此决定了它在社区治理中与政府和企业不同的角色和地位，也决定了它在社区治理中具有以下一些独特的优势。❶

（1）NGO 在提供非垄断性公共产品时具有效率优势。美国著名经济学家韦斯布罗德认为，正是由于政府和市场在提供公共产品方面的局限性，导致了对于 NGO 的功能需求，这是 NGO 存在的主要原因。一般来说，非垄断性公共产品如教育、卫生、社会保障、环境保护等，政府和 NGO 都可以提供。但是，政府很难摆脱官僚主义的积弊，往往对新的社会需求和发展机会反应迟钝，同时政府官员缺乏降低成本、增加产出的内在动力，这一切使政府工作效率低下。而 NGO 则较少受到上述因素的制约，可以对各种需求迅速做出反应。20 世纪 70 年代以来，新公共管理运动兴起，公共产品的供给出现由政府向民间转移的趋势。在以“小政府、大社会”为目标的政府职能转变过程中，大量公共管理职能社会化，社区服务、社区管理的很多职能由 NGO 来承担，有效地节约了行政成本。美国著名公共政策学家萨拉蒙把此称为“第三方管理”。

（2）NGO 为公民参与社区治理提供了畅通渠道。社区治理是一个基层政府与公民互动的过程。公民的参与和合作，是社区治理取得成效的基础，是推

❶ 陈华：“非政府组织在社区治理中的角色解析”，《武汉理工大学学报》（社会科学版），2006 年第 1 期。

动社区治理的根本动力。尤其是在我们这样一个经济还不发达、人力资源却相当充足的国家,依靠公民的广泛参与推动社区治理已成为现实的选择。基层政府与公民的互动可以是直接的,但更多情况下需要一个中间环节来协调,NGO就是这样一个中间环节。NGO在社区多元治理结构中为民主政治体系构筑起一个坚定的参与型公民文化平台,它通过其现实的治理活动搭建起沟通政府与公民的桥梁。一方面,NGO代表自己组织成员或社会相关群体的利益和愿望,与民众关系密切,具有有效的信息反馈系统,可以及时把民众对政府的要求、建议、意见集中起来,输入给政府,既为政府决策提供参考,又对政府行为构成一定的外部制约;另一方面,NGO把政府的政策意图和对相关问题的处理情况传达给民众,促进民众对政府政策的理解与支持。NGO在这一利益表达和利益协调过程中,促进了公民与政府的合作,拓展了公民参与渠道,深化了公民的参与意识,促进了社会整合,有利于扩大基层民主,培育参与型的公民文化。

(3)NGO可以满足人们日益增长的多样化、个性化、多层次性的物质和精神生活需求。现代社会是多元社会,人们的兴趣、价值观、经济利益等都高度多元化,社会也日益分化为不同的阶层及各种各样的利益集团,因此人们的需求也逐渐多元化。政府要面向全体社会成员,其行为具有普遍适用性,其服务应趋向于一致。这种社会需求和利益格局的多元化趋势,使政府很难做出及时的反应,不能满足数目巨大、种类繁多甚至彼此冲突的局部需要。NGO的产生发展本身就是社会需求和利益格局多元化的结果,它体现了"自由"和"多元化"价值,它所追求的也正是特定群体利益要求的满足。过去在计划经济下政府对一切大包大揽,社会供给单一化、平均化。现在可以把过去政府管不了、管不好、不该管的许多事交给社区来管理,交给NGO来管理,以满足社会多元化、需求多元化、管理多元化、服务多元化的需求。

(二)NGO面临的困境

NGO的种种特性和优势,表明其在社区治理中具有巨大发展潜力。随着政府改革和市场经济的推进,NGO越来越成为解决社区问题必不可少的组织机制。但是,NGO能够和应当在社区治理中发挥的作用如今还是远远不够的,并且NGO的还发展面临诸多现实困境。

(1)人们对NGO认识不到位,限制了它在社区治理中的生存和发展。尽管我国有悠久的慈善、互助、民间结社的传统,但是当代的NGO却似乎与这样的历史无缘,它们更像舶来品,在社区中尚处在相对弱势和艰难的创业时期。西方NGO的发展有着来自文化方面的深厚积淀,包括与市场经济相适应的普遍的公民意识、自治观念、法制观念、契约精神、公益精神等,而中国缺少这些方面的文化背景。同时,急剧变化的社会转型过程中,旧的文化价值体系和伦理道德观念受到巨大冲击,社会中原有的公益观念也变得模糊,这使得NGO发展所必不可少的志愿精神、公益精神和社会公信力严重不足。随着市场经济的深入发展,人们对NGO的认识从总体上发生了转变,但在思想上仍存在误差。有人仍把NGO看成是党政机关的内部机构或代管机构,不少政府部门把NGO看成是安置闲散人员的机构,而在实际中大多数NGO仍处于附属地位,缺乏独立性。这种文化缺位和认识上的差距,是当前影响NGO在社区治理中生存和发展的一个基本因素。

(2)NGO与政府的关系尚未理顺。NGO虽然在社区治理中发挥越来越重要的作用,但NGO与政府尚未形成有效的沟通渠道和交流机制,两者的关系协调和分工定位,仍然需要进一步明晰。政府与NGO作为社区治理的两大主体,它们在社区治理中应该建立平等的合作伙伴关系。然而,相当一部分自上而下的NGO由于本身是从政府职能部门转变过来的,或者是由政府机构直接建立的,它们过分依赖于政府,其实依旧是作为政府的附属机构在发挥作用。

(3)NGO在社区治理中的制度支持性资源缺失。尽管改革开放以来我国有关NGO的法律制度从无到有地建立起来,基本上形成了一套体系,而且这些法律法规也为NGO的发展提供了必要的支撑,但是法律和政策的滞后仍然严重制约着NGO的发展。当前我国NGO登记管理体制的基本特点是门槛高、限制多、监管不力。有关NGO的双重管理体制、分级管理原则、非竞争性原则和限制分支原则,均遗留着计划经济体制下政府对社会事务管理的痕迹,使得大多数草根型NGO深陷“合法化困境”。

(4)NGO自身能力普遍不足。能力不足主要表现在两个方面:人才不足和经费不足。能力不足的基本原因是人才不足,特别是具有创新能力的人才不足。自上而下型NGO中的多数工作人员来自政府机构,他们在管理方式上带有浓厚的行政色彩,缺乏主动性、创造性和进取精神。草根型NGO主要由业余工作者组成,强调志愿者服务,往往不能提供有竞争力的待遇,使得它们很难吸引专业人士加盟,这无疑影响了其活动效率。经费不足是一个相当普遍和非常严峻的问题,是目前我国NGO发展的一大障碍。相当一部分NGO处在资金严重不足的状况下,无法开展正常活动,不得不首先为生存而挣扎。

(三)如何发挥NGO的作用

根据NGO发展所面临的这些现实困境,如果在社区治理中需要NGO发挥更大的作用,就必须采取如下一些措施。

(1)政府应该进一步重视和培育NGO的发展。政府应从观念上重视NGO的发展。随着改革开放的逐渐深入,包括经济领域和社会领域在内的“私域”,政府已逐步放手,不再直接控制,但是,“公域”仍然受到严格控制,宪法规定的公民的自由结社权利仍未完全实现。这就要求政府从观念上重视NGO的发展,科学把握与NGO的关系。社区治理需要各种社会组织的共同参与,NGO的作用应该引起政府高度重视,同时政府也要加强对NGO的培育。由于NGO在社区中的发展处于初始阶段,还非常弱小,很不完善,独立性与自主能力都不强,因此政府应坚持“扶上马,送一程”的方针,帮助NGO进行能力建设,建立以政府购买社区公共服务为中心的财政支持体系,并通过优惠税制激励NGO的发展。

(2)培育社区公民对NGO的认同感。公民认同是公民社会发展的根本动力。公民认同在社区层面上表现为社区居民对社区的关心程度、情感认同与心理归属、社区生活满意度和社区事物的参与程度等几个方面。NGO要在社区治理中发挥更大作用,必须争取广泛的公民认同,从而获得有效的社会基础,赢得广阔的生存空间。

(3)理顺NGO与政府在社区治理中的伙伴合作关系。正确处理NGO与政府的关系,必须科学界定政府与NGO的社区治理边界,从而使两者关系建立在坚实的基础上。界定政府与NGO的社区治理边界,必须借助法律体系和制度设计,明晰双方在社区治理中的权利、责任与义务,合理分工,建立制度化的沟通渠道和交流机制。当政府和NGO作为合作伙伴,协调一致地投身社区治理时,就能够有效拓展社区功能,整合社区资源,完善社区治理,从而更好地满足社区公民日益多元化的需要。

(4)加强制度和法律政策环境的建设。我国的立法理念正在实现由管理公众向保障公民权利的方向转变,法律朝着更加民主、人道、理性的方向发展。NGO在社区治理中需要良好的法律环境的支撑,有必要制定和出台非政府组织基本法,建立相对独立和有职有权的NGO管理体制,变“限制型管理”为“监督和服务型管理”。

(5)加强NGO的自身能力建设。NGO要加强人力资源的开发和建设。当今社会处于知识经济时代,人力资源已经成为最重要的战略资源。拥有一支高素质、有活力、精明能干的人力资源队伍是NGO在社区中有效实现社区治理目标的根本保证。NGO应当形成一整套人力资源开发、配置、使用和管理的工作机制,增强组织凝聚力和对优秀人才的吸引力,提高成员专业素质,为社区治理提供有效的人力支持。同时,NGO 还要加强自身的内部管理,要明确自己的使命和服务对象,树立以人为本的理念,合法运作,强化自律,建立民主的管理机制,提高公信力。

除以上五点,NGO 必须适应现代社会信息化、民主化的发展趋势,形成民主的管理风格和充满活力的工作团队,保持独立性,充分发挥组织潜力,提高组织效率。另外,NGO 除了要处理好与政府的关系外,还要加强与企业的合作交流。企业的社会责任本身也要求现代企业的运行要积极参与社区治理事务,承担社区治理的相应责任,投资社会公益事业等。因此,企业和 NGO 之间关系也应该是合作伙伴关系。NGO 与企业加强合作和交流,可以实现双赢。一方面 NGO 通过与企业合作可以获得资金支持,另一方面企业也可以提高自身的美誉度和竞争力。

第六章　社会资本理论视角的社区建设创新

第一节　社会资本的涵义与功效

一、社会资本的概念解读

社会资本(social capital)是20世纪70年代后期在社会网络研究的基础上发展起来的,是与物质资本和人力资本相对应的理论概念。80年代后,逐渐被社会学、政治学、经济学等学科广泛关注。90年代,社会资本成为人们关注的热门概念和分析的重要起点。随着社会的发展和社会资本概念研究的不断深入,人们越来越认识到社会组织中人们之间的彼此信任和相互合作所蕴涵的价值比物质资本和人力资本更为重要,因此,社会资本的概念被越来越多地应用于公共管理研究领域,成为学术界一个具有较强解释力的跨学科分析框架。

1980年法国著名社会学家皮埃尔·布尔迪厄正式使用社会资本概念。布尔迪厄在《社会科学研究》上发表题为《社会资本随笔》的论文,将社会资本定义为"实际的或潜在的资源的集合,这些资源与由相互默认或承认的关系所组成的持久网络有关,而且这些关系或多或少是制度化的"。布尔迪厄对社会资本的定义和探讨,受到著名社会学家詹姆士·科尔曼和罗伯特·普特南的关注,他们进一步对社会资本概念进行了研究和阐发。由于研究者是从不同的学科或视角来使用社会资本概念,所以,对于社会资本的定义可谓五花八门。布尔迪厄将社会资本定义为来自特定社会网络成员的利益和资源,关注的是在再生产社会利益和不平等的过程中社会资本与经济和其他资本相联系的方式。科尔曼则明确指出,社会资本是某种呈现于人与人之间关系中的东西,它不是一个单一的实体,而是具有两大共同特性的不同实体的集合,即它们(实体)都是由社会组织的某些方面所组成,都为组织内的个体行为提供便利。从科尔曼的论述和举例中可以知道,他将社会网络、人际信任、文化形式和非正式规范等能够促进和调节社会行为与经济交换的形式视为“社会结构的某些方面”，认为它们能够促进结构中行为者(不管是个人还是法人)的某些行为，因而都是社会资本的形式。随着研究的逐步深入，科尔曼进一步指出，社会资本的主要形式包括：①“义务与期望”——互动或信任形式；②“信息通道”——或社会网络；③“规范和有效结合”——包括共享的价值体系。在普特南那里，社会资本又是从社团(共同体)、合作、信任、互惠互助准则和公民参与网络等基本要素的分析中概括出来的。普特南定义社会资本为社会组织的特征，例如信任、规范和网络，它们能够推动协调的行动来提高社会的效率，认为社会资本理论，就是社会内部的个人和组织在长期的内外互动中形成的，在互惠规则规范下的互利关系，“能够通过推动协调的行动来提高社会效率的信任、规范和网络”。❶ 其特点包括：①在使用上可以达到互惠的效果；②不可让渡性，存在于人与人或组织和组织之间；③无形性；④纯粹的公共物品；⑤合作通过不同主体实现，利用的效果具有社会性。普特南尤其重视公民网络的作用，他指出，正是人们在社团和组织中的相互作用创造了公民交往的横向人际网络，从而有助于解决集体行动的困境，这些共同的人际网络支撑着政治和经济活动的运行。普特南还明确指出社会资本不同于私人资本。

像所有公共财产一样，社会资本往往被私人机构所低估，且社会资本具有因为使用而增加和不被使用则萎缩或缩小以致耗尽的特性。日裔美籍学者弗朗西斯·福山却认为，现有的关于社会资本的大部分定义指的并不是社会资本本身，而是社会资本的表现形式。福山在“公民社会与发展”一文中将社会资本定义为：社会资本是一种有助于两个或更多个体之间相互合作、可用事例说明(instantiated)的非正式规范。在他看来，所有社会群体都建立在共享规范基础之上，是用这些规范来实现合作的目的，正是因为互惠性规范在人际交往中存在并发挥作用，才会产生信任、网络、公民社会等诸如此类的事物，因而这些事物是社会资本的结果或表现形式。❷

如果说在社会学和政治学关于社会资本的研究文献中，存在着某种从非工具性活动或行为来理解与看待社会资本的倾向的话，经济学家介入社会资本概

❶ 普特南：《使民主运转起来》，南昌：江西人民出版社 2001 年版，第 195 页。

❷ [美]托马斯·福特·布朗：“社会资本理论综述”，《马克思主义与现实》，2000 年第 2 期；曹荣湘：《走出囚徒困境——社会资本与制度分析》，上海：三联书店，2003 年版。

念的讨论则从一开始就鲜明地表现出经济学的功利主义色彩。埃莉诺·奥斯特罗姆不仅定义社会资本是关于行动模式的共享知识、理解、规范、规则和期望,认为个人组成的群体利用这种模式来完成经常性活动,而且明确指出,社会资本是自然资本、物质资本、人力资本的必要补充,所有资本都是发展所不可缺少的。她还进一步论述道:“在缺乏以知识与技能形式存在的人力资本参与的情况下,物质资本将无法运作,这些人力资本是使用和维护物质资产以生产新产品和创造收益所必需的。如果物质资本被多个人有效地利用,那么社会资本也将如此。”斯蒂格利茨从组织理论的视角探讨社会资本,指出,经济学家们研究得最为详尽的组织是企业,“一个企业的市场价值超出其物质资产和附着于企业的人力资本相当的数额。会计人员称这种资本为‘商誉’(good will)。但我认为,它与我们许多人想到的社会资本具有极近的类似性”。

斯蒂格利茨分析到,社会资本至少有四个独特的方面:①社会资本是隐含的知识,这些知识之所以是资本,是因为它需要时间和努力来生产(具有一定的机会成本),同时也是一种生产工具;②社会资本可以被想象成为一系列的网络,人和人之间的隐含知识的稠密网络是他们成功的关键;③社会资本既是声誉的积累,也是选择声誉的方法,而个体对声誉投资有助于减少交易成本,有助于打破壁垒进入种种生产和交换的关系之中;④社会资本包括组织资本,而组织资本是经理们通过管理、激励和命令的风格,通过他们的劳动实践、雇佣决定、争议解决机制和行销风格等发展出来的。哈佛大学经济学教授爱德华·格拉泽认为,经济学家思考社区水平的社会资本时,最合适的方法是将其作为一个社区社会资源(也包括规则和网络)的计量单位。并且他指出,以个体为基础分析社会资本和以社区集体为基础分析社会资本,并不存在学理上的冲突,而研究中仅仅把社会资本看作一个集合变量,实际上妨碍了对社会资本形成的正确理解,因为作出社会资本投资决定的主体是个人而非社区集体。

个人的社会资本投资可以产生两类不同的个人社会资本,一种能增加整体社区效益,从而增加社区集体的社会资本总量,另一种则仅仅产生个人效益,甚至一些个人的社会资本的产生会降低作为社区集体的社会资本总量。根据格拉泽的研究,社会资本虽然可以从个人和社区集体这两个层面来分析,但形成社会资本的基础在个人,是个人进行社会资本投资的产物,而个人进行社会资本投资则是出于私人动机。“个体会分别决定他们投资社会资本(包括增加整体效益的和仅产生个人效益的)的水平,个体作决定前没有思考这个问题将是令人不可思议的”。因此，格拉泽实际上给出了他关于社会资本的定义，即社会资本是由个体出于私人动机而投资形成的，能够带来市场和非市场效益的资源存量。

中国学者成民选根据以上研究的成果认为，从经济学的视角去认识和研究社会资本可以对其定义如下：社会资本是人们在社会性相互作用中彼此合作而产生的资源存量。他认为如此定义社会资本概念，一方面是因为人类社会中客观存在着的诸如合作关系、人际网络、非正式行为规范、信誉和信任等正是人们在社会性相互作用中合作的产物。只要社会性相互作用存在，社会性相互作用中基于合作意愿而产生的社会关系、人际网络和非正式行为规范、信誉和信任等就现实地存在着，谁也无法否认这类事实的客观存在，使用社会资本概念来指称这类事物和现象更具概括力，也更有利于研究者对这类事物和现象进行分析和研究。另一方面，是人们出于合作意愿而进行互动，所形成的诸如合作关系、人际网络、非正式行为规范、信誉和信任等，客观上又形成了一种资源存量，虽然区别于物质资本和人力资本，但又同物质资本和人力资本一道共同作用于人类社会和经济的发展，因而是人类社会和经济发展中不可或缺的又一类资源存量。于是，在社会资本的定义中，社会性相互作用、合作和资源存量都是不可或缺的主题词。经济学关于社会资本的研究文献揭示了社会资本的内涵：①社会资本是致力于构建人际合作关系模式的个人在社会性相互作用中建立起来的一类资源。②社会资本具有如下主要形式：关于互动模式的共享知识、人际网络、信誉和信任、合作的规范，等等。③社会资本的获得和积累需要耗费一定资源（也包括时间和精力），因而具有一定的机会成本。④社会资本的获得和积累可以产生一定的收益，收益既可以是以货币表现出来的市场效益，也可以是非市场效益。⑤社会资本投资同样具有外部性，而且与社会资本有关的外部性也有外部经济与外部不经济之分。[1]

世界银行对社会资本有特定的解释：社会资本是指社会制度、人际关系和社会风尚，并借此关系和体制而形成社会互动能力。社会资本的命题是：互助、信任、社会准则、共享、参与及关系网络。在表现形式上，社会资本体现在以社会关系网络为载体的公共精神、公民意识和民间组织等维度上。社会资本的特征主要表现在三个方面：首先，社会资本是由公民对信任、互惠和合作有关的一

[1] 成民选：“社会资本：定义与内涵”，《天府论坛》，2004 年第 4 期。

系列态度和价值观构成的,其关键是使人们倾向于相互合作,信任、理解、同情;其次,社会资本体现在将朋友、家庭、社区、工作及公私生活联系起来的人际网络;第三,社会资本重在参与,它有助于推动社会行动。这种以信任、参与和人际网络为主的社会资本构成了一种政策外的非制度化规范。通过人与人之间的合作,使各方都以一种信任、合作与承诺的精神把其特有的技能和财力集合起来,从而实现组织绩效的提高。

波茨的研究指出:“社会资本是个人通过其成员资格在所属的社会网络或更大范围的社会结构中获取短缺资源的能力。”[1]物质资本和人力资本可以属于个人,但社会资本实际不属于个人也不能通过馈赠而获得,它只存在于个人与他人之间的关系之中,所以“社会资本是嵌入(embeddness)的产物”。波茨区分了两种嵌入:理性的嵌入是指双方互惠的预期,在双边关系中取得并使对方承认互惠的能力;结构的嵌入是指当双边关系是更大范围的社会网络中的一部分时,社群所共有的价值或规范对每个成员都具有约束力。布朗把结构的嵌入分为两方面,其一是个人嵌入于局部网络,称为“嵌入自我”;其二是局部网嵌入于整体社会系统,称为“嵌入结构”,而对网络的性质则没有具体区分。关于社会网络和嵌入,有影响的研究还有格兰诺维特和林南。格兰诺维特认为经济行为嵌入于社会结构,社会结构的核心是社会网络;经济行为所依靠的信任来源于社会网络,而信任能够节省信息成本。林南则提出,权力、财富和声望等社会资源是嵌入于社会网络之中的,个人只能通过直接或间接的社会关系来获得;而个人社会网络的异质性、网络成员的社会地位、个人与网络成员的关系力量影响他所能够获得的社会资源的数量和质量。许多相关讨论是在社区研究的基础上做出的。波茨的观点来自对美国移民社区的研究,他认为移民社区中居民所共有的族裔价值观及因族裔认同而建立的社会关系网络,使移民能够通过这些社会资本实现上向社会流动。

二、社会资本对社区建设的功效

(一)社会资本的一般功效

社会资本有其特定的功效,并对社区建设发挥积极的影响与功效。[2] 社会

---

[1] Alejandro Portes. 1995. The Economic Sociology of Immigration. Russell Sage Foundation. P12.

[2] 张广利:“社会资本与和谐社区建设”,《华东理工大学学报(社会科学版)》,2005 年第 2 期。

资本既可以是个人的、组织的，也可以是共同体的。对于一个共同体，社会资本的主要作用是维持共同体的稳定和行动的相对一致性，明确共同体的认同感，从而提高共同体内部个人或制度的行为效率，从而以较低的成本获得较大的收益。具体而言，社会资本主要具有如下一般功效。

(1)为个人提供各种支持。亲属、朋友在人们的日常工作和生活中发挥着相当重要的作用，包括生活保障、经济支持、劳力支持、决策咨询等方面。由家庭、邻里、社区等社会组织所提供的社会资本，能够为缺乏生活能力的自然人(如幼儿、老人、病人)提供保障。这种社会支持不仅是物质上的，更重要的是情感和精神方面的。因为在家庭、社区这些社会组织中，个体之间保持着亲密而稳定的情感联系，由此提供了爱、安全感等"持续的关注"。这种持续的关注尤其对未成年人的社会化是极为重要、不可替代的。

(2)改善人们的生活质量，规范人们的行为。社会资本把社会关系网络和生活质量联系在一起。良好的社会关系网络可以带来快乐、满足和有意义的生活，还能促进身体健康、延长寿命。建立社会关系网络是参加和融入这个世界的主要模式，使我们每个人都能为他人作出贡献，帮助他人，服务于他人，同时也能收获社会关系网络为我们带来的利益，改善我们的精神和物质生活质量。另外，社会资本能够使人们的道德观、价值观内在化，规范人们的行为。能够使人们充分考虑其行为结果对他人的影响，尤其是当他的行为结果影响到他的情感和责任对象时，他就会对其行为采取谨慎和负责的态度。对于那些缺乏社会资本的人来说，社会资本的缺乏可能会增加他们犯罪行为的可能性。

(3)维持社会秩序。社会资本中的公民参与和社会关系网络培养了生机勃勃的普遍化互信互惠惯例。一个具有依赖普遍性互信互惠的社会比一个没有信任的社会更有效率，普遍信任为社会生活提供了润滑剂。当社会交往是在密集的社会互动网络中进行时，导致机会主义和胡作非为的因素就减少了。密集的社会关系网络容易产生公共舆论和其他有助于培养声誉的方式，这些是在一个复杂社会中建立公共秩序的重要基础。而建立在普遍的社会规范之上的普遍信任使行为者在社会交易过程中对于不同的人采取相同的交易规则，可以有效阻止社会生活中各种相互破坏和各种相互欺诈行为的发生，从而维持良好的社会秩序。

(4)降低行动成本，提高组织效率。社会资本体现为以共同收益为目的的集体行动的网络，体现为全社会作为一个共同体的内在和谐关系。这种和谐关系使得组织内各成员以更合作的态度相处,从而以较低的成本获得较大的收益。例如,利尔曼曾以纽约的犹太钻石商作为例子,这些人因非正式地进行交易而节省了一大笔律师费。几袋价值连城的宝石在没有签署任何文件的情况下被拿去化验。使得这些高效率的交易有可能进行的,就是因为在各成员之间广泛建立了信任。

(5)增强社会的凝聚力。社会资本代表了更加互信互惠的关系,这些关系可以促进人们相互间的责任、规范和制裁,影响人们从事互惠互利集体行为的能力。人们在所参与的普遍信任密集或紧密的社会关系网络中能够相互学习和强化互惠,在其中,沟通和集体行为的模式得到了推动,它可以使参与者社会化到普遍化互惠规范,并形成相同的世界观、价值观和行为规范,推动相互信任与相互合作的精神的产生,从而增强整个社会的凝聚力。

(6)有利于公共事业的发展。社会资本是将生产资本、自然资本和人力资本结合起来的"介质",社会资本的关键特性是促进联合成员为共同的利益进行协调与合作。在一个公众参与程度高、社会资本丰富的社区,公益事业就会兴旺发达。

(二)社会资本的社区发展功效

较早研究社会资本对组织和社区影响的是美国社会学家罗伯特·D.普特南。普特南在调查意大利行政区政府时发现,某些行政区,像艾米利亚-罗马涅行政区和托斯卡纳行政区的公民能积极参与,彼此信任对方办事公正,遵守法律,推崇团结、公民参与及整合,因而这里的政府能够有效地管理公共事务,满足本地居民的要求,人们的生活和工作轻松、快乐。而另外一些行政区像卡拉布里亚和西西里行政区,普特南则称这里的居民"无公民心",公民对社团的参与非常稀少,在当地居民看来,公共事务是某些人如老板或政治家的事,不是自己的事。几乎每一个人都认为法律注定要被破坏,但是由于担心其他人无法无天的行为,他们又要求严刑酷律。陷在这些相互交织的恶性循环中,每个人几乎都感到无能为力,有被剥夺感和不幸福感。是什么原因导致了这些行政区存在这种差别?由于每个地区的政府组织在形式上非常类似,因此无法以此来解释政府运作上存在的差别,而富裕和繁荣也没有直接的效果,造成这种差异的一个比较好的解释是这些地区在社会资本方面存在差异。普特南认为,在一个拥有丰富的社会资本的社会中生活和工作会更加容易。作为一个组织或地区特征的社会资本,能够通过推动和协调人们的行动来提高社会效率,并能够提高投资于物质资本和人力资本的收益。

张广利把社会资本对于社区发展的功效概括为以下几个方面[1]。

(1)情感功效。情感是社会资本的一个重要组成部分,它存在于社会关系网络之中,在人们的日常工作和生活中发挥着相当重要的作用,并制约着人们的行为。个体之间存在的亲密而稳定的情感联系,使人们能够为他人作出贡献,帮助他人,服务于他人,同时也能收获社会资本带来的利益,改善人们的精神和物质生活质量。情感包括人们对社区的情感与社区成员之间的情感,具体体现在人们对社区的认同感和归属感。认同感和归属感是指一种"我们的"的意识的形成,人们将自己居住的社区看做是自己的,对这个社区有感情的投入。这是社区的最基本的基础,也是将社区与社区成员联系起来的最基本的纽带。我们可以想象,在人们对自己所居住的社区的认同感和归属感普遍缺乏的情况下,真正的社区发展何从谈起?如果一个社区的居民对自己的社区普遍存在着较高的认同感和归属感,人们就会表现出对社区活动的积极参与、对社区利益的关心及对社区环境和声誉的爱护。如果一个社区的居民对自己社区的认同感和归属感低下,甚至对所在的社区不但缺少认同感,而且还存在着一种表现为敌意的负认同,就会出现社区成员不爱护自己社区的环境,不爱护社区的公共设施的情况;社区成员之间形同路人,少有情感的交流;对参加社区建设的活动毫无热情,将其当做他人之事;对居委会选举不积极参加等。因此,人们对社区的情感及社区成员之间的情感极大地影响着和谐社区的建设和发展。然而,人们对社区的情感及社区成员之间情感的形成并非一日之功,它依赖于社区社会资本的长期培育,也就是说,它依赖于人们之间长期、频繁、密切的交流和沟通,因为频繁的交往和较密切的互动是认同感和归属感形成的重要条件;再就是依赖于人们之间互助共济和相互守望意识和规范的形成。

(2)社会关系网络。作为社会资本一种重要表现形式的社会关系网络,能够提供给人们所需要的认同、信任、情感等社会支持,有利于以增强相互间的信任、情感、依赖等为目的的表达性行为的成功。[2] 社会关系无疑是任何一种社会组合的基础,也是作为一种社会生活共同体的社区必不可少的基础。社区生活

---

[1] 张广利:"社会资本与和谐社区建设",《华东理工大学学报(社会科学版)》,2005年第2期。

[2] Nan Lin. Social Capital : A Theory of Social Structure and Action[M]. Cambridge: Cambridge University Press,2007:69-71.

的许多其他方面,也都是与社会交往和社会关系密切联系在一起的。没有这种社会交往和社会关系,社区也就成了一种没有什么社会意义的纯粹地域性的概念。在日常的工作和生活中,人们建立了各种各样的社会关系,并形成了各种人际关系网络。这些由相互熟悉的人组成的关系网络为人们提供了新的资源——即社会资本。它主要表现为相互关心、相互信赖关系的无形资本或公共物品,因此成员间注重信赖及相互间的义务交换。科尔曼指出,在一个由亲属、邻里、亲密的朋友形成的持久性的关系网络中,人们一般具有较高的信任、情感、责任和义务。而基于情感、信任、资源共享和生活方式的共享的关系越密切,关系各方的资源分享和交换越容易,并且,相互间的支持和承认还与自我资源的提升密切联系在一起。因此,这样一种关系有利于社会债务的形成、信任的增强及债务的宽免。[1] 关系网络中的成员通过频繁、紧密的沟通和互动,使成员间易于相互理解、达成共识,有利于相互之间情感成分的培育,加深交往双方的感情,增强相互间的信任和依赖。人们从这种关系网络中可以获得归属感、理解、同情、情感支持、经济支持、劳力支持、决策咨询等,尤其是它能够提供给人们所需要的情感支持,包括在情绪低落时给予同情,面对挑战时给予鼓励,在孤独时给予友谊。它在人们的日常工作和生活中发挥着相当重要的作用。并且,互动频繁和密集的社会关系网络也是产生和维持普遍信任的基础,如科尔曼所言,由于密集或紧密的社会关系网络代表了更互惠的关系,这些关系依赖并提升了信任,所以社会资本是信任所在的关系。[2] 一个基于信任的密集或紧密的关系网络,可以促进人们相互间的合作、责任、规范和制裁。因此,社区中密集的社会关系网络有利于和谐社区的建设及更为和谐的人际关系、更好的人文环境的培育。

(3)普遍信任。普特南认为,普遍信任作为社会资本的一个指标,决定着一个社会或一个社区的社会资本的存量,影响人们从事互惠互利集体行为的能力。弗朗西斯·福山认为,社会资本是在社会或其他特定的群体之中成员之间的信任普及程度。社会资本的大小是由社会成员相互间的信任程度的高低决定的,人们之间普遍信任的关系造就了不同的社会资本,进而决定了各类社会

---

[1] Coleman, James S. A Rational Choice Perspective on Economic Sociology, in Smelser , N. and Swedberg , R, (eds) , The Handbook of Economic Sociology [M]. Princeton University Press,1994.

[2] Coleman , James S. Foundations of Social Theory [M]. Cambridge, MA: Harvard University Press, 1990: 303.

组织的格局和社会总体发展状况。社会资本能以其独特的合作机制,对一定范围内的人际关系加以整合,通过提高有效利用率,激活、放大有限的物质资本和人力资本。普遍信任程度较高、享有高度社会资本的社会或区域具有较高的效率和活力,经济和社会就能够高速发展。就我们现实的社区生活而言,普遍的社会信任和公民精神,都是社区发展的重要条件。而这也是我们目前社区建设和发展所面临的严峻的问题。在一个普遍信任感较强、人们愿意在信任和互惠的基础上从事社会活动的社区中,交易成本无疑要小得多,这个社会也就会更有效率。而在一个缺乏基本的社会信任、尔虞我诈、坑蒙拐骗的社会中,交易成本就会大大增加,社会生活就会变得低效,甚至变态。一般来说,正式和非正式的组织内部成员互助合作的集体主义有利于一个社会或社区形成广泛的普遍信任。从这个意义上说,社会资本的创造,也就是社区发育的真正内涵。同时,社区也是培育基本的社会信任甚至是培养公民精神的重要场所。

(4)民众参与。普特南高度强调密集的公民参与的作用,他指出,社会资本指的是个体之间的联系,亦即社会关系网络和由此而形成的互惠及互信的规范。这样,社会资本就与人们所说的"民间美德"紧密相连,不同之处在于社会资本强调当民间美德嵌入一个互惠社会关系密集的网络时,力量才最强大。一个由许多有美德但相互分离的个体组成的社会并不一定就拥有充裕的社会资本。❶ 也就是说,人们在所参与的社会活动中能够相互学习和强化互惠,在其中,沟通和集体行为的模式得到了推动,它可以使参与者社会化到普遍化互惠规范。一个社区中这样的网络越密集,它的公民就越可能为了共同利益而合作;体现于公民参与社区中的社会资本,支持了社区各项活动的开展和组织的正常运行,其结果是促进社区精神和物质生活质量的提高。密集的社会关系网络提供了民众参与而构成集体资本的条件。当个体成为一个组织的成员时,社会资本才能有效形成。由公民广泛参与的社团组织,特别是由公民自主组成的各种社会团体如福利互助组织与兴趣团体等,有利于促进公民间的合作。首先,广泛的公民参与培养了生机勃勃的普遍化互惠规范,即我现在这样对你,希望你或者其他人能够相应地回报我。一个依赖普遍性互惠的社区比一个缺乏互惠互助的社区更有效率。其次,广泛的公民参与有利于协调和沟通,并且放

❶ Putnam, Robert D. Bowling Alone: The Collapse and Revival of American Community [M]. New York: Simon & Schuster, 2000:19.

大了其他个人值得信任的信息,更容易维持合作关系。当人们在密集的社会互动网络中进行活动时,导致机会主义和胡作非为的激励因素就减少了。最后,公民参与的各种社团组织体现了过去协作的成功,也可以是未来协作的文化模本。意大利中北部地区的公民传统提出了一种历史上全部的合作形式,他们不但证明了自己在过去岁月中的价值,而且也为现在公民解决集体行动的新问题提供了方法。因此,在一个公民热衷参与社团和公益事务社区里,社区建设、社区管理及社区服务就会更有效率,社区成员间更能互助共济、相互守望,生活得会更加轻松、愉快。

马宏从构建和谐社区的角度论述了社会资本对社区建设的功效。他认为,和谐社区是一个综合性的概念,它不仅是指社区公共设施的健全和居民物质生活水平的提高,也包含协调的管理体制、信任度强且富有人情味的人际关系,更重要的是社区居民对社区充分认同,达到精神层面的有序与和谐。支撑社区发展的上述因素恰恰构成了社会资本的基本要素。社会资本总量的多寡与分布状况,决定了社区活力和凝聚力的强弱及社区治理的绩效和效率。社会资本存量丰富且分布均衡,居民的社区归属感就强,社区治理的效果就好,社区发展的目标就能顺利实现;反之,社区就会因居民不愿参与社区事务而缺乏认同感,社区发展的目标就很难实现。可以说,和谐社区有赖于社区社会资本的存量,社会资本是建设和谐社区的重要动力和实现途径。

社会资本的要素是信任、参与和关系网络。社会资本在社区中,也表现为三个方面:一是居民信任度;二是居民参与度;三是关系网络密切度。对一个社区进行治理有两种方式:一种是自上而下的治理,即靠政府政策的制定、执行来控制社区,以达到社区稳定、有序运行的目标;另一种则是自下而上、上下互动的治理方式,强调发挥社区居民的作用,发挥社区民间组织在社区治理的作用,体现的是一种现代社会治理的概念。

在社区层面,民间组织既是社会资本的一种表现形式,又是社会资本的形成机制。首先,社区民间组织活动是社会资本存在的重要载体;其次,社区民间组织是培育社会资本的土壤。社区民间组织的成员可以逐步学会妥协和宽容,培养组织和交流技巧,从而最终提高人们参与社区事务的积极性和能力,培养成员的公民意识和民主精神;再次,社区民间组织活动可以提高社区社会资本的存量。通过信息交流、建立互惠规范、培育相互信任,有助于推动自发合作。

在论述社会资本对和谐社区建设的功效方面,马宏认为香港"社区投资共享基金"实践,是运用社会资本理论进行社区建设的范例。进入21世纪以来,香港政治、经济、社会都出现了新的矛盾,香港特区政府开始寻求新的思路和策略去解决社会问题,借鉴国际社会"持续发展社会资本"的概念,2001年推出了"社区投资共享基金"计划,以期促进社会发展。该基金的目标就是发展社会资本,通过推动社区参与,鼓励居民守望相助,建立个人、家庭及社区的自助互助能力,促进社会融合,进而增强居民对社区的归属感,巩固个人和家庭的社会网络,结合官、商、民(政府、商界和民间组织)跨界别伙伴合作,更有效地回应社区问题。该基金的特点是:①促进社区关系网络的形成,改变社会对互助关系的认识。基金鼓励不同阶层、不同背景、不同年代、不同经验的人士及社群建立互动关系和合作平台,从而缩窄分歧,促进和谐共融。比如基金资助的天水围区"你我一家亲,生活乐缤纷"计划,针对社区内新移民较多的特点,为新移民和本地居民提供沟通和合作的平台,通过分享、讲座、培训及相互学习技能,使新移民由原来的服务接受者变成服务提供者,与本地居民互相消除成见,促进社区和谐。②促进各阶层彼此的信任和合作。社区问题是社会问题的缩影,基金鼓励官、商、民建立"以非金钱为本"的充满活力与和谐的社区合作关系,发挥每个界别独特的强项、网络和专长,通过合作,动员社区资源和力量解决社会问题,其目的在于动员社会各界共同承担社会责任。③促进社区参与。社区是社会关系、社会矛盾的聚集地,基金的切入点是社区,策略是以社区为本。因此,全港18区每区都批有基金项目,深化发展社会资本的理念。例如,观塘区推行的"母婴康逸社"、"妇女及社区互助网络计划",把区内"三失"妇女(失学、失业、缺乏工作经验的中年妇女)组织起来,培训为优质的陪月员和义工,增进了不同阶层的沟通和信任。[1]

---

[1] 马宏:"社会资本:建设和谐社区的新视角——香港社区投资共享基金的启示",《新资本》,2006年第4期。

第二节 社区建设中的社会资本缺失与重构

一、社会资本的缺失问题

当代中国的城市社区建设,无论是在硬件还是软件方面都取得了可喜的成就。然而,社区自治化进程与经济领域的市场化却不可同日而语,迅速的社会变迁使社会信任、规范和网络都发生了重大变化。原有的信任被破坏了,新的信任尚未建立;原有的规范已经失去效力了,而新的共识性规范未能确立;原有的社会网络被打破或不再有效,新的社会网络不能发挥效用或尚未形成。一方面,社区居民逐渐失去了“单位”的社会资源;另一方面,“关系”从改革前的情感交换倾向转变为非情感交易倾向,使得社区居民对“关系”对象的信任被金钱交换所取代。社区居民社会资本的依托方式或源头发生了改变,而新的社会资本方式或源头又没有建立起来。居民的社会资本不可避免地丧失而又得不到补偿,社会生活的活力和城市社会的社会效率因此而受损。社区建设如果不能补偿社区居民丧失的社会资本,它就既得不到社区居民的支持,更无法实现“善治”的目标。❶ 观照社会资本理论,学术界对社区建设中社会资本的缺失问题进行了评估。

有研究认为,社区建设中关于社会资本的利用方面存在的主要问题有:①社区处于分化状态中,各种新社区要素的介入使旧的规范和制度越来越不适应;②社区要素彼此间发生联系的结合力还较为脆弱,且具有过渡性,因此新的规范和制度的建立还不具备一定的方向性或选择性;③整体性社会被分离为众多相对独立的异质体,在社区的整体与局部、宏观与微观、局部与局部之间造成许多利益边界,这些边界成为规范真空;④社区结构不协调、不平衡的变动,使各结构部分所使用的规范之间出现了距离,甚至相差悬殊以致尖锐对立。❷

还有研究认为,社区社会资本的缺失一方面是由制度转型引发的,另一方面也与现代社会的理性化与原子化分不开,其具体表现为:①人际关系疏离。伴随着现代化或社会转型的进程,人们开始从各种共同体中解放出来,成为一

❶ 赵孟营等:“走向善治和重建社会资本”,《江苏社会利学》,2001 年第 1 期。

❷ 刘娴静、邝风霞:“中国城市社区建设的路径选择”,《广东省社会主义学院学报》,2006 年第 3 期。

种独立的个体存在，人际关系开始疏离，走向“原子化”，陷入利己主义的小圈子。在城市环境中，邻里关系正在失去其在简单、原始的社会形态中所具有的重要性，成千上万的人虽然居住生活近在咫尺，却连见面点头之交都没有，初级群体中的那种亲密关系弱化了，依赖于这种关系的道德秩序慢慢解体。❶ ②个人与公共世界疏离。在全球化的文化信息环境中，人们隐蔽和暴露的边界都发生了变化，许多在以前看来是相当遥远的活动现在都展现在了一个公共范围中。这使得人们都对离自己居住地几千里以外的事件、活动及物质环境的可见外表非常熟悉。❷ 但现代社会破坏了原始的基本联结，使个人直接面对国家，导致社会内部松散、组织能力差，在表达利益诉求、维护个人权益时，往往以“原子化”的个人去面对政府和社会。③社会失范现象十分普遍。社会走向“原子化”之后，各种社会制约因素消解了，各种人际联结的纽带丧失了，社会上自私自利的唯我主义风行，以至于各种社会制约因素走向消解，人们往往纯粹工具性地看待社会。❸

就中国城市社区的情况而言，这些问题出现的深层原因可以从两个方面进行分析：一是与世界其他国家或地区具有一致性的原因，即现代社会的所谓“原子化”导致传统共同体趋于衰落；二是中国社会特有的原因，即单位制的遗存导致社区社会资本难以顺利建构。

（一）社会的“原子化”与共同体的衰落

现代社会的一个重要特征就是社会的“原子化”，它是社会学家解析现代社会发生重大变迁的重要依据。所谓的社会“原子化”，是指由于人类社会最重要的社会联结机制——中间组织的中介作用的解体或缺失而产生的个体孤独、无序互动状态，以及道德解组、人际疏离、社会失范的社会危机。在社会变得越来越“原子化”、地点也变得越来越捉摸不定之后，与紧密的社会关系、地点息息相关的社区共同体也开始逐渐衰落。英国学者保罗·霍普指出，“反传统性或传统的衰落，是我们这个时代发展的特征之一”❹。在当今社会，传统对于人们行为的影响力正在与日俱减，工业化和城市化的发展瓦解了传统的社会秩序与生

❶ 保罗·霍普著：《个人主义时代之共同体重建》，杭州：浙江大学出版社2009年版，第142页。

❷ 赵廷彦：“重建社区社会资本的路径选择”，《辽宁大学学报（哲学社会科学版）》，2008年版，第3期。

❸ 宋梅：“城市现代化过程中的社区社会资本重建”，《郑州轻工业学院学报（社会科学版）》，2010年第5期。

❹ 保罗·霍普著，沈毅译：《个人主义时代之共同体重建》，杭州：浙江大学出版社2009年版，第20页。

活方式。在城市中,个体摆脱了祖传的习惯,集体意识对个体的影响和引导作用逐渐减弱,这就意味着个体的选择范围与行为方式不再受到源自某些特定共同体所要共同遵从的信仰和文化准则的制约。这一方面为个体带来了极大的自由,可以按照自己的意愿去选择生活方式和生活道路,另一方面个人主义的盛行也造成了公共生活与个人生活之间的割裂。现代社会中的个体越来越专注于自己的个人生活,这就必然要以牺牲公共生活为代价,从而使共同体处于危机状态。首先,市场化发展是共同体衰落的一个重要原因。英国学者费雷德·霍斯认为,共同体生活在当前的削弱,是市场关系延伸到日常生活中引起的。为了维持一定的消费方式或水平,人们深感时间的紧迫与宝贵,总要斤斤计较自己行动的成本与利益的关系。人们的行为变得愈加可以计量和附有条件,当人们作出行动抉择时,总难免要反问自己"我能从中得到什么好处"。于是,人际关系也就变成了待价而沽的交易关系。一旦消费社会的市场关系延伸到日常生活中,共同体内的人际关系必将遭受致命的打击。于是,生活在消费时代中的人们尽管物质方面越来越富足,社交活动却越来越少。其次,科技的发展是共同体衰落的另一个重要原因。电视、电话、网络等电子技术改变了人们的工作和娱乐方式,促进了以个人为中心的行为方式,减少了人们参与地方共同体生活的直接需求。个体间社会联系的持续弱化和社会纽带的逐渐松弛,使生活在现代城市中的人们很容易受到不稳定感和不安全感的侵袭,而这种不安感也对共同体生活的衰落产生重要影响,其中一个重要原因就是信任的缺失。信任是共同体和社会秩序赖以存在的基础,但现代社会的发展大大促进了个人选择的自由,这就使得维持人际关系变得越来越困难。而对人际关系中的不确定性,人们会建立起防御机制来处理与他人的关系,人与人之间相互防范的情形也被看成"危险的陌生人"现象。在现代大城市中,任何个体都能在一定的空间内自由移动,个体因而获得了一种属于他自己的特殊经验,而这种经验是个人活动的出发点。同时,由于城市人能在日常生活中体验道德领域的多样性,人们形成了一种"相对"的观点和一种容忍差异的意识,尽管在地理上是接近的,却保持着社会距离。

(二)单位制的解体与社区社会资本的缺失

如前所述,20世纪50年代后,我国在城市基层社会逐步建立了以单位制为主、以街居体系为辅的管理体制。单位制的建立源自当时所面临的双重压力:一是来自从晚清到民国整个中国遭遇政治解体与社会解组相结合的总体性危机,二是来自满目疮痍的新中国缺乏现代化所需的社会资源。从这个意义上说,单位制是为了应付严峻社会形势以解决总体性危机而选择的一套有效的资源动员机制与配置机制。单位制对于社会秩序的整合从组织上提供了非常有效的保证,发挥了重要的功能,有着重要的历史意义。但单位制通过垄断单位成员的社会资源,形成了对单位成员的完全支配,最终有效地控制了单位成员的全部私域。[1] 改革开放后,随着市场经济体制的建立和逐步完善,以及国家权力在诸如经济、市场等领域的有限退出,国家赖以整合城市基层社会的单位制的控制功能逐步弱化,社会成员的社会身份也由单位人向社区人转变,单位制渐渐退出历史舞台。较长时期单位制度的实行,直接影响了社区的发育与发展,社区建设与发展的水平较低,社区意识或社区思维方式总体上没有形成,因此,由原来的"单位人"在急剧变革的过程中直接转变为"社区人",从特定意义上说只是一种形式上的转变,真正意义上的社区人格特质不可能在短期内养成。尤为重要的是,"单位记忆"造成了对社区社会资本的严重侵蚀。有研究人为,"单位记忆"指的是单位制在当前社会中依然存在并发挥作用的现象。具体说来,单位记忆就是指单位制遗留下来的特殊管理方式、分配方式及单位意识等,它们对当前社区建设或发展构成各种显在或潜在的消极影响。也就是说,在当前的城市社会发展中,处处有着单位制的痕迹和影子。[2]

由雷洁琼负责的"北京市基层社区组织与社会发展"课题组调查研究指出:"我国城市中实行的单位制、街居体制是主辅关系,不但在改革之前,就是现在城市运行也仍然主要靠单位制运行,但街居体制的作用在加强。"由于非单位制的分化与发育还处于初级阶段,中国社会资源主要由单位占有和分配的基本状况没有根本改变,无论从数量质量还是从由之所形成的价值观念和行为规范上,单位制在城市社区中始终处于主导地位,左右着人们的社会行为。中国社会结构是局部变迁而非总体变迁,在相当长的时间里,单位制与非单位制并存,两种社会行为规范和价值观念并存且相互作用,相互制约的状态还会继续维持下去,单位意识在很长时间内仍然会影响整个社会的发展,中国社会仍然是一个比较典型的单位社会。这些都是单位记忆的表现。就单位记忆对社区建设

[1] 郝彦辉、刘威:"城市基层社区社会资本:伦理型塑与转型重建",《重庆社会科学》,2006 年第 6 期。

[2] 刘翠霞:"在单位记忆与社区资本间挣扎的中国城市社区建设",《南通大学学报(社会科学版)》,2006 年第 2 期。

的影响来看,主要体现在:单位记忆对社区资本的侵蚀。单位记忆横亘于社区资本与社区建设之间,单位记忆导致“非单位组织的单位化倾向”,表现在社区上就是街道社区的“单位化”。特别是在街道层面开展的社区建设,街道社区的整合中心是街道办事处,它是区政府的派出机构,承担了越来越多的政府工作职能,同一级政府已无多大区别,在有些地方事实上已经成为了一级政府,成为一个典型的单位组织。街道内原有单位组织的社会性职能转移到街道办事处之后,街道就变成了一个新单位。这样就造成“街道制”与新型“社区制”无论在性质上还是功能上都难以接轨。实际上,在联结个人与国家的单位组织功能逐渐弱化甚至断裂的同时,街道社区已经成为了弥补这一断裂缺口的绝好选择。在街道社区建设的背后是把社区建成一个“新单位”。烙印在人们头脑中的强烈的单位意识使社区建设所需的社区意识难以形成,这种单位记忆抑制了管理社区新规范的产生,阻碍了社区资本的形成和积累。单位记忆使社区产生了对单位制的路径依赖,这种制度惰性效应遏制了制度的创新与发展,使新的规范性的社区资本在单位记忆的作用下,失去了孕育的土壤。总之,单位制与非单位制并存的社会结构及单位文化的巨大惯性是社区建设的主要障碍。从单位记忆到社区资本的缺失,是社区建设困难重重的关键性原因。由于各种因素的影响,单位现象在短期内是不会消失的,这必然影响到社区资本的发育和成熟,而社区资本的成熟本身就是一个漫长的过程。❶

二、社会资本的培育与重构

社区建设中培育与重构社区社会资本的路径选择有许多种,这不仅在社区建设的实践中得到了一定程度的印证,而且在理论研究的层面也提供了一些富有创建价值的结论。

(一)建立社会资本的策略

马宏以深圳的实践为例讨论了建立社会资本的策略。❷

(1)在社区建设工作中纳入社会资本理念。社区建设工作为社会资本的培

❶ 刘翠霞:“在单位记忆与社区资本间挣扎的中国城市社区建设”,《南通大学学报(社会科学版)》,2006 年第 2 期。

❷ 马宏:“社会资本:建设和谐社区的新视角——香港社区投资共享基金的启示”,《新资本》,2006 年第 4 期。

育提供了契机。深圳从 1990 年代起开展的社区建设,是以构建新型社区组织体系为目标,以建立新型社区管理体制和运行机制为重点,来适应城市基层管理体制由单位主导型向街居社区主导型的转变,其主要内容是街道体制改革、居委会体制改革和社区服务管理体制改革。在理顺政府与社区的关系后,社区建设就要靠社区自身不断培育和积累社区社会资本的存量,达到更广泛意义上的社区和谐。参与、合作、共享,促进社区共同发展既是社区建设的目标,也是社会资本的要义所在,可以说,社区建设与社会资本在工作手法上具有互补性,在价值追求上具有一致性,结合社区建设推动社区社会资本的构建,是深圳城市发展的现实需要和路径选择。从社会资本角度看,深圳社区存在的主要问题是:第一,社区人际关系冷漠,关系网络匮乏。深圳作为现代新兴的移民城市,既缺乏老城市传统的邻里关系,又有不同地域的隔阂,加上人员流动性大,邻里关系日益淡化。第二,社区内互信程度低。由于关系网络匮乏,交流不畅使得社区居民间、居民和社区组织间缺乏信任。第三,缺乏社区归属和认同感。社区活动的贫乏使居民缺少创造社区共同感和归属感的机会。社区内各种民间组织的缺失也造成联系纽带的弱化。因此,引入建立社会资本的概念,即参与、互惠、信任的社会规范和网络有助于和谐社区的构建和生成。

(2)大力发展社区民间组织。社区民间组织是居民参与社区事务的重要途径,是社会资本“流通”的有效渠道。管理大师彼得·杜拉克说过:“让政府来推动一切社区问题只会愈帮愈忙,社区问题的解决之道就在社区里面……非营利机构就是社区,我们正是通过它来塑造一个公民社会,它是未来社会行动中的中坚力量。”我国长期高度集权的体制,导致国家与个人之间缺乏有效联系的中间地带,随着经济体制改革的深入,社会资本原有的载体如家庭、单位等受到严重冲击,急需新的组织形式来培育、整合社会资本,在这个意义上说,社区民间组织就成为社会资本的有效承载体。民间组织参与社区建设可以满足市场经济条件下愈来愈多元化的社区需求,使更多的专业工作者通过民间渠道进入社区,提升社区工作的专业化程度,有效培育社区的社会资本。因此,应适当降低社区民间组织的登记门槛,把促进社区民间组织发展纳入社区整体规划,实施社区管理机构建设、社区公益场所建设、社区建设基金建设、社区公益项目建设及其委托机制建设、社区民间组织发展鼓励政策建设,使这“五项建设”同步统筹推进。

(3)加强社区制度建设。以自治为核心,加强社区各类制度建设。居民自治是确立社区各主体关系最基本的法律规范。

(4)改革社区公共服务提供模式。建立公益项目委托给民间组织管理的机制,为民间组织发展提供发展空间。政府对社区公共服务的责任主要体现在制定社区公共服务政策和规划,提供社区服务资金和设施资助,指导社区公共服务的发展,制定公共服务标准和对社区公共服务的状况进行监督等。政府不再直接提供社区公共服务,而是通过购买服务或竞标的形式由民间组织、企业或个人来提供,社区居民对文化、艺术、体育等需求可以通过参与社区民间组织的活动得以实现。

(5)提供交往平台,促进参与和合作。居民的参与度是建设和谐社区的根本,社区自治的生命力在于社区居民对社区的认同感和对社区事务的积极参与,应提供社区内人际交往的场所,积极推动各项结合社区实际的具体活动计划,增加居民互动的机会,调动社区居民参与社区事务的热情,增强对社区的认同感和凝聚力。

(二)社会资本建构过程

黎熙元、童晓频以“逢源街安老服务”的实践研究为例指出,发动居民参与是通过社会网络的重构来实现的,其跨越私人关系的社区服务网络的建构包含了四个重要的社会资本建构过程:正式组织及其网络的建构;个人之间非亲缘关系的建构;明确、有效、公开、持久的运作制度的建构;信任关系的建构。❶

(三)社会资本培育和重建的策略

宋梅从公共精神的弘扬与社区社会资本重建的角度提出了社会资本培育和重建的策略。❷

(1)弘扬公共精神。《简明牛津辞典》(1990 年版)对公共精神的解释为:“具有一种公共意识”和一种参与“共同体行动的意愿”。具体可以表述为:人们在考虑自己个人利益之外,愿意更多地融入共同体和社会的愿望。因此,弘扬公共精神就是激励人们更多地参与社区共同体和邻里的互助活动,提高人们的共同体参与性,改变城市现代化造成的人际关系疏离局面。①在推进公共精

❶ 黎熙元、童晓频:“中国城市社区建设的可持续性与社会资本的重构——以广州市逢源街安老服务为例”,《中山大学学报(社会科学版)》,2005 年第 3 期。

❷ 宋梅:“城市现代化过程中的社区社会资本重建”,《郑州轻工业学院学报(社会科学版)》,2010 年第 5 期。

神发展过程中,政府必须发挥应有的主导作用。政府一方面可以通过鼓励媒体宣传公共精神的重要性,另一方面可以通过建造公共活动场所保障人们参与公共活动的安全性,同时应增加财政支持的力度,资助地方性志愿者协会和社团。②参加志愿者组织、参与志愿者工作是公众表现公共精神的方式之一。发达国家不仅通过国家立法的形式设立了名目繁多的志愿者组织,而且能够为解决地方共同体发展过程中所面对的特殊需求和问题提供相应的行动计划。总之,志愿者组织一个无可取代的优势是,它常常可以填补国家与市场之间社会福利保障存在的沟壑。志愿者组织开展的许多活动,其主题都可以围绕推动公共精神的发展、促进邻里之间的联系、加强共同体的建设而设立。③市场的主体企业要积极参与弘扬公共精神的活动。比如随着企业文化的发展,产业领域中的共同体志愿者计划日益增多,这也为弘扬公共精神提供了另一种机会。企业不仅可以为当地的居民和志愿者组织提供开展活动的资金支持,还可以提供人员帮助,鼓励企业及其员工参与地方共同体建设。如果每年用 1 人或者每周用 1 小时来参与富有意义的弘扬公共精神的活动,对于社会个体来说也许是微不足道的,但是这类活动可以激发民众为地方共同体服务的思想意识,从而形成宝贵的公共精神财富。

(2)完善社区居民自治制度。社区制是在转型时期社会结构呈现分化和重组的背景下应运而生的。作为调整和改善社会结构的重要一环,社区制从管理理念上强调以人为本,变管理控制为服务照顾;从管理形式上强调以居民自治为主,变行政控制为居民参与;从管理目标上强调多元合作,加强政府与社区的互动,以达至善治。总之,在社区制管理体制下,积极的社区建设有利于社区价值的培育和社区精神的塑造。换句话说,通过社区组织建设、社区文化和社区教育等途径培育以社会契约为原则的社区价值,塑造平等、互惠、参与、合作的社区精神,可增强社区的凝聚力和居民的归属感,缓和社会结构的分离倾向。[1]①社区居民自治体系的构建目标一方面是为了促进分权,提高社区居民对地方公共事务的管理能力;另一方面是为了保证社区居民的人身权益和财产权益,改善社区居民的生活质量,尤其是那些弱势群体的生活品质。社区自治组织可以依赖社会资本的力量广泛参与不同层次的地方治理行动,形成有机的地方公共政策网络体系,通过对话和协商实现社区居民的共同利益。②社区是独立于

---

[1] 赵廷彦:“重建社区社会资本的路径选择”,《辽宁大学学报(哲学社会科学版)》,2008 年第 3 期。

国家领域、市场领域的第三领域(公共领域),而在当今世界,第三领域的空间正被政府和市场的力量大大挤压。目前我国社区自治组织不仅数量较少,而且自治功能也较弱。因此,为了实现社区社会资源的整合,必须从体制上完成国家领域、市场领域和社会领域的功能分化,重组社区内部的组织结构和关系模式,建立横向式的组织结构和民主协商、互惠共赢的权利关系,这是构建社区自治体系所不可或缺的组织基础和制度基础。❶

(3)促进个体与社会的融合。许多实证研究都指出,邻里互动日益减少,城市社区邻里关系呈现出日渐冷漠的趋势;邻里关系不再是城市居民社会交往网与社会支持网的重要组成部分。社会互动的减少与科技进步有很大关系,互联网的普及为我们提供了无须拘泥于周边环境就可以建立起社会关系网络的新途径。从一定意义上来说,科技的发展为社会交往带来了便利,但这种虚拟社会关系的建立减少了人们直接进行社会交往的机会。与其类似,移动电话的普及、自助银行终端的推广,都大大减少了人与人之间的沟通和交流。在高度"原子化"的社会中,由于缺乏共同体生活的体验,人与人之间的相互交往和互信关系处于较低的水平——个人的自主型和各种选择机会反而受到局限。而且,在社会资源衰减的社会,友情关系和其他人际关系的发展都受到不同程度的阻碍,个人与社会的分离状态常使我们感到自己是一个身处危险世界的外来者,为获得安全感,我们付出了更多的防范成本。因此,在共同体的范围内增加社会互动、提高社会信任水平是对个体与社会之间有机关系的复原。"社会有机论"认为个体是共同体的一部分,社会共同体也在某种程度上依赖于每一个个体。❷ 总之,共同体的生活是人类的一种基本需要,也是人类自告别蒙昧时代以来一直就存在的生活方式,因为共同体所构成的自足系统可以满足人类的合群需求,并让人类获得一种归属感。共同体是事关人类幸福的一个必要条件,而地方共同体又是其中的一种具体有效的运行方式。增加社会互动的范围和次数、促进个体与社会的融合,对于支持地方共同体的发展必将发挥积极的功效。

(四)社会资本的培育途径

刘娴静等认为,社会资本的培育途径❸主要有:

---

❶ 张宝锋:《现代城市社区治理结构研究》,北京:中国社会出版社,2006 年第 34 页。

❷ 宋林飞:《西方社会学理论》,南京:南京大学出版社 1997 年版,第 242 页。

❸ 刘娴静、邝风霞:"中国城市社区建设的路径选择",《广东省社会主义学院学报》,2006 年第 3 期。

(1)培育和引导社区成员社区参与。社区成员包括社区居民、社区单位、社区正式和非正式组织。城市社区社会资本包括个人社会资本、组织社会资本、社区共同体社会资本,其中,个人社会资本是其他两项的基础。提高个人社会资本,必须使城市社区居民成为社区建设的主体,构建社区参与平台,以社区成员代表大会、社区议事会、社区小组会议等法定性平台为主,以社区服务中心、社区志愿者服务队等非法定性平台为辅,调动社区居民广泛参与的积极性;提高社区单位社会资本,要提高社区单位的社区意识,构建社区参与机制,完善利益引导机制;提高社区非正式组织的社会资本,必须培育社区中介组织,组建社区非政府组织。

(2)培育社区信任网络和体系。培育社区信任网络就是要重建信任关系、重建社会协调的共识性规范、重建社区网络。一要解决因为政府能力有限、社会价值观的嬗变和社会成员对自我物质利益的非理性追求而导致的社区居民对政府、对社区组织、对他人的信任丧失;二要解决由于城市改革和发展的不配套、不平衡导致的规范混乱和失范问题;三要解决由于原有基于中位制的社会网络在全局性的对自我物质利益的追寻中,被破坏或变质而导致的社区居民的孤立无援的问题。[1] 在一个普遍的信任感较强、人们愿意在信任和互惠的基础上从事活动的社会中,交易成本无疑要小得多,这个社会也就会更有效率。

(3)培养社区价值观,完善社区规范。社区规范是城市社区社会资本的重要部分,社区规范是社区成员在共同价值观和利益的基础上形成的。信任组成网络,为维护网络而建立规范,因而社区规范对城市社区社会资本具有重要意义。社区规范为社区成员的行为建立起一种行为的秩序,进而使社区成员的行为有了一定的规则、取向,促使社区成员自觉地防止行为的"犯规"。首先要依法选举社区自治组织,推广直接选举制度;其次要规范社区居民日常议事程序,规范社区内各权利主体活动;再次要推行社区事务公开,社区事务的决策情况、实施情况、存在问题等都要及时向社区居民公布,便于居民监督。

(五)社会资本的认同感

张广利认为,既然社会资本对社区的建设发挥着极其重要的作用,那么,一个社区培育作为社会资本的认同感、人际互信、平等交换规范和公民参与网络

---

[1] 赵孟营等:"走向善治和重建社会资本",《江苏社会科学》,2001 年第 1 期。

应着重从以下几个相互联系和相辅相成的方面入手。[1]

(1)积极建立社区职能组织和多种多样的兴趣娱乐自愿组织。社区组织的建立是培育社区社会资本的基础,它为社区社会资本的产生和积累提供了平台。人们也正是在各种不同的社区组织中,通过丰富多彩的社区活动而相互熟悉、加深相互间的了解,从而形成互信互惠的社区规范。社区组织一般有两种类型:一是社区职能组织,即社区管理组织;二是多种多样的兴趣娱乐自愿组织。首先,是社区职能组织,即社区管理组织的建立。社区职能组织具有多功能社会组织的性质,担负着社区各种服务职能,为居民提供各方面的帮助。社区职能组织的建立可以增强社区的凝聚力,提高社区居民行动的一致性,产生更大的社会影响,从而使行动更为有效。人们之所以需要这种职能社区组织,是因为生活中有些问题靠自己的力量是无法解决的,而必须依靠职能组织才能解决。在改革开放前,我国社会中的单位在很大程度上取代了社区职能组织的作用,单位成了一种总体性多功能社会组织,单位办社会成为一种普遍的现象。在当时情况下,人们日常生活中有什么问题,都是通过单位而不是通过社区组织来解决,这样社区就成了一个单纯居住的地方。随着我国政治体制、经济体制改革的深入,以工作单位为社会基本组织形式、包揽人们从衣食住行到生老病死全部生活和工作的体制被打破,传统上的单位型社区正在逐渐解体,以社会分层为主的社区迅速发展。目前,人们日常生活中的许多事情都和社区的状况联系在一起。人们许多需求的满足需要社区的职能组织来承担,这样,社区职能组织的建立和完善就更显迫切。为了充分发挥社区职能组织的重要作用,社区职能组织的建立需满足以下条件:一是它必须是非营利组织;二是管理职能与有限的行政职能相结合;三是要有很高的透明度;四是社区居民有足够的权力和能力对社区职能组织组成员的构成和重大决定施加影响。其次,是多种多样的兴趣娱乐自愿组织的建立。除了社区职能组织之外,还应当建立多种多样的兴趣娱乐自愿组织或志愿团体,如舞蹈队、合唱团、读书会、书法绘画俱乐部、运动俱乐部等。这些自愿组织或志愿团体成为社区成员提供沟通的媒介和互惠交换规范形成的环境,有利于改进集体行动的策略,并将构成社区成员日常生活的组织框架。

(2)培养广泛、密集的居民参与网络。社会资本是社区内部产生的互惠互

---

[1] 张广利:“社会资本与和谐社区建设”,《华东理工大学学报(社会科学版)》,2005 年第 2 期。

利关系的总和。这些关系就如一种高能胶将处于原子状态的单个人粘合成社区人，将各种分散的力量粘合成一种力量，这对于社区建设和发展无疑是有利的。而互惠互利关系有赖于社区广泛、密集的社会关系网络的形成。社区职能组织和多种多样的兴趣娱乐自愿组织的建立和兴旺，为社区成员间建立各种社会关系提供了平台，为社区广泛、密集的社会关系网络的形成提供了必要的条件。在具备了基本条件后，若要形成社区广泛、密集的社会关系网络，还需要社区成员的积极参与。这就需要：第一，组织形式多样的社区活动，并使某些活动经常化和制度化，丰富人们的业余精神生活，促进社区成员间的交流和了解，增强社区成员的归属感，使社区成员从中获得鼓励、同情、理解和认可，使生活更加轻松、愉快，从而激发社区成员参与社区活动的热情，推动社区关系网络的发展。第二，使社区居民成为社区建设的参与主体，把满足各类社区成员尤其是大多数居民群众的实际需要放在首位，通过调动社区内部关系网络中的社会资源，解决他们普遍关心的热点、难点问题，使他们得到实惠，感受到广泛、密集的社区关系网络的巨大力量，从而调动居民广泛参与社区关系网络培育的积极性。

(3)大力促进社区成员间的沟通和互动。关系紧密、互动频繁的关系网络能够提供给人们所需要的相互关心、相互信赖、分担忧愁、分享快乐、资源共享等。但在我们现实的社会生活中，如果观察一下某些社区生活就可以发现，远亲不如近邻的观念正在弱化，有些社区中的交往已经相当稀少，社会关系也相当淡薄，社区成员间形同路人，少有情感的交流，而这也是目前社区存在的一种较为普遍的现象。在这种情况下，社区中即使存在着一些关系网络，也会因为人们疏于沟通和交流而淡化甚至消失。现实中这方面的例子并不鲜见，如一对关系密切的朋友，由于各种原因而相互间的联系越来越少，他们的关系就会由原来的强关系变为弱关系直至联系中断。因此，社区具有了社会关系网络后，还需要社区成员之间长期、频繁、密切的交流和沟通，以保持它的紧密性和生机勃勃，使它充满活力。如果社区成员间能多沟通，彼此就不会再视同陌路，减少“一次性博弈”中的机会主义问题。沟通能唤起一些有助合作的价值和创造一种群体的身份和意识，合作会自然发生，有利于社区平等交换的规范和互信的形成。一般来说，人们花在关系上的时间越多，情感就越紧密，相互间的信任和服务就越多，这种关系就越强，反之则越弱，而基于情感、信任、资源共享的强关系，有利于社会债务的形成、信任的增强及债务的宽免，当发生突发事件时，强关系通常是人们求援的重要对象,强关系网络成员之间常常能够形成较强的相互信任、相互依赖和情感依托。所以,通过各种途径和方法促进社区成员间的沟通和互动,形成由强关系组成的社区关系网络,对于培育社区的社会资本具有非常重要的作用。

(4)培育平等交换的社区规范。所谓平等交换的规范,指的是交换双方均有清楚的责任和义务。甲施恩于乙,乙便有责任回报甲。反之亦然。如果这种关系形成一种规范,个人便能够不计较眼前的得失而为他人或群体的利益作出贡献。因为在平等交换的规范下,可预期其他人将作出相同的贡献。譬如说一个社区建立了一种互相守望的规范,我便乐于为出了门的邻居留意他的门户,因为我相信当我出门时,邻居亦会为我留意门户,这种守望相助的规范能减少社区建设和管理所带来的成本。而平等交换的社区规范的培育依赖于上述社区职能组织和多种多样的兴趣娱乐自愿组织的建立,广泛、密集的居民参与网络的培养,社区成员间长期、频繁、密切的沟通和互动。正如普特南所说,在一个相互熟悉、互动频繁、团结互助的社区,平等交换的规范和互信都不难建立。

第七章　社会工作理论视角的社区建设创新

第一节　社会工作及其对社区建设的作用

一、社会工作的涵义

社会工作是以利他主义为指导，以科学的知识为基础，运用科学的方法进行的助人服务活动。这一定义指出社会工作的本质是一种助人活动，其特征是提供服务。更确切地说，社会工作是一种科学的助人服务活动，它不同于一般的行善活动。社会工作以受助人的需要为中心，并以科学的助人技巧为手段，以达到助人的有效性。由此可见，社会工作同怜悯式的行善和不考虑受助人的现实需要及接受服务能力的配给式福利（如中国传统体制下的福利服务）是不相同的。可以说，社会工作是充分考虑受助人的需要及其主体性，运用尽可能有效的方法帮助受助人摆脱困境、满足其需要的活动和过程。[1] 现代社会工作既是求真的，又是尚美的，还是向善的，它是真善美的有机统一体。

（1）社会工作是一种助人的活动。社会工作的使命和职责首先是帮助那些在社会生活中遇到各种困难和问题的个人、家庭、群体和社区等，从最初的慈善施舍逐步演化发展而来的现代社会工作，一开始就带有十分鲜明的助人特征。因此，从本质上来说，社会工作应该是一种以利他主义为导向的助人自助的活动，是一种充满爱心的崇高事业。

（2）社会工作是一种专业。从世界范围看，现代社会工作已经成为一种有其自身规定性的专业，它有特定的专业价值理念和道德追求，有特定的专业知识基础和理论系统，有特定的专业服务的程序、方法和技巧，有特定的专业伦理守则和行为规范，有特定的专业服务机构和专业团体组织，有特定的专业服务

---

[1] 王思斌：《社会工作概论》，北京：高等教育出版社1999年版，第13页。

人员及其专业人员的培训与教育等。

(3)社会工作是一种职业。现代社会工作在西方作为一种发展比较成熟的专业,已经从早期的附属于纯粹的慈善事业的状态中脱离出来,担负起特定的社会责任;发达国家和地区社会工作的实践充分表明,专业社会工作不同于完全由政府举办的社会救助或社会福利工作,已经从传统的行政职业框架中分离出来,发展为一个相对独立的职业领域并日渐成熟。从社会分工和职业分化的角度看,社会工作已经担负起特定的社会分工的责任,发挥着其他职业或行业不可替代的功能与作用。

(4)社会工作是一种制度。社会工作作为有政府或民间团体举办的一种规范化、专业化的社会服务事业,它不仅对个人和家庭发挥着积极的作用,而且对社会的发展、稳定与进步发挥着其他工作不可替代的作用。现代社会工作已经发展成为社会良性运行不可或缺的调节机制,是缓解社会矛盾、进行社会整合的有利工具,因而已被纳入现代社会的制度系统之中,成为贯彻政府的社会福利政策、保障社会福利目标达成的一套制度性设置,它既是现代社会福利事业的“发送体系”或“代理实体”,也是现代社会福利制度的有机组成部分。实践证明,现代社会条件下,专业社会工作体制的健全及其功能的充分发挥,能够促进一个现代社会福利事业的健康发展,使得现代社会福利制度的理念、价值、项目和服务等真正有效地贯彻落实。

(5)社会工作是一种过程。社会工作作为一种专业的助人服务活动,在其具体的实施上表现为一个复杂且灵活多变的程序和过程。在社会工作实际进行的过程中,服务提供者与服务享受者之间的角色互动,实则是一种在特定情景中的互动,即包含了特定角色、文化、价值、资源及信息的互动。因此,社会工作服务活动的进行,就是多种复杂因素相互作用、综合而成的行动系统运行的过程。

(6)社会工作是一门学科,也是一门艺术。现代社会工作已经发展成为一门助人的学问,它是专门研究怎样科学而有效地助人自助、解决社会问题的学问。从学科性质上看,它是一门建立在哲学、社会学、心理学、政治学、伦理学、经济学、管理学、教育学等多种学科知识基础之上的综合性社会科学;从学科归属上来看,它是一门应用社会学。同时,社会工作的具体实践过程,还必须在其专业知识和理论的指导下,运用十分复杂而灵活多样的专业方法和技巧,因此它又是艺术性特别突出的助人活动。[1]

总之，社会工作是一个助人的专业，社会工作方法则是如何助人的过程，包括为了达成目标而采取的有目的的计划和结构性的活动[2]。

社会工作作为一门应用学科，其方法有三个突出的特性：①实践取向。社会工作专业方法是根据实践的要求对社会工作专业理论、价值和目的的诠释，是使专业理论、价值和目的从抽象形态向可操作形态的转换，社会工作专业方法的作用，不是建构理论模型，而是实施助人过程。②以人为本。以人为本的方法理念，是社会工作实践方法的根本性质，社会工作专业方法的选择必须符合受助者的利益，必须是对解决案主的问题和促进其发展最有利的。例如，在专业服务中，如果涉及案主的隐私问题，其服务方法选择个案方法比小组方法可能更合适。③科学与艺术的结合。社会工作既是一门科学，也是一门艺术，是科学和艺术的整合体。科学性要求社会工作专业服务必须有科学的知识、理念、原则、程式方法等，艺术性则要求灵活与创新、针对性与个别化。因此，社会工作专业方法在符合科学规范的前提下，特别强调工作者对专业方法、技巧的灵活掌握和创新运用，以满足不同案主的不同需求。

二、社会工作对社区建设的作用

学术界对社会工作对社区建设的功能进行了一些有益的探讨。费梅苹在对上海社区青少年服务目标、服务原则、服务内容、服务方法和策略经验研究的基础上提出“融和型”社区青少年社会工作服务模式的概念，通过这种模式推动社区和谐发展。[3] 唐斌通过对上海城市社区建设中引入专业社会工作的经验研究，指出上海社会工作职业化基本达到了预期的目标，取得了较好的社会效益。[4] 钟莹提出社区矫治是政治文明的体现，也是建设和谐社会的重要内容之一。社会工作的价值理念有助于社区矫正目标的确立，社会工作的理论与方法是社区矫治工作目标确定与达成的重要保障，社会工作实施有助于提高社区的

---

[1] 尹保华：《现代社会工作：理论、实务与本土化》，长春：吉林人民出版社2004年版，第9～11页。

[2] 徐震 林万亿：《当代社会工作》，台北：五南图书出版有限公司1998年版，第27页。

[3] 费梅苹：“‘融合型’社区青少年社会工作服务模式探究”，《华东理工大学学报（社科科学版）》，2005年第3期。

[4] 唐斌：“上海城市社区建设中的社会工作介入”，《社会工作》，2008年，第5期。

资源动员能力,建设一体化社区治安体系。[1] 徐永祥认为,随着经济与社会的进一步转型,长期以来形成的“两级政府、三级管理、四级网络”的社区管理体制的结构性缺陷日益凸现出来,越来越难以担当促进基层社区的社会发展、社会管理与社会服务的制度角色。因此要积极进行社区建设的体制创新,积极引入现代社会工作这一制度要件,按照“政社分开”的原则,切实转变政府的社会职能,努力构建现代性的政府与社会之间的分工合作体制。参照国外的经验,现代社会工作由于有着特定的价值理念、知识系统、专业方法等,在社区治理进程中发挥管理体制创新的功能是值得肯定的。[2] 王亮认为社会工作在解决社区建设问题中的作用具体体现在三个方面:一是社会工作能为社区建设培养一批合格的社区工作者队伍;二是社会工作可通过多样化的手段,满足社区不同群体的多样化需要;三是通过社会工作,将促进当前社区行政化倾向的改变,从这个意义上说,社会工作实际上起着建构全新的社区管理体制的作用。[3]

(一)社会工作对社区体制创新具有不可替代的作用

徐永祥教授认为,社会工作制度的本质与功能决定了它是我国社区体制创新的必要条件。专业社会工作是世界工业化和现代化的必然产物,它既是一门关于“助人自助”的学科和专业方法,又是一种有效的社会管理、社会保障和社会服务制度。其领域广泛涉及社区、学校、医院、救助机构、福利机构,以及企业、监狱、法院等。其工作对象涉及所有需要社会支持和社会帮助的人群,尤其是各种弱势群体、边缘群体和问题人群。其本质功能在于预防解决社会问题、整合社会矛盾,减少社会犯罪,实现个人与社会的和谐关系,提升社会福利与社会保障的水平,维护社会的稳定与进步。纵观当今世界,包括发达国家、新兴工业化国家在内的大多数国家和地区均已建立了社会工作制度。从结构上来看,制度层面的社会工作主要由三大要素构成:一是分工合作;二是用以购买社会服务的公共财政体系;三是专业化、职业化体制。

根据发达国家和地区的成功经验及我国城市社区的已有实践来看,社会与社区的管理或治理主体,仅仅依赖政府是远远不够的;高效能的管理或治理有赖于政府、非政府机构和居民之间的分工合作及其共同参与。就非营利的专业

---

[1] 钟莹:“社会工作在社区矫正中的功能定位与实现途径”,《求索》,2007 年第 10 期。

[2] 徐永祥:“城市社区建设的体制创新与社会工作”,《探索与争鸣》,2004 年第 12 期。

[3] 王亮:“浅析社会工作在社区建设中的作用”,《社科纵横》,2006 年第 6 期。

社会服务(如受虐儿童和妇女的保护及辅导、边缘青少年的帮教辅导、失业人群的社会支持网络构建、精神病患者的社会康复、孤寡老人的社会照顾、问题居民的社会矫正等)而言,政府不可能直接在社区提供和从事这类服务,社区自身也不可能提供这类常规性的专业服务,主要是政府通过购买服务及 NGO 和 NPO (非营利组织)提供服务的模式来实现。而这些 NGO、NPO 则大都是“社区以外的”、具有社会工作专业资质的、专门从事社会服务的机构。就社区建设的实践来看,引入现代社会工作制度,既是建设现代社会管理体制和社区发展模式的必然要求,也是提升整个社会文明和社区服务水平的必由之路。

(1)社会工作将为基层社会的管理体制改革和 NGO、NPO 的培育提供有效的看得见的抓手。要以“政社分开”为原则,切实转变政府的社会职能,既要进一步剥离政府包揽的或直接从事的社会服务职能及部分社会管理事务,又要积极培育和发展各类专业性的 NGO、NPO。在这方面,从事专业社会服务的社会工作机构无疑是这一改革的重要平台和抓手。作为政府可以放心合作伙伴,它既能够承接政府剥离或转移出来的那部分社会服务职能和社会管理事务,又能够为政府大力培育和发展 NGO、NPO 提供成功的经验和样板。

(2)专业社会工作机构参与社区建设,将促进政府逐步确立公共服务的理念和公共财政体系的建立。社区社会服务的发展,专业社会工作的发育和成长,都离不开政府购买服务的体制和政策。引入社会工作制度,必将打破长期以来且至今仍然存在的、政府集权的计划建设财政体系,有力促进公共政府理念的确立和公共财政体系的建立,完善政府的社会职能,提高政府在现代化进程中的权威。

(3)专业社会工作介入社区建设,可以跨越当前的社区单位化陷阱,有效调动各类资源,为社区居民提供各种急需的包括社会福利、社会保障、社会支持、社会维权、社会辅导等在内的专业服务。在社会竞争日趋激烈、人际关系渐趋淡漠的现阶段,这些专业服务不仅可以直接满足居民的一些迫切需求,改善居民的生活方式,有效地帮助弱势群体、边缘群体实现自助自立,且可以用其特有的柔性方式预防和解决社会问题,化解社区矛盾与冲突,更好地维护社会的稳定。

(4)社会工作介入社区建设,将有助于社区工作队伍的职业化和专业化,切实提高社区工作者的素质、工作能力和社会声望,从而吸引大量优秀的高素质人才加盟社区建设与管理的实践中来，为社区的可持续发展提供人才保障。[1]

（二）社会工作对社区工作方法、模式的创新具有不可替代的作用

在社区建设的进程中，传统的计划体制时期的社区工作方法模式已经远远不能满足社区居民的需要，仅靠以往的粗放式、非专业化和非职业化的服务方法模式已经很难解决社区建设面临的复杂问题，特别是在快速工业化、城市化、“社区化”等的社会进程中，社区建设所要解决的问题日益复杂化、多元化，并且随着经济社会的发展，社区居民的需要也渐趋理性化，对服务质量的需求更是不断发展，讲求服务素质、服务水准的提升已经成为社区居民的现实追求和切实选择。因此，创新社区工作方法模式，提升服务质量，已经成为和谐社区建设的本质规定，不断探索能够满足社区居民需要的具体形式和方法模式，已成为社区建设工作的当务之急。但是，有研究指出，现实的社区工作方法和社区服务的模式，基本上仍然滞留于粗放的、经验主义的运作阶段。由于体制上的政社不分，非政府的专业社会服务组织尚未发展起来并形成一定的规模，故社区工作至今未能成为一种专业化的、受人尊重的社会职业，导致社区服务人员的职业声望一直徘徊在极低的水平。[2] 这样，社区工作职业必然难以吸引大批高素质的专业人才，社区服务的方式方法模式不得不限于经验型的工作或简单的劳务活动，无法提供社区居民迫切需要的各种公益型、非营利或微利的专业社会服务。由此，居民自然难以提升其对社区的依赖感、归属感和认同度。若要改善或创新我国社区建设中的工作方法模式，现代社会工作的方法体系和实务模式的运用则是一种必要的、机智的、可行的策略选择。

社会工作的方法和实务模式，是社会工作服务体系的重要组成部分，它在社会工作的价值、知识和技术的“金三角”中占据着特有的地位，社会工作的价值原则、理念系统、知识体系，均需经由社会工作的实务方法得以具体呈现和落实，整个社会福利政策的贯彻也需要由社会工作方法模式的运用“发送”到服务对象那里，让服务对象享受到切实的服务。从西方社会工作发展历史来看，不同的社会发展时期，形成了各具代表性的社会工作的实务方法模式，如 20 世纪 30～50 年代的精神分析观点下的心理社会治疗模式和认知行为模式，50～70 年代的人本主义观点下的危机介入模式和任务中心模式，70 年代至今的生态和

[1] 参见徐永祥：“城市社区建设的体制创新与社会工作”，《探索与争鸣》，2004 年第 12 期。

[2] 许欣欣：“从职业评价与择业取向看中国社会结构的变迁”，《社会学研究》，2000 年，第 3 期。

增能观点下的社会网络干预模式、系统及生态系统社会工作模式、基变社会工作模式、增强权能模式、女性主义社会工作模式、优势视角的社会工作模式等。并且，各类社会工作实务模式的形成，都深受一个国家和地区政治、经济和社会文化发展的影响，每个模式背后，又都隐含着特定哲学思潮的不同取向，以及社会工作专业自身的使命追求。

从专业社会工作的特质来看，社会工作的核心是在一定理论指导下的一套因时因事而异的工作方法，这些工作方法包括个案社会工作方法、小组或团体社会工作方法、社区社会工作方法、社会工作行政、社会工作政策、社会工作教育、社会工作研究、社会工作督导等，而其中的个案社会工作方法、小组或团体社会工作方法、社区社会工作方法被奉为社会工作的三大经典方法。

(1)个案工作是专业工作者在利他主义的价值理念指导下，运用科学的专业知识和技巧，以个别化的方式为遭遇(或感受)到困难的个人及家庭提供物质和心理方面的支持，以帮助个人和家庭减低压力、解决问题、挖掘潜能，不断提高个人、家庭和社会的生活质量与福利水平的一种社会工作方法。[1] 个案工作的特点：①个案工作是一种从个人或家庭入手，工作者与受助者个人或家庭面对面、一对一的社会工作助人方法；②个案工作以遭遇(或感受)到困难、适应不良或有问题的个人及家庭为工作对象；③个案工作的工作人员必须具有个案工作的专业知识及人际关系调整的专门技术；④个案工作的目的是通过工作者的介入，协助社会功能失调的个人或家庭，改善其生活，增进其幸福。

(2)小组工作方法是通过有目的的团体经验，协助个人增进其社会功能，以及更有效地处理个人、团体或社区的问题。小组工作的功能有四个方面：①影响个人发生转变。人是依赖群体经验成长和发展的，当人出现生存能力方面的各种问题或心理行为有偏差时，通过小组过程，可以恢复人的原有能力，达到社会化；小组过程可以影响个人的价值观念、态度及行为发生转变，成为家庭和社会中负责任的积极角色；在小组中通过不同经验的分享，可以丰富和扩大经验及见识，改善人际关系；小组工作可以使其成员发展面对问题与解决问题的能力，学习适应危机情景，促进个人成长。②社会控制。矫治性、教育性、治疗性的小组工作，通过小组过程可以使小组成员学习遵从适应社会需要的行为规范，培养起社会责任心，在社会生活中担当起积极而有用的社会角色。③用集

---

[1] 王思斌：《社会工作导论》，北京：高等教育出版社2004年版，第174页。

体的力量解决问题。在小组中,小组成员必须学习共同思考,团结协作,共同面对环境。这个过程既会增进小组成员与他人配合解决问题的能力,也可以用团队的力量来共同解决问题。④再社会化。小组工作通过帮助其成员建立适应社会需要的新的价值观、新的知识、新的技巧,来改变小组成员的行为,使他们成为更适应社会生活的积极角色。

(3)社区工作是以社区为基本载体所开展的专业社会工作。社区可以是由有共同目标和共同利害关系的人组成的社会团体,也可以是一定区域内共同生活的有组织的人群。前者称为功能社区(如老人和学生),后者称为地域社区(如城市和农村)。当然,某些社区可能兼具功能和地域特性(如大学城和科学园区)。

(三)社区工作是由若干要素组成的系统

社区工作以社区及其成员为服务对象,它有任务目标和过程目标两个层面目标。任务目标是解决一些具体问题和满足某些特殊需要,如完成某帮困计划、改善生活环境等;过程目标是促进社区成员的能力、提升社区凝聚力,如帮助成员增强解决问题的信心、技巧和能力,发掘和培养社区领袖参与社区事务,培养成员的责任感并增加其社区归属感。社区工作需要根据对象的特性采用相应手法。它需要采用结构导向解决问题,需要发动成员集体参与,需要运用社区资源,需要专门的策划和组织。因此,社会工作者进行社区工作实务时,需要把握其多方面特性,采用相应策略。随着社会工作理论和实务的发展,社区工作的策略模式越来越多,其中地区发展、社会策划、社区照顾和社区教育是社区工作中较受关注的策略模式。

(1)地区发展。地区发展是罗斯曼[1]提出的社区工作三模式之一。地区发展就是发动社区内不同人士和团体广泛参与,通过参与过程使他们达到自助和互助的目标,改善社区关系,增强对社区的归属感。地区发展模式是由多个要素组成的实务系统。该模式以传统和静态的地理社区为工作对象。在这个模式中,居民参与社区事务的责任不足,社区内部缺乏互动和沟通,民主决策能力也不足,但是,不同部分存在共同利益或可调和利益。该模式旨在解决问题和

---

[1] ① Rothman, J. 1968. Three models of Community Organization Practice, in National Conference of Social Welfare, Social Work Practice. NewYork: Columbia University Press. ;Rothman, J. &Tropman, J. E. 1987. Models of Community and Macro Practice Perspectives: Their Mixing & Phasing, in Cox, F. M. et al., Strategies of Community Organization.

满足需要,促成居民自助,加强其沟通合作、社区参与和社区归属感,促进社区的整合。地区发展模式以权力机构为合作者,借助任务导向小组进行相互沟通和群体讨论,从而形成发展共识。社会工作者是使能者、协调者、老师和社区领袖的开发培养者。社区居民是社区工作的服务对象和社区活动的积极参与者。灾后自救可采用地区发展模式,对象是整个受灾区域。受灾后,不少居民流离失所、家破人亡,对整体灾情和未来发展态势缺乏了解;基层组织也遭到了破坏。尽管如此,保障基本生活是共同利益所在。社区工作者可在灾民中招募基层干部、党团员等组成若干个工作小组,分担不同功能,发动集体智慧,就食物、住宿、卫生、安全等问题进行磋商并达成共识,并推动这些工作小组与灾民进行沟通和讨论,发动更多人士参与,并联络外在资源,逐步渡过困境,促使生活基本恢复。地区发展的运用有一定效果,但也应注意一些问题。该模式只能涉及较小的问题,对于由体制导致的问题无能为力;它强调依靠内部资源和居民参与,但这并不能彻底解决问题;它假设不同团体存在共同利益,但是这些利益在工作中会发生变化。因此,社区工作者只有根据具体情况,灵活应变,才可能真正取得一定的工作成效。

(2)社会策划。社会策划是诸多学者总结的社区工作模式的共同组成部分。[1] 社会策划就是针对具体社会问题,根据相关信息制订工作项目,并将社会目标转化为实务手段的过程。该模式以整体或部分地理和功能社区为工作对象,该社区存在着实际的社会问题,各方利益或可调和或有冲突。该模式认为,专家和策划者的信息最丰富,策划者能根据搜集的事实和各类组织的利益,进行理性决策,解决问题是其工作目标,为此,策划者需要搜集资料,进行决策并执行具体项目。社区工作者在其中是资料搜集者、分析员、项目执行者和催化者,社区成员是服务的消费者和接受者。促进就业可采用社会策划模式。社区工作者可以通过问卷、访问和查阅资料等方式,了解失业群体失业的原因、现状和市场需求的规模、结构,制订针对性的训练项目,提升失业者的技能,帮助他们客观地判断就业形势,树立信心,改善求职技巧,最终加强失业者在劳动市场的综合竞争力。社会策划作为自上而下的社区工作模式,可以获得一定的服务效果。然而,

[1] ① Rothman, J. 1968. Three models of Community Organization Practice, in National Conference of Social Welfare, Social Work Practice. NewYork:Columbia University Press. ;Rothman, J. &Tropman, J. E. 1987. Models of Community and Macro Practice Perspectives: Their Mixing & Phasing, in Cox, F. M. et al., Strategies of Community Organization.

策划依赖过去和现在的资料制订计划,该计划可能并不完全适用于未来的实际场景;理性计划由于受各利益团体的影响很难真正保持中立。因此,社区工作者可以分步决策,以应对计划实施过程中出现的问题,保证计划总体目标的实现。

(3)社区照顾。社区照顾始于20世纪50年代的英国。社区照顾就是动员并连接正式和非正式的社区资源去协助有需要的人士,让他们能和其他人一样,居住在家里和生活在社区里,得到适当照顾,从而实现社区成员之间休戚与共、相互扶持。该模式的工作对象为弱势群体,如伤残者、患病老人等。该模式认为,个人自助、家庭支持、机构照顾、市场服务和政府介入都存在某些不足,而社区照顾则利于建立输送体系、满足差别需要、提升居民自治能力、强化社区意识。该模式旨在使弱势人士生活在社区内或享有社区人士提供的服务。为此,工作者可以采用资源调动、社区联络、倡议、训练等宏观技巧和个案介入、网络服务等微观技术,并体现相应的多元角色。在社区照顾中,工作对象基本上是服务的消费者。对长期病患者的个案管理就可采取社区照顾模式。由于长期生病的患者情绪一般比较低落,家人也需外出谋生,工作者可以组织护理人员、病人及其家人共同对患者进行全面评价,发现其问题和需要,然后进行整合性工作。针对其经济紧张的情况,通过媒体宣传他们的困境,呼吁政府出台相关保障或援助计划;针对其疾病状况,由社区医生定期家访和治疗;针对其个人生活问题,联络义工进行家居护理;针对其情绪状况,社会工作者可以制订专门计划进行个案辅导。社区照顾作为社区工作的新模式有不少优势,但也要求社区工作者在推行实务过程中注重正式资源的建设,关注非正式资源的品质,兼顾政策的执行,并注意服务团队和服务手法的双重整合。

(4)社区教育。社区教育发源于欧洲,是社区发展的产物。社区教育是有关机构或主体针对社区成员的需要和社区发展的需要,组织协调社区内外资源,采用灵活多样的方法传授相关教育内容,以达成某类工作目标的活动。这一模式相信每个人都有能力不断学习并改善自己的生活,对象是社区成员,目标在于塑造有知识和有能力的社区成员,加强他们对社区服务机构及内容的认可度,通过认清社区问题和满足社区需要促进社区发展。该模式可借助家庭式、课堂式、社区活动式三种手法,进行补偿教育、控制教育和解放教育。[1] 补偿

[1] 陈丽云、黄锦宾:“社区教育”,载甘炳光等编,《社区工作理论和实践》,香港:香港中文大学出版社1994年版。

教育弥补知识空白,控制教育教导行为规范的知识,解放教育激励个人潜能。在社区教育中,社区工作者承担研究者、倡导者、组织者、联络者、策划者、教师等多种角色,社区居民则具有决策者、消费者等多重身份。建设学习化社区就需要进行社区教育。学习化社区以社区居民为对象,相信居民需要自我实现,有能力通过学习不断完善自己。该模式通过激励各类机构参与,推动教育网络的建设,通过全员教育、全程教育、全方位教育,协助社区居民学习生活知识、内化行为规范、掌握职业技能和确立时代观念,帮助居民自觉学习、自主学习和终身学习。

第二节　社会工作在社区建设中的运用策略

有研究认为,根据“路径依赖”理论,专业社会工作介入社区建设的路径有两种:一是在当前既定的社区建设体制内探索新路径;二是借助于强有力的政府力量直接进行专业社会工作的制度安排。具体来讲,专业社会工作介入社区建设的策略有以下几种。[1]

一、体制内探索专业社会工作介入社区建设

由于我国社区建设中实际社会工作体制已经根深蒂固,也显现出较强的“路径依赖”特征,所以短时间内完善社会工作的制度安排有很大的困难,同时也需要一定的适应过程。因此,在既定体制内进行社会工作介入是十分重要的。

(1)提升实际社会工作者对专业社会工作的价值认同。在当前社区建设“大政府、小社会”的格局下,行政系统相对完备,而社会组织没有充分发育,因此,当前专业社会工作依靠原有社区建设行政系统开展工作不失为一种明智的选择。但由于实际社区工作者是在“政社不分”、“重管理、轻服务”理念下开展社会工作的,在运用现有的社区建设体系开展社会工作时,提高社区中实际社会工作者对专业社会工作的价值认同显得尤为重要。实际社区工作者必须实现一定程度的价值转换,可以通过在职培训对从事实际社会工作的街道、居民委员会及其他社区组织的工作人员进行社会工作者上岗培训,实现其对社工尊重、平等、接纳、助人自助等理念产生认同,同时掌握个案、小组、社区等专业社会工作方法。

(2)进一步发展社会工作教育,建设职业化的专业社会工作队伍。要大力培养专业社会工作人才,抓住建设宏大的社会工作人才队伍的契机,培养大批高质量的社会工作专业人才,包括培养研究生、本科、高职层次及非学历教育在内的多层次专业人才,同时要注重不同层次培养的针对性,比如研究生培养重点在于社会工作研究,高职学生培养主要侧重于应用。另外还要注重社会工作的实务教育,社会工作专业是一个强调实践的专业,强调专业的实务性和专业

---

[1] 牛芳、王海洋:“社会工作介入社区建设的路径依赖与创新”,《学会》,2010 年第 5 期。

的经验。社会工作教育不仅要教授理论知识，更重要的是实践经验和反思能力，培养面对复杂情景的实际操作能力。最后，可以推荐专业社工人才到社区就业，从事社区社会工作事业，以提升社会对社会工作的认可度。

(3)有区别地介入社区建设的领域。社区建设的内容包罗万象，实际社会工作者从事的工作与社会工作专业大多不相关，这样，必然会使社会工作的专业性大打折扣，因此社会工作应该有区别地介入社区建设的领域。首先，社区服务是专业社会工作介入社区建设的主要领域，社区内的社会工作者可以运用专业的方法，根据社区居民不同群体的实际需要提供相应的服务，推动居民的参与，培养其对社区的归属感；其次，社区保障、社区福利、社区救济、社区优抚等是专业社会工作介入社区建设的重要领域，比如政府可以聘请专业社会工作者在这些工作中担当“个案管理者”的角色，负责对特殊群体进行评估、审批、转介等。

二、借助强大的政府力量介入，寻求制度创新

根据社区建设的特殊情况及实际社会工作介入呈现出的“路径依赖”特征，在我国社区建设体制中，政府力量扮演着举足轻重的角色。因此，专业社会工作介入社区建设最终还需要强大的政府力量介入，建立符合中国经济社会发展要求的完善的专业社会工作制度。

(1)从制度上确立“政社分开”的社区建设体制，促进专业社工机构发展。解决“以政代社”、“政社不分”的社区建设体制旧弊，从制度上明确基层政府、社会服务组织各自在社区建设中的职能与权限。政府的主要职责是做好行政管理职能范围的事务，制定社区建设中社会服务性工作的发展规划及有关政策，调动必要的资源，推动社会服务类项目的建设，指导、监管和考核各社会服务组织的工作等。具体的社会服务由各类社会服务组织承担，建立政府购买社会组织提供服务的模式。具体做法诸如在区一级政府设立公共财政，在现有的财政预算项目中增设购买社会服务的科目，通过项目化的运作来购买社会服务；在大力推动专业社工机构发展的同时，建立健全相应的行业管理制度，对其进行规范化的行业管理；建立社会服务实施的监管与评估机制，通过购买服务的运作机制和项目化的运作方式，对专业社工机构的工作进行监管，对其提供的服务进行评估。

(2)建立并完善社工职业体系与专业技术制度。正如前文所论述的，很长

一段时期内，由于我国一些社会服务事业（尤其是社区服务）未能引入社会工作制度，加之服务的项目和内容大都限于经验型的工作或简单的劳务活动，因而始终难以吸引高素质的专业人才加盟，社会服务人员特别是社区服务人员的社会声望一直徘徊在极低的水平。因此，推动专业社会工作介入社区建设需要有完善的社会工作职业体系作为保障。这些方面的具体工作包括完善社会工作职业的法制环境，从法律上保障社会工作职业的合法地位；政府相关部门出台相应的配套政策，比如：设置社工岗位、专业门槛和准入资格考试制度，社工注册制度，职业晋升制度，职业等级制度，建立社会工作薪酬体系及适合中国国情的评价体系等；同时，社会工作是一门社会技术或社会工程学，社会工作与其他专业的重大区别之一在于它有自己的专业技术体系及相关专业技术制度，社会工作者的专业要求、社会工作伦理体系、社会工作者及其辅助人员体系、社会工作者的培训制度、社会工作者社会资源的配置制度等领域有待进一步加强和完善。

三、社会工作运用于社区建设的具体策略

以下为易小涛基于长沙市城市社区的实证研究，提出的一些社会工作运用于社区建设的具体策略。❶

（一）推进社会工作岗位设置

（1）明确社会工作岗位和增设新岗位。首先，在民政、司法、劳动、扶贫、卫生、公安、工会、妇联、共青团、街道、居委会等部门中实际开展社会服务的岗位，要进行认定，明确为社会工作岗位，提高现有工作人员的专业水平，按照专业技术岗位进行设置和管理；其次，将在各个系统中开展社会工作服务的部门和岗位进行整合，该并的并，该撤的撤，整合社会资源，系统管理；再次，对于在事业单位中开展实际社会工作服务的岗位，重新认定并明确为社会工作岗位；最后，对于社会迫切需要而现在没有开设的社会工作岗位，要明确设岗，采用增加编制或政府雇员的形式开展服务。

（2）鼓励社区公益性民间组织的发展。社会工作的特殊性决定了社会工作需要民间社会工作力量的广泛参与，加速发展和培育民间社会服务组织体系，

❶ 易小涛："社会工作与和谐社区建设——基于长沙市城市社区的实证研究"，湖南师范大学2010年学位论文，第35～39页。

建立分布合理、结构优化、功能到位的民间社会服务组织体系,充分发挥其提供服务、反映诉求、规范行为的作用。大力发展民间组织有利于降低公共服务成本,提高公共服务质量和效率,推动政府职能转变,实现政社分离、政事分开和公共服务的多元化、专业化、社会化。建议对公益性的民间组织放宽登记标准,鼓励发展,同时要求公益性的民间组织必须配备社会工作者。

(3)加强现有社会工作者的专业培训与职业考核。现在拥有一大批“实际社会工作者”——没有社会工作专业背景却在社会工作领域或岗位工作的人员。他们中的大部分人虽然不具备社会工作专业背景,但却有丰富的本土工作经验。所以,我们应建立有效机制,加强对现有社会工作者的培训和考核,使其转化成专业的社会工作者。

(二)加强服务项目内容建设

目前城市社区社会工作都以项目制推进,项目制有其优势也有其缺陷。尤其在当前社会工作发展未成熟时期,单一项目的临时性难以确保对社区居民服务的连续性,因此也无法保证社区居民的实际需求,也就是说可能在项目推行时居民并没有需求,而当居民有了需求时,项目可能已结束。因此如何保证服务项目的连续性是至关重要的,要在服务项目内容建设长效机制上予以保障。可以借鉴香港经验,一是要建立直接与非直接相结合的社会保障内容。其中直接保障主要指政府直接提供的各种援助金。包括综合社会保障援助计划、交通意外伤亡赔偿、暴力及执法伤亡赔偿、紧急援助、公共福利金计划;非直接保障是指由政府提供廉价租房、公共医疗和公共教育设施,使一般的中下收入阶层能够“居者有其室”,并且有机会享受起码的教育和医疗服务。二是要建立稳定的社会福利服务内容,包括家庭福利服务、儿童及青少年服务、老人服务、残疾人康复服务、社区服务、为犯罪和行为偏差人员提供的感化服务、社会救济,以构成社会稳定的安全网。三是建立义工服务内容,包括直接提供社会保障、老人服务、家庭服务、康复服务、社区服务、社区发展等各项服务,也包括招募义工、训练义工、推荐义工等间接提供服务。

(三)落实服务效果保障与评价工作

项目管理是一门艺术,项目管理的精髓在于控制,社会工作服务项目的管理也是如此。虽然社会工作服务是一种慈善性质的非营利工作,社会工作者也大多是具有爱心助人的社会工作价值理念的专业人员,但是我们不能否认每个人在偏离控制的情况之下都有偏离既定目标的可能性,也不能否认社会工作者的职业化趋向。服务项目实施过程中可变因素很多,但服务项目管理会促使大家向一个相对较好的目标去努力。服务项目管理中的需求分析,可以了解项目的细节问题,从而把未知因素降到最低;服务项目管理中的项目计划,在关键点设立检查点,才能够随时监控项目的进度,及时发现问题,能对出现的异常现象做出快速反应;服务项目管理中的设计和过程的文档化,可以保证服务项目流程的清晰和计划性,也能使经验得到充分的积累和总结。这些无疑都保证了服务项目实施的可控性和服务项目的实际效果。目前,城市社区社会工作服务项目管理还存在一些问题,针对实际情况,城市社区社会工作服务项目管理还要从完善服务项目管理制度、项目审批程序、项目跟踪监察、项目终期验收、项目终期验收评价指标体系、确定验收执行者、项目验收是否进行民意调查等几个方面入手。没有规矩不成方圆,制度是社会事物运行的框架。服务项目管理制度是社会工作项目开展的基础,它主要包括了项目审批制度、项目监控制度、项目财务制度、项目评估制度等。这里项目审批程序主要是针对目前存在的问题而提出的。当一个项目立项之前,必须要有项目申报、项目材料审查、项目现场勘察、专家组会审等程序。社会工作服务项目开展过程中的跟踪监督监察,能够确保项目开展进度,同时也能促进社会工作在服务过程中的反思,从而保证服务质量和服务创新。当前有部分开展的社会工作服务项目还缺少了验收这一环节。项目验收是保障服务质量的最后一道关口,这一环节是不可或缺的。同时在项目验收的过程中还有几个关键的问题,一是如何确定项目验收执行者,二是是否有科学的项目评价指标体系,三是项目验收是否进行现场勘察,在这里表现为是否进行民意调查等。国外的经验告诉我们,项目验收执行者应由专家、同行、项目委托人、服务对象代表、项目管理者共同组成,每个项目要制订有针对性的项目评价指标体系,并对服务对象进行调查,以期获取有价值的信息反馈。

(四)优化支持资源获取结构

(1)完善社会工作的相关政策法规,保障政策支持。紧紧围绕完善社会工作的培养、评价、使用、激励等具体工作环节,借鉴吸收西方及我国其他行业立法的经验,从国家到省级、各地、州、市层面,逐步建立法律、法规、部门规章、与政策性文件相配套的社会工作政策法规体系。对社会工作者的权利、义务、资格、任用、培养、培训、考核、待遇、奖励、法律责任等作出明确规定,保证社会工作人才的合法权益,巩固其职业地位。特别是要尽快建立健全社会工作者登记注册制度、岗位聘任制度和有关社工的职业守则,加快社会工作的职业化进程。

(2)构建以政府购买为主的多渠道资金支持结构。鉴于我国传统社会工作由民政系统包揽的现实基础及当前国内专业社会工作发展状况,构建以政府购买为主的多渠道资金支持结构是现实可行的选择方案。①要建立社会工作公共财政支持体系,实行政府购买服务。明确社会工作作为公共服务基本内容和公共财政支持范围的性质,完善公共财政投入,使公共财政成为社会工作经费的主要来源,合理界定政府提供社会工作服务的范围,确保财政支持社会工作的科学和有效。②要积极拓宽社会融资渠道,鼓励引导企业资金、社会资金及国外基金向社会工作投入。③要加强对社会工作资金使用的内部审核和外部监督。

(3)建立以高校、行业专家为主的技术支持结构。当前在城市社区从事社会工作服务的主体仍然是传统社会工作者,他们大多数没有接受过专业的社会工作学习和训练,在没有专业技术支持下很难顺利地开展专业工作,从而难以达到服务项目开展的目的。另一部分从业者主要是近几年来从高校毕业的社会工作专业或相近专业的学生及正在高校接受专业教育的实习学生,他们虽然在学校系统地学习了社会工作专业知识,但是由于从业时间还较短,在服务工作中难免表现出社会工作实务经验缺乏的状况。因此,城市社区社会工作服务必须要加强与高校和行业之间的联系,聘请高校教师和行业专家进行指导,以期获得技术上的支持。

(4)积极促进传统社会工作者专业化,加大引进专业人才,保障社区社会工作人力资源,对现有实际社会工作者进行专业培训与职业考核。社区内现有一大批“实际社会工作者”,他们是没有社会工作专业背景却在社会工作领域或岗位工作的人员。他们中的大部分人虽然不具备社会工作专业背景,但却有丰富的本土工作经验。所以,应建立有效机制,使其转化成专业的社会工作者。社会工作专业的高校毕业生为社区社会工作的发展提供了重要的人力资源,社区要加大选聘具有社会工作专业背景的大学生的力度,以带动社区社会工作人才队伍的发展。另外,要培育和发展社区社会工作的组织结构。在社区层面培育专业的社会工作机构或者直接引进社会工作机构落户社区,是城市社区优化支持资源获取结构的重要方面。

后　记

本书是“中国矿业大学思想政治教育重点学科建设”项目的系列研究成果之一。在本书的写作过程中得到了中国矿业大学有关方面的大力支持，特别是得到中国矿业大学马克思主义学院院长池忠军教授的关心和支持，中国矿业大学的研究生纪茜、石溢明、张妍妍、冯香芬、徐婧、赵锦凤等同学在资料整理方面付出了辛劳。同时，知识产权出版社的领导和有关工作人员，特别是石红华编辑为本书的出版花费了许多心血。还有，我的家人和一些同事为本书的问世付出了心血。在此，作者一并表示诚挚的谢意。

当然，由于作者学术水平的限制，本书肯定会存有错讹之处，欢迎方家同仁给予批评指正。书中引用或转述了学术界许多研究成果，如果发现一些地方未能明确标示，敬请谅解！

2011 年 12 月于南湖